Thomas Raufeisen

Ich wurde in die DDR entführt. Von meinem Vater. Er war Spion.

Eine deutsche Tragödie

HERDER

FREIBURG · BASEL · WIEN

HERDER spektrum Band 6937

MIX
Papier aus verantwortungsvollen Quellen
FSC® C083411

Überarbeitete Neuausgabe

Titel der Originalausgabe: Thomas Raufeisen
Der Tag, an dem uns Vater erzählte, dass er ein DDR-Spion sei
Eine deutsche Tragödie
ISBN 3-451-30345-6

www.herder.de

www.herder.de

Umschlaggestaltung: © Designbüro Gestaltungssaal
Umschlagmotiv: © DeShoff – shutterstock , © elbud - shutterstock
© Gena96 – shutterstock , © Lifestyle Graphic - shutterstock
Fotos im Innenteil: © Privatarchiv Thomas Raufeisen

Satz: Arnold & Domnick, Leipzig
Herstellung: CPI books GmbH, Leck

Printed in Germany

ISBN 978-3-451-06937-6

Inhalt

Vorwort zur Neuausgabe

Seit dem Erscheinen der ersten Fassung meines Buches sind sieben Jahre vergangen. Nachdem es im Jahr 2010 herausgekommen ist, begann ich neben den Führungen in der Gedenkstätte auch Vortragsreisen, Lesungen bzw. Zeitzeugengespräche in Bildungseinrichtungen verschiedener Art durchzuführen. Inzwischen arbeite ich freiberuflich als Referent für politische Bildung. Die Vortragsreisen führen mich mittlerweile in alle Teile Deutschlands, aber auch ins Ausland, ich war z.B. in den Niederlanden, der Schweiz, in England und in den USA. Eingeladen wurde ich auch in verschiedene Talk-Sendungen wie „Nachtcafé", „Menschen der Woche" (beide SWR), „Unter uns" (MDR) und in der Radio-Sendung „SWR1 Leute". Darüber hinaus wurde meine Geschichte in diversen Dokumentationen erzählt.

Es gibt immer noch eine ganze Reihe Leute, die meinen, dass man die DDR nicht als „Unrechtsstaat" bezeichnen dürfe. Ich halte diese Diskussion für völlig überflüssig. Ein Staat, der seinen Bürgern die Grundrechte verwehrt, sie einmauert, damit sie nicht weglaufen, ihnen nicht die Möglichkeit gibt, ihre Rechte mit Hilfe einer unabhängigen Gerichtsbarkeit durchzusetzen, kann wohl kaum als Rechtsstaat bezeichnet werden. Und wenn sich manche Fachleute an dem Begriff „Unrechtsstaat" stoßen, ist das eine eher akademische Diskussion. Die DDR hatte sich in internationalen Vereinbarungen verpflichtet, die Menschenrechte einzuhalten, sie wollte schließlich ein anerkanntes Mitglied der Weltgemeinschaft sein.

Ich musste schon als Jugendlicher die Erfahrung machen, dass diese Vereinbarungen nichts wert waren, wenn es um den Machterhalt der SED ging. Die DDR-Machthaber missachteten selbst ihre eigenen Gesetze, wenn es aus ihrer Sicht nötig erschien. Jeder Bürger war einer willkürlich agierenden Macht ausgeliefert ohne die Chance sich mit rechtlichen Mitteln dagegen zu wehren. Wohin sollte man sich auch wenden mit der Bitte um Hilfe? Die Rechtsanwälte waren in das System integriert, es gab in der DDR auch keine Verwaltungs- oder Verfassungsgerichtsbarkeit. Eine Gewaltenteilung gab es nicht. Das war wohl aus ihrer Sicht auch gar nicht nötig, da die führende Partei, die SED, sowieso „immer Recht hatte". Der Führungsanspruch der SED war schon im Artikel 1 der Verfassung der DDR festgeschrieben. Das Instrument, diesen Führungsanspruch durchzusetzen, war das Ministerium für Staatssicherheit.

Den Gedanken, meine Erlebnisse aufzuschreiben, hatte ich eigentlich schon sehr früh, so ab Mitte der 80er Jahre. Kurze Texte entstanden in der Zeit schon, aber an ein Buch habe ich damals noch nicht gedacht. Ich hatte eher damit zu tun, mit dem Leben wieder klar zu kommen, was nicht einfach war. Hilfen gab es so gut wie keine, es hat im Westen gar keinen so richtig interessiert oder die Freunde waren gleich am Anfang meiner Erzählung so erschüttert, dass ich das Gefühl hatte, ich dürfte sie damit gar nicht belasten ...

Geholfen hat mir in den ersten Jahren, dass ich viele Dinge, die mir die DDR-Diktatur kaputt gemacht hatte, nachgeholt habe. Ich fühlte den Drang, der Stasi nicht noch mehr Siege zu gönnen. Deshalb habe ich das Abitur nachgeholt und danach studiert, „normales" Leben angesammelt. Etwas intensiver mit dem Thema DDR beschäftigte ich mich dann ab der Zeit des Mauerfalls und der Wiedervereinigung. Da kamen Leute zu mir, fragten: „Du warst doch mal dort, wie war das denn damals?" Ich konnte viel „loswerden", ich merkte, das tat mir damals gut. In der Folgezeit konnte ich Gefängnisse besichtigen, die Stasi-Akte lesen. Bis so etwa Mitte der 90er Jahre hatte ich das Thema für mich gewissermaßen abgearbeitet; ich habe einen guten Schlaf, kann jeden Fahrstuhl betreten, und wenn eine Tür zufällt, ist es nicht gleich eine Zellentür.

Ende der 90er Jahre bin ich aus beruflichen Gründen nach Berlin gezogen. Da die Jobsituation in meinem eigentlichen Beruf Anfang der Nullerjahre immer schwieriger wurde, habe ich im Jahr 2003 angefangen, zunächst einmal nebenbei Führungen in der Gedenkstätte Hohenschönhausen zu machen. Manchmal werde ich gefragt, wie ich es schaffe, regelmäßig an den Ort, wo mir so viel Unrecht angetan wurde, zu kommen und über meine Erlebnisse zu erzählen. Dann antworte ich immer, dass ich natürlich nicht mehr leide und es auch keine persönliche Aufarbeitung darstellt, wenn ich meine Geschichte erzähle. Schließlich ist die Gedenkstätte eine Bildungseinrichtung und kein Therapiezentrum. Heutzutage habe ich auch ein ganz anderes Gefühl dabei: Ich „habe den Schlüssel", alle Türen des ehemaligen Gefängnisses sind offen, viele freundliche und interessierte Menschen sind da und ich weiß ganz genau, ich kann den Ort an dem Tag wieder verlassen und habe dann ganz andere wichtige Themen …

Ich halte es für eine wichtige Aufgabe zu erzählen, wie so eine Diktatur funktioniert, wie es sich auf das Leben des Einzelnen auswirkt, was für Folgen es haben kann, wenn man sich nicht anpasst, wie brutal die Staatsmacht zuschlug bei tatsächlichen oder vermeintlichen Staatsfeinden. Dabei ist mir immer wichtig, darauf hinzuweisen, dass es leider keine alten Geschichten sind, die ich erzähle. Es gibt in der Welt sehr viele totalitäre Regime, man kann sogar den Eindruck haben, es werden wieder mehr. Diese Tatsache ist für mich ein wichtiger Antrieb, vor allem auch vielen jungen Leuten zu vermitteln, wie wertvoll die Freiheiten sind, die wir in unserem Land haben, die wir aber auch schützen und weiterentwickeln müssen. Gerade in den letzten Monaten kann man das Gefühl bekommen, dass diese Freiheiten auch in demokratischen Staaten immer mehr in Gefahr geraten. Immer mehr Leute glauben keine Fakten mehr, sondern eher den offensichtlichen Lügen von Populisten. Diese Lügen werden dann gerne verharmlosend als „alternative Fakten“ bezeichnet. So etwas kann schneller in die Unfreiheit führen als man denkt. Auch die DDR-Staatsmacht hat in ihrer Propaganda mit offensichtlichen Lügen gearbeitet. Meine persönliche Geschichte kann ich gut nutzen, diese Zusammenhänge den Menschen näher zu bringen.

Thomas Raufeisen
April 2017

Ein überstürzter Aufbruch

Der 22. Januar 1979 begann als ganz normaler Tag; er war ein Montag. Er war kalt wie der ganze Winter 78/79. Ganze Dörfer in Norddeutschland waren von der Außenwelt abgeschnitten, Schneewälle begrenzten die Straßen. Immer wieder schneite es. Ich war in der Schule, 11. Klasse. Wir hatten nur fünf Stunden, danach fuhr ich mit dem Bus nach Hause, nach Hannover-Ahlem, vorbei an aufgetürmten, schmutzigen Schneebergen am Straßenrand.

Zu Hause würde meine Mutter mit dem Essen auf mich warten, mein Bruder Michael würde auch da sein, der gerade mit einer Grippe flach lag. Aber alles war anders: Kein Essen stand auf dem Tisch; dafür war mein Vater zu Hause und verbreitete Hektik. Er war um diese Zeit sonst immer auf seiner Arbeit. Was war los? War irgendetwas passiert? Michael erzählte mir, dass unser Vater gerade nach Hause gekommen sei. Keine Begründung. Als wir nun komplett waren, teilte mein Vater uns mit, er hätte im Büro einen Anruf erhalten, dass irgendetwas mit unserem Opa passiert sei. Unserem Großvater ginge es plötzlich sehr schlecht, wir müssten zu ihm fahren, vielleicht sähen wir ihn ja das letzte Mal.

Meine Großeltern lebten aber nicht gerade nebenan, sondern wohnten im Osten. Im Seebad Ahlbeck auf der Insel Usedom, ganz im Nordosten der DDR, nahe der polnischen Grenze. Meine Mutter war dort geboren und aufgewachsen. Opa war damals schon relativ alt und auch ein bisschen gebrechlich, so dass diese Nachricht nicht total überraschend kam. Wir hatten zwar damit gerechnet, aber doch gehofft, es würde nicht so schnell passieren. Nun war die Zeit wohl gekommen. Wir mussten also schnell los, was nicht so einfach war, denn ich ging ja zur Schule; die Einreise in die DDR war so kurzfristig eigentlich auch nicht möglich. Aber unser Vater wollte das irgendwie regeln. Und wie das so ist mit 16, kümmert man sich auch nicht weiter darum. Eine Woche schulfrei außer der Reihe war ja auch nicht übel. Einfach so in der Schule anrufen konnten wir nicht, denn wir hatten zu Hause kein Telefon. Alle meine Mitschüler hatten Telefon, nur wir nicht. Wie oft hatten wir unserem Vater deswegen schon in den Ohren gelegen! Seine Erklärung: „Es gibt doch Telefonzellen, für besonders dringende Fälle habe ich bei der Arbeit ein Telefon." Und was nützte uns das, wenn wir uns mit Freunden verabreden wollten?

Ich musste also noch mal in die Schule, die Beurlaubung beantragen. Mein Vater war nicht erfreut über die Verzögerung. Sonst war er doch immer so korrekt in solchen Dingen. Er schien nervös und wollte bald losfahren. Immerhin waren es über 500 Kilometer bis Ahlbeck, dazu noch die unberechenbare Grenzkontrolle und die holprigen DDR-Straßen.

Mein Bruder fuhr mich also noch einmal nach Seelze. Ich füllte im Sekretariat schnell ein Formular aus. Die Sekretärin, wünschte uns eine gute Fahrt und alles Gute für den Opa.

Zurück in der Wohnung empfing uns große Hektik. Unsere Eltern waren dabei, das Notwendigste zu packen für eine Reise, die voraussichtlich eine Woche dauern sollte. Die nächste Merkwürdigkeit: Mein Vater packte eine ganze Kiste Super 8-Urlaubsfilme von uns mit ein. Warum tat er das? Er erklärte, er wolle unserem Opa noch einmal, kurz bevor er vielleicht stirbt, ein paar schöne Erinnerungen verschaffen, indem er ihm ein paar Filme vorführte. Eine seltsame Idee. Aber wer versteht schon seine Eltern, zumal, wenn er in der Pubertät ist?

Am Nachmittag war das Auto bepackt und los ging's! Mein Vater fuhr, meine Mutter saß neben ihm und verteilte geschmierte Brote – wie immer. Die schnellste Strecke in Richtung Usedom führt an Berlin vorbei. Also die A2. Hannover, Braunschweig, Helmstedt, Magdeburg ... Wir kannten die Strecke, waren wir sie doch schon so oft gefahren.

Rückblick I

Jeden Sommer hatten wir meine Großeltern in Ahlbeck besucht und dort unseren Sommerurlaub verbracht. Für meine Mutter war es die einzige Gelegenheit im Jahr, ihre Eltern zu sehen. Die ersten Jahre fuhren wir mit dem Zug. Für uns Jungs war es wie eine Weltreise: Von Hannover aus ging es nach Hamburg, dort umsteigen nach Stralsund. Stundenlang fuhr der Zug. Von Stralsund waren es noch mal ca. 150 km bis nach Ahlbeck kurz vor der polnischen Grenze. Eine Fahrt in stinkenden, überfüllten Zügen, in denen man mit den nackten, verschwitzten Beinen an den Kunstledersitzen kleben blieb. Nicht nur die Züge, alles wirkte grau, einfach farbloser als ich es gewohnt war. Bei meinen Großeltern war es aber immer sehr schön, sie besaßen ein Haus, meine Oma vermietete Ferienzimmer, mein Opa seine 30 Strandkörbe. Alles in allem sehr idyllisch. Die Weltreise war aber auch eine Zeitreise. Die Autos sahen alle altmodisch aus. Die prächtigen Villen in Ahlbeck waren verfallen und alle grau. Bei uns zu Hause hatten die Häuser Farben. Ansonsten war es immer ein sehr schöner Strandurlaub, den wir meist mit meinen Cousins aus Erfurt und Gera verbrachten. Die DDR, das war für uns eben das nahe und doch ferne Land, in dem unsere Verwandten lebten. Trotzdem blieb es uns fremd. Wenn es mit der Bahn wieder nach Hause ging, merkte ich schon als kleines Kind, dass nach den Grenzkontrollen, die immer sehr lange dauerten, ein großes stummes Aufatmen durch die Abteile ging. Draußen erschien alles wieder heller, freundlicher, moderner, vertrauter.

Je älter ich wurde, desto bewusster erlebte ich die Merkwürdigkeiten der deutschen Teilung. Warum konnten wir unsere Onkel, Tanten und Cousins besuchen, sie uns aber nicht? Meine Großeltern besuchten uns jedes Jahr in Hannover, seit sie Rentner waren. Inzwischen, seit Anfang der 70er, war es uns auch erlaubt, mit dem eigenen Auto in die DDR zu fahren. Mit dem Auto fuhren wir nun nicht nur nach Ahlbeck, sondern immer auch für ein paar Tage zu meinen Onkel und Tanten in Erfurt und Gera. Ähnlich wie viele Westdeutsche, die in den Osten fuhren, waren wir die „reichen" West-Verwandten, die viele Wünsche erfüllen sollten und es auch taten. Ich kann mich noch daran erinnern, dass ich ziemlich sauer war, als meine Cousins von meinen Eltern teure „Levi's" Jeans bekamen, ich selber aber mit den Billig-Jeans von „C&A" herumlaufen musste. Das Markenbewusstsein war im Osten erstaunlicherweise ausgeprägter als bei uns. Mein Onkel in Gera war begeisterter Modellbauer und bekam von uns in der DDR schwer zu beschaffende elektronische Bauteile. Mein Vater ging für ihn sogar das Risiko ein, stapelweise Fachzeitschriften über die Grenze zu schmuggeln. Unsere Onkel, Tanten und Cousins verbrachten ihren Urlaub auch meist in Ahlbeck.

Auch wenn wir jedes Jahr einen Monat in der DDR verbrachten, waren die Erfahrungen über das dortige Leben eher eingeschränkt. Als West-Tourist hatte man einen ganz anderen Stand als ein DDR-Bürger. Bei Versorgungsproblemen konnte man einfach in den Intershop gehen. Zum Beispiel gab es absurderweise im Sommer an der Ostsee in der Kaufhalle oft keine alkoholfreien Getränke. Dann haben wir eben – auch zur Freude meiner Cousins – Fanta und Coca Cola besorgt. Sie waren dann aber doch enttäuscht: Die Coke war ihnen zu süß!

Am wichtigsten aber war immer die Gewissheit, nach einer bestimmten Zeit und wann immer man wollte, diesen Staat wieder verlassen zu können. Die Rückfahrt führte uns immer zu einem Zwischenstopp an der Raststätte „Magdeburger Börde“, um das restliche DDR-Geld auszugeben. Es war streng verboten, Geld in Richtung Westen mitzunehmen. Mein Vater deckte sich im Transit-Intershop mit mehreren Stangen zollfreien Zigaretten ein. Zur Grenze waren es dann noch etwa 30 Kilometer. Hinter der Grenze gaben dann alle Autofahrer Gas, als wenn sie möglichst schnell einen großen Abstand zwischen sich und der DDR herstellen wollten.

Seitenwechsel

22. Januar 1979. Nach höchstens anderthalb Stunden erreichten wir die Grenze an der gespenstischen Grenzübergangsstelle Helmstedt/ Marienborn. Die Kontrolle verlief diesmal zügig, bei diesem kalten Wetter und Schneetreiben war die Autobahn ohnehin recht leer. Wir reisten dann erst mal im Transit in die DDR ein, da wir ja spontan losgefahren waren und kein Einreisevisum besaßen. Mein Vater sagte: „Wir fahren erst mal nach Westberlin und von da aus können wir dann die Einreiseformalitäten erledigen und am nächsten Tag von dort einreisen." So erreichten wir ohne Komplikationen das DDR-Gebiet. Jetzt im Winter war hier alles noch grauer, düsterer und dunkler als auf unseren Sommertouren.

Die Fahrt ging also weiter Richtung Berlin; für eine kleine Pause fuhren wir an die Raststätte „Magdeburger Börde". Mein Vater ging zu einer Telefonzelle, um zu telefonieren. Mit wem auch immer. Danach teilte er uns erfreut mit: „Wir müssen gar nicht mehr nach Westberlin rein. Wir werden bei Berlin eine Unterkunft bekommen, die Einreisepapiere werden über Nacht noch fertig gemacht. Morgen früh können wir gleich weiterfahren nach Ahlbeck!" So einfach? Uns sollte es recht sein.

Weiter ging es auf der Autobahn. Inzwischen war es schon dunkel geworden. Gegen Abend erreichten wir den Berliner Ring. An der Raststätte „Berlin-Michendorf" fuhren wir wieder von der Autobahn ab. Offensichtlich hatte mein Vater sich dort verabredet, denn er ging dort zu einem Auto und unterhielt sich mit den Insassen. Wir sollten im Auto sitzen bleiben und warten. Klar, war in der DDR einiges anders, aber das kam Michael und mir schon komisch vor. Alles war sehr verdächtig, aber was für einen konkreten Verdacht sollten wir denn schöpfen? Unser Vater war Ingenieur bei der Preussag, war ein bisschen schrullig, schaute gern die „Aktuelle Kamera“, war aber letztlich doch ein ganz normaler Westdeutscher. Wahrscheinlich hatte er mit ein paar West-Mark erreicht, dass unsere Reise problemlos weitergehen konnte. Mir war es auch egal. Mit 16 glaubt man noch an das unbegrenzte Organisationstalent seines Vaters.

Als er nun von dem anderen Auto zurückkam, sagte er: „Wir müssen hinter dem Auto dort hinterherfahren, die Leute führen uns in ein Quartier zur Übernachtung!“ Meine Mutter ahnte wohl irgendetwas und fing an, mit meinem Vater leise zu flüstern. Wir folgten dem LADA, der uns zur Unterkunft führen sollte. Von der Autobahn ging es sehr schnell herunter. Es kam mir vor, als würden wir stundenlang über einsame, schlechte Landstraßen fahren, noch dazu in einem halsbrecherischen Tempo. Wir erreichten ein Dorf und hielten an einem Einfamilienhaus, mitten in der Einöde. Dort wurden wir von einem älteren Ehepaar empfangen, „Schwarzer“ hießen die beiden. Sie sagten uns, wir könnten bei ihnen übernachten. Schön, dass alles so klappte. Mein Bruder und ich haben keinen weiteren Gedanken daran verschwendet, wie merkwürdig dies alles war. Vielleicht waren wir ein bisschen unbedarft und naiv in der Hinsicht, aber wer ahnte schon, was hinter allem steckte! Schnell waren wir im Bett; ein Zimmer für meine Eltern, eins für meinen Bruder und mich.

Michael und ich waren am nächsten Morgen eher genervt als misstrauisch: „Was ist denn nun los, wann kriegen wir unsere Papiere?“ „Ja, Geduld, die kommen schon.“, vertröstete unser Vater uns immer wieder. Inzwischen waren zwei Männer zu Besuch gekommen. Sie steckten in schlecht sitzenden grauen Anzügen und trugen die dicken, schwarzgeränderten Brillen, die man im Westen nur noch aus den Heinz-Erhardt-Filmen oder von alten Männern kannte.

Sie gingen mit meinem Vater in das Wohnzimmer. Irgendwann rief mein Vater meinen Bruder und mich dazu. Beigebraune Sitzecke mit Kunstleder-Armlehnen, der obligatorische höhenverstellbare Tisch, eine Schrankwand mit dem üblichen Nippes. Alles wirkte billig, eben wie DDR.

„Ich will Euch erst mal „Willi“ und „Jürgen“ vorstellen.“

Nur Vornamen?

Jetzt rückte er mit der Wahrheit über unseren „kleinen Ausflug“ heraus und es kam der Satz, der mit einem Mal unser ganzes Leben ändern sollte, der unsere Familie zerstören und die geplanten Lebenswege von uns allen umleiten sollte.

„Ich muss Euch beiden eine wichtige Mitteilung machen: Dass es Opa schlecht geht, stimmt nicht. Ich musste ganz schnell von Hannover weg. Ich war in Gefahr, dort verhaftet zu werden. Ich habe dort für die DDR gearbeitet!“ Michael und ich verstanden kein Wort.

Für die DDR? Er war doch Geophysiker bei der Preussag!

„Ich habe als ‚Kundschafter des Friedens‘ gearbeitet ...“

Kundschafter des Friedens? Was heißt das denn? Das hässliche Wort „Spion“ nahm er nicht in den Mund.

„Meine Freunde hier haben mich gewarnt, dass meine Tarnung auffliegt. Wir können nicht mehr nach Hannover zurück, wir müssen uns hier in der DDR ein neues Leben aufbauen.“

In der DDR leben? Nicht mehr nach Hannover zurück? Nie mehr? Was soll das heißen? War das ein Witz? Ein übles Schauspiel? Warum saß unsere Mutter nicht bei uns? Und dennoch: Wir glaubten ihm noch nicht ganz.

Nun mischte sich der Ältere, „Willi“, in das Gespräch ein:

„Zu Eurer eigenen Sicherheit könnt Ihr nicht mehr in die BRD fahren, Ihr habt euch damit abzufinden, Hannover niemals mehr wieder zu sehen! Hannover könnt Ihr höchstens wiedersehen, wenn es sozialistisch geworden ist!“

Hannover sozialistisch? Was erzählt der da für einen absurden Blödsinn? Wir sind doch freie Menschen! Wer ist das überhaupt? Und warum duzt der uns? Was hat der uns zu sagen, dieser Willy? Der kennt uns doch gar nicht!

Die Herren seien vom Ministerium für Staatssicherheit, sagte mein Vater. Er sagte nicht „Stasi“, er sagte wirklich „Ministerium für Staatssicherheit“. Keiner im Westen tat das! „Uns wird es auf keinen Fall schlechter gehen als im Westen, sie haben mir versprochen, uns alle Unterstützung zu geben, die wir brauchen für das Einleben hier. Wir werden fast so weiterleben wie bisher.“

Wie soll das denn gehen? In der DDR wie im Westen leben? In diesem grauen Land? Wir kannten doch die DDR ein bisschen. Was passiert hier gerade mit uns? Und warum, verdammt noch mal, war Mutter nicht bei uns?

Ich hatte erst einmal ein völliges Gefühl der Leere in mir. Träume ich das Ganze, wache ich gleich auf? Ich stand neben mir und beobachtete mich. Alles war unwirklich. Und dann diese Aussage, „wenn Hannover sozialistisch wird“: Sollte das ein Trost sein oder eine Drohung? Ich habe es jedenfalls eher wie eine Drohung uns gegenüber empfunden: *Die* waren nicht unsere Freunde. Im Gegenteil. Vielleicht die Freunde meines Vaters. Sie haben es nicht mal hingekriegt, das psychologisch so aufzubauen, dass sie uns Mut machten. Schon in dem Moment war die Sache verloren für die. Aber das haben sie nicht begriffen.

Also, wenn die die Wahrheit sagen, heißt das, dass alles, was ich bisher gelebt habe, nicht mehr da war! Was soll denn jetzt hier passieren? In der DDR leben? In dieser tristen dunklen grauen DDR leben? Wann wache ich endlich auf aus diesem bösartigen Albtraum? Das geht doch alles nicht. Muss ich das hier ernstnehmen? Unmöglich!

Mein Leben war zu Ende in diesem Moment, das Gefühl hatte ich. Ich hörte meinen Vater und die Männer zwar noch auf uns einreden, aber ich verstand nichts mehr. Als ob der Ton im Film abgestellt würde und sich die Münder lautlos bewegten. Ich hatte in diesen Momenten das Gefühl, ich wäre gar nicht mehr körperlich da, würde irgendwie neben mir schweben. Ich bekam gerade noch mit, dass Michael, mein Bruder, anders reagierte, viel impulsiver. Er sprang auf mit „Leckt mich alle am Arsch!“ und rannte raus. Im Weglaufen rief er noch, dass er sich umbringen wolle, vor die S-Bahn werfen oder mit seinem Schal aufhängen. Unsere Mutter, die inzwischen dazu gekommen war, lief hinter ihm her. Ich war erst mal völlig erstarrt, konnte mich gar nicht rühren. Etwas war abgeschnitten. Mein Leben. Ich war nicht tot, aber auch nicht lebendig.

Warum hat uns unser Vater nicht früher aufgeklärt, warum hat er uns mit Hilfe einer Lüge in die DDR gelockt? Konnte er sich nicht denken, was das für uns bedeuten würde? Kannte er uns so schlecht? Er hätte uns den wahren Grund unseres überstürzten Aufbruches noch in Hannover erzählen müssen.

Mein Bruder war schließlich schon volljährig und ich selbst mit 16½ Jahren auch kein Kind mehr. Wir hätten dann beratschlagen können: Was machen wir? Wenn überhaupt, wäre er mit Sicherheit alleine gefahren. Und was ist mit Mutter? Hat sie davon gewusst? Seit wann? Schon immer? Hat sie das Spiel mitgespielt? War sie auch Spionin? Sie sind doch damals in den 50ern zusammen aus der DDR in den Westen geflüchtet! Oder war sie so ahnungslos wie Michael und ich? Nein, dann wäre sie jetzt nicht so gefasst.

Je länger diese Geschichte her ist, umso kritischer sehe ich die Rolle meines Vaters dabei. Er hat uns verraten.

Ich weiß nicht mehr, wie ich aus dem Wohnzimmer wieder rausgekommen bin, wie dieser Tag weiter verlief, ob wir etwas gegessen haben. Ich weiß nur noch, dass mein Vater uns sagte, dass dieses Haus für die nächste Zeit unser Quartier werden sollte, bis wir etwas anderes gefunden hätten. Wir befanden uns in Eichwalde am süd-östlichen Rand Berlins.

In den folgenden Tagen und Nächten versuchten meine Eltern erst einmal, uns alle am Leben zu erhalten. Meine Mutter nahm uns oft in den Arm, tröstete, versuchte – gegen ihre eigene Verzweiflung und ihr eigenes Misstrauen – Hoffnung und Zuversicht zu verbreiten: Dass es schon nicht so schlimm kommen würde, dass ja noch nicht alles verloren sei ... Zur Sicherheit schliefen wir Jungs in den ersten Tagen bei unseren Eltern – mein Bruder bei unserem Vater, ich bei unserer Mutter. Denn gerade bei meinem Bruder konnte man nie wissen, was er anstellte, wenn er in Rage war.

Als Erklärung für die Vorgehensweise meines Vaters kann ich heute nur vermuten, dass er damit die Familie zusammenhalten wollte. Im Westen drohte ihm die Verhaftung wegen Spionage. Er würde seinen Job verlieren und als einziger Ernährer der Familie ausfallen. Meine Mutter war ja Hausfrau. Außerdem haben seine Freunde von der Stasi behauptet, nicht nur er, sondern auch meine Mutter wäre im Westen verhaftet worden, mein Bruder und ich würden im Kinderheim landen. Aber was sollte denn meine Mutter mit der Spionage zu tun haben? Sie war eine naive Frau, die sich nicht um politische Dinge kümmerte. Die Stasi-Männer hatten meinem Vater dagegen eine goldene Perspektive präsentiert: Uns würde es in der DDR an nichts fehlen, unseren Lebensstandard würden wir natürlich halten, seinen Kindern würden alle Möglichkeiten für die Zukunft offen stehen. Das muss ihn überzeugt haben.

Nicht aber meinen Bruder und mich! Wir hatten ja nichts getan. Was konnten wir dafür, dass unser Vater ein Spion war? Sippenhaft gab es doch nicht mehr! Wir wollten zurück, nach Hause, in unsere Straße, in unsere Wohnung, in unser Zimmer, zu unseren Freunden, nach Hannover – notfalls auch ohne unseren Vater. Mein Bruder schrie meinen Vater deswegen auch unentwegt an. Der wirkte hilflos, seine Selbstsicherheit, seine Autorität, der wir uns sonst so schwer widersetzen konnten, waren plötzlich verschwunden. Er hatte die Fäden, die unser Leben bislang gesteuert hatten, nicht mehr in der Hand. Er hatte sie abgegeben wie unsere Reisepässe. Erreicht hat er eigentlich das genaue Gegenteil von dem, was er wollte: Die Familie zerbrach vor seinen Augen. Seine Söhne hatten keinen Respekt mehr vor ihm. Er hat uns nicht nur getäuscht, sondern auch völlig enttäuscht. Wir haben ihm nichts mehr geglaubt, ihm nicht mehr vertraut. Er war sehr überrascht, mit welcher Heftigkeit er das von uns zu spüren bekam.

Und unsere Mutter? Sie hatte den wahren Grund der Fahrt in die DDR auf der Autobahn schon an der Raststätte Michendorf geahnt, konnte dann in den ersten Stunden aber nur dafür sorgen, dass wir Kinder nichts erfahren, um uns nicht zusätzlich zu gefährden. Viel später erst hat sie mir mehr über diese ersten Stunden erzählt. Auch sie fühlte sich von ihrem Mann getäuscht und betrogen. Nur musste sie noch den Schein wahren! Die erste Nacht in diesem seltsamen Haus hat sie schlaflos verbracht, stundenlang mit meinem Vater diskutiert. Sie wollte mit uns Jungs zurückfahren, sofort am nächsten Morgen. Sie hätte ja nichts verbrochen, sie würde sich schon irgendwie durchschlagen. Besser allein mit uns als wieder in der DDR leben... Aber mein Vater hatte unsere Pässe ja schon abgegeben. Und ob die Stasi die wieder rausrücken würde? Meine Mutter hat ihm sogar mit Selbstmord gedroht.

Wir blieben also erst mal im Gästehaus der Stasi in Eichwalde, voller Ungewissheit, wie es weitergehen sollte; mein Vater zunächst noch voller Hoffnung, dass sich alles finden würde. Er versuchte, Zuversicht zu verbreiten: „Alles wird gut, uns wird es hier auch gut gehen." Aber er wurde uns, meinem Bruder und mir, auch total fremd. Er war plötzlich ein völlig anderer Mensch als davor. Weil diese Geschichte eine Facette an ihm offenbart hatte, die wir nicht kannten, die doch aber wesentlich für einen Menschen ist! Aus einem biederen Familienvater war über Nacht plötzlich ein Spion geworden, ein Verräter, ein Spitzel. Welcher war nun der echte – der Familienvater oder der Spion?

Ich war 16, voll in der Pubertät, interessierte mich für Mädchen, für Autos, für Musik, für Abba, Boney M, Supermax, Sweet, Slade und die Sparks. Mein Bruder war schon etwas weiter: Er hatte eine Freundin und ein Yamaha-Moped und hörte schwerere Musik - Pink Floyd, Genesis und Supertramp. Die DDR als politisches Gebilde spielte für uns Jungen keine Rolle. Die RAF und ihre Anschläge – das war ein Thema. Aber doch nicht die DDR mit ihrer komischen Stasi!

Unsere Achtung vor unserem Vater sank jedenfalls in den Keller. Weil er eben das Vertrauen nicht gehabt hat, uns noch in Hannover einzuweihen und uns selbst entscheiden zu lassen, wo wir leben wollten. Das haben wir ihm auch zu spüren gegeben, mehr oder weniger subtil. Seine Vorschläge, seine Pläne und Hoffnungen, wie unser Leben in der DDR aussehen könnte – wir haben sie alle von uns geschoben: „Was erzählst du uns denn da? Du hast doch keine Ahnung!“ Wir hatten auch ein Gespür dafür, dass er die Sache gar nicht mehr steuern konnte.

Zwei Tage nach unserer „Entführung“ hatte meine Mutter Geburtstag, ihr 49. Kaffee und Kuchen mit der Stasi; die hatte auch als einzige Geschenke – 6 Bleikristall-Weingläser und ein Minibuch „Dr. Sorge funkt aus Tokyo“.

Auffällig war, dass in der Nähe „unseres“ Hauses auch vor anderen Häusern noch West-Autos mit DDR-Kennzeichen standen. Mein Vater scheint also nicht der einzige gewesen zu sein, der sich in die DDR geflüchtet hatte.

Hintergründe

Hannov

Nr. 18 · 4. Woche · Preis 60 Pf
Montag, 22. Januar 1979

Polizei nimmt fünf DDR-Spione fest – einer flüchtet wieder

Offizier aus Ostberlin brachte wichtige Dokumente mit

Karlsruhe/Berlin (dpa/ap)

Nach der Flucht eines Offiziers des DDR-Ministeriums für Staatssicherheit nach Westberlin sind am Wochenende fünf mutmaßliche Ostagenten festgenommen worden. Sie stehen unter dem Verdacht, technische und wissenschaftliche Geheimnisse an die DDR verraten zu haben. Einer der Festgenommenen, der 40 Jahre alte Rainer Fülle, konnte nach seiner Vernehmung durch die Bundesanwaltschaft wieder fliehen. Am Sonntagabend wurde mit Hilfe des Fernsehens eine Großfahndung nach dem Flüchtigen eingeleitet.

Ich hatte am Wochenende vor unserer Abreise in der Hannoverschen Allgemeine davon gelesen, dass ein junger Stasi-Offizier in den Westen übergelaufen war. Der war nicht nur aus der DDR geflüchtet, er hatte auch Informationen über in West-Deutschland tätige Spione mitgebracht. Es hieß auch, dass aufgrund dessen schon erste Verhaftungen vorgenommen worden wären. Es war eine Nachricht unter vielen in der Hannoverschen Allgemeinen, die wir abonniert hatten, die mir nicht besonders aufgefallen war. Was hatte sie auch mit mir zu tun?

Hier, im Stasi-Gästehaus in Eichwalde, bekam die Flucht des Oberleutnants der Hauptverwaltung Aufklärung, Werner Stiller, – seinen Namen sollten wir erst ein paar Wochen später aus dem Westfernsehen erfahren – natürlich eine ganz andere Dimension. Stiller hatte eine ganze Menge Informationen über Spione, die im Westen für die Stasi tätig waren, mitgebracht. Daraufhin wurden mindestens 15 Agenten der „Hauptverwaltung Aufklärung“ festgenommen. Bis zu 40 weitere Spione konnten sich nach Warnungen durch die Ost-Berliner Stasi-Zentrale noch rechtzeitig absetzen. Mein Vater war also einer derjenigen, die rechtzeitig in den Osten geflüchtet waren.

Sehr viel später erst erfuhren wir durch einen Mitarbeiter des Landeskriminalamtes in Hannover, dass mein Vater gar nicht auf der Namensliste von Werner Stiller gestanden habe. Noch später erfuhr ich, dass aber eine sogenannte „Materialbegleitliste“ existierte, aus der hervorging, dass es in der Preussag in der Abteilung meines Vaters einen Spion geben solle. Damit wären sie dann doch sehr schnell auf ihn gekommen. Es könnte aber auch noch ganz anders abgelaufen sein. Meine Mutter erzählte mir später, dass mein Vater, der in der Preussag Wirtschaftsspionage betrieb, wohl irgendwann in den Siebzigern von seinen Führungsoffizieren aufgefordert wurde, zusätzlich militärische Objekte in West-Deutschland auszuspionieren, was er aber abgelehnt hatte, da er auf keinen Fall Militär-Spionage betreiben wollte. Durch die Ablehnung wurde er ein unsicherer Kandidat. Die Stasi hatte womöglich Angst bekommen, er würde demnächst abspringen und zur Gegenseite überlaufen. Das musste verhindert werden. Ihn einfach aus dem Westen abzuziehen, also in die DDR zurück zu rufen, wäre in so einem Fall sehr riskant gewesen, da mein Vater vielleicht Verdacht geschöpft und sich sofort dem Verfassungsschutz offenbart hätte. Wenn es sich so verhalten haben sollte, dann wäre die Flucht von Werner Stiller zumindest in diesem Zusammenhang für die Stasi gelegen gekommen.

Wie war es nur dazu gekommen, dass wir in eine solche fürchterliche Situation geraten waren? Wann hat mein Vater sein Doppelleben begonnen? Antworten erhalte ich von meiner Mutter und finde ich in seiner Stasi-Akte.

Mein Vater Armin Raufeisen stammt ursprünglich aus Ostpreußen. Dort ist er in einem Dorf in der Nähe von Tilsit (heute Russland) geboren worden. Sein Vater war Dorfschullehrer, wurde aber 1938 aus gesundheitlichen Gründen pensioniert. Eine nicht unwesentliche Rolle bei der Pensionierung spielte wohl auch seine Weigerung, der NSDAP beizutreten.

Am Ende des 2. Weltkrieges wurde die Familie im Oktober 1944 wegen der näher rückenden Front evakuiert. Sie musste ihre Heimat verlassen und in Richtung Westen flüchten. Sie landete schließlich in dem kleinen Dorf Härtensdorf bei Zwickau. In Zwickau setzte mein Vater den Besuch der Oberschule, den er in Tilsit begonnen hatte, fort. Sein Vater verstarb sehr früh, Weihnachten 1946. Deswegen brach mein Vater sofort die Oberschule ab, um zum Lebensunterhalt der Familie beizutragen.

Er arbeitete als Holz- und Kunstschnitzer und dann als Maschinen- und Turbinenwärter in einer Papierfabrik. 1949 begann er dann im Bergbauunternehmen „SAG Wismut", das für die russischen Atombomben Uran förderte, als Hauer zu arbeiten.

Anfang der 50er Jahre wurde mein Vater vom Betrieb zu einem Lehrgang geschickt und wurde Kollektor. Ein Kollektor war zuständig für die örtlichen geologischen Kartierungen. In den weiteren Jahren qualifizierte sich mein Vater zum technischen Geologen und Steiger. Bald war er Obersteiger. Er entwickelte immer einen beträchtlichen Ehrgeiz in dem, was er tat.

Mein Vater war in dieser Zeit offensichtlich davon überzeugt, dass in der DDR eine gerechtere und bessere Gesellschaftsordnung aufgebaut wurde als die, die sich im Westen entwickelte. Er hat dem Antifaschismus-Mythos geglaubt, der DDR-Propaganda mit ihren Schlagworten von Restauration und Wiedererstarken des Faschismus. Mitte der fünfziger Jahre fiel er Mitarbeitern des Ministeriums der Staatssicherheit auf, die ihn laut Stasi-Akte am 28.11.1955 kontaktierten. Er wurde dann „am 15.03.1956 durch die OV ‚W' (Objektverwaltung Wismut) Karl-Marx-Stadt auf der Basis der politisch-ideologischen Überzeugung geworben".

Während eines Sommer-Urlaubs Anfang der fünfziger Jahre auf der Insel Usedom hatte er beim Tanz Charlotte Krüger kennengelernt. Die damals 23-jährige war beeindruckt von dem welterfahrenen und offenen Mann, der schon viel rumgekommen war. Sie wohnte in einem bürgerlichen Elternhaus in Seebad Ahlbeck, das mit den Kommunisten nichts zu tun haben wollte. Sie war Arzthelferin, später Schulsekretärin.

Mein linientreuer Vater und meine Mutter fanden dennoch Gefallen aneinander. Immer wieder besuchte er sie und machte ihr den Hof. Am 16.10.1956 fand in Ahlbeck dann auch die Hochzeit statt. Nach der Heirat zogen meine Eltern in ein schäbiges Hotel nach Ronneburg bei Gera, da noch nicht feststand, wo mein Vater letztlich eingesetzt werden würde. Für meine Mutter war das sicher nicht leicht: Aus einem schönen Haus in einem Seebad an der Ostsee in ein Zimmer im bergigen und vom Bergbau durchwühlten Ronneburg zu ziehen bedeutete gewiss eine große Umstellung. Auch meine Großeltern haben ihr einziges Kind nur ungern mit dem der DDR wohlgesinnten jungen Mann ziehen lassen.

Umso größer war die Überraschung bei allen Verwandten, als mein Vater von seiner Hochzeitsreise nach Kiel – dort wohnte eine Kusine meiner Mutter – nicht zurückkam. Der Verwandtschaft gegenüber begründete er diesen Schritt später mit den im Westen besseren Karrieremöglichkeiten und der besseren Bezahlung. Von Kiel aus war mein Vater nach Hamburg gefahren, hatte sich dort mit irgendwelchen Leuten getroffen und einen Kontakt zu einer Firma in Hannover, der „Prakla-Seismos“ hergestellt. Zurück in Kiel sagte er zu meiner Mutter: “Wir bleiben!“ Meine Mutter hatte jedoch Angst, als Republikflüchtige ihre Eltern nicht mehr besuchen zu dürfen, und wollte lieber in die DDR zurück und auf dem Weg der Familienzusammenführung meinem Vater offiziell in den Westen folgen.

Was niemand in der Familie und auch nicht seine Frau wusste: Er blieb im Auftrag des Ministeriums für Staatssicherheit im Westen. Er hatte den Auftrag, auf eine Abwerbung durch ein bekanntes Industrieunternehmen einzugehen, wenn es Lagerstätten von Bodenschätzen erkundete. Ziel war es wohl, in wirtschaftlich bedeutsamen Unternehmen sogenannte „Kundschafter" zu platzieren, die Industrie- und Wirtschaftsgeheimnisse ausspionieren sollten.

Schon etwa ein Jahr nach seiner Anwerbung durch die Stasi ist er also in den Westen gegangen. Mein Vater nahm den Auftrag an, ohne daran zu denken, was diese gefährliche Arbeit für sein weiteres Leben, das seiner frisch angetrauten Frau und der später entstehenden Familie bedeuten würde.

Meine Mutter saß nun allein in Ronneburg und wusste zunächst nicht, was sie machen sollte. Wegen der Flucht meines Vaters bekam sie sehr viel Ärger mit der Staatssicherheit. Die Konspiration ging ja so weit, dass ihre Vernehmer nichts von der Tätigkeit meines Vaters für die Stasi wussten. Für sie war er ein Flüchtling und Verräter. Meine Mutter aber war ja selbst von der Flucht überrascht worden und in einer unangenehmen Lage. Was sollte aus ihr werden? Frisch verheiratet, der Mann verschwunden, in einer ihr völlig fremden Gegend. Zunächst kehrte sie zu ihren Eltern nach Ahlbeck zurück. Ihre Ausreiseanträge mit der Begründung der Familienzusammenführung wurden alle abgelehnt, da ihr Mann ja in den Westen geflüchtet war. Diese Anträge führten nur zu weiteren Verhören durch die Stasi. Die einzige Möglichkeit für sie blieb dann, etwa ein halbes Jahr nach dem Wegbleiben meines Vaters, ebenfalls in den Westen zu flüchten, über die offene Grenze in Berlin. Nach 6 Monaten war das Paar wieder vereint.

In Hannover mussten meine Eltern bei Null anfangen und sich eine Existenz aufbauen. Mein Vater arbeitete bei der „Prakla-Seismos" als geologischer und geophysikalischer Auswerter. Nebenbei bildete er sich durch Selbststudium in seiner Freizeit und Betriebspraktika weiter. 1965 wechselte er als Geophysiker in der Erdölexploration zur „Preussag". Dort blieb er bis zu unserer überstürzten Reise in die DDR im Januar 1979. Meine Mutter arbeitete noch kurze Zeit als technische Zeichnerin und kaufmännische Angestellte. Als dann 1960 mein Bruder Michael geboren wurde, hörte sie auf zu arbeiten und war fortan Hausfrau. Von der gefährlichen „Nebentätigkeit" ihres Mannes ahnte meine Mutter in den ersten Jahren im Westen nichts.

Fast 22 Jahre lang spionierte mein Vater erfolgreich für das Ministerium der Staatssicherheit und machte nicht nur in seinem richtigen Beruf Karriere, sondern auch als Inoffizieller Mitarbeiter „Hans Koch" der Stasi. Am 1.5.1959 wurde er sogar Mitglied der SED, nachdem er bereits zwei Jahre im Westen lebte. Sein Parteimitgliedsbuch lagerte in der MfS-eigenen SED-Kreisleitung in Ostberlin, die monatlichen Mitgliedsbeiträge zahlte die Stasi an die SED. Nicht viele West-Spione waren Parteimitglieder. Mein Vater muss also ein besonders treuer und überzeugter „Kundschafter des Friedens" gewesen sein. Dass er eine im Sinne der Stasi erfolgreiche Arbeit als Spion leistete, geht aus einer Beurteilung eines Stasi-Majors von 1979 hervor:

„Der IM leistete im Operationsgebiet[1] eine gute operative Arbeit mit hohem volkswirtschaftlichem und politischem Nutzen. Diese Arbeit war gekennzeichnet durch Diszipliniertheit, Umsicht und Ehrlichkeit gegenüber unserem Organ. Der IM zeigte bei der Erfüllung der übertragenen Aufgaben Einsatzbereitschaft, Eigeninitiative und Risikobereitschaft. Dekonspirationen wurden im Laufe der Zusammenarbeit nicht festgestellt."

1969 verpflichtete sich mein Vater, der damals ja schon über 10 Jahre im Westen lebte, gegenüber dem Ministerium für Staatssicherheit als Berufssoldat und erhielt den Dienstgrad eines Leutnants. Dies war noch seltener als die SED-Mit-

---

1 *damit bezeichnete die Stasi die Bundesrepublik Deutschland*

gliedschaft der Westagenten! Er muss also sehr gute Arbeit geleistet haben.

Aus seiner Verpflichtungserklärung lese ich heute heraus, dass mein Vater seine Familie bedingungslos der DDR mit seinem Stasi-Ministerium ausgeliefert hat. Unglaublich, welchen Eingriff das darstellt! Allein durch unseren Aufenthalt in Hannover wurden wir in den dienstlichen Auftrag einbezogen. Mein Vater verpflichtete sich, uns zu überwachen und den Stasileuten Bericht über uns zu erstatten, wohin wir fahren und welche Freunde wir haben; sämtliche Post sollte kontrolliert und abgegeben werden. Ein unglaublicher Verrat an mir, der Familie und auch an unserer Heimat – denn für mich war es natürlich meine Heimat, die er verriet. Ein Verrat, der noch schlimmer wird, wenn ich bedenke, wie sehr wir unserem Vater vertraut haben. Er war der Vater, natürlich in den ersten Jahren der Held seiner Jungen, das Familienoberhaupt, die oberste Instanz.

Schon vier Jahre später, 1973, wurde mein Vater zum Oberleutnant befördert. Ob ihn das beeindruckt hat? Ob es eine kleine Feier gab, vielleicht auf einer heimlichen Reise nach Ostberlin? Er hat nie davon erzählt.

Über die Jahre seiner Spionage-Tätigkeit hinweg sammelte er sogar reihenweise DDR-Auszeichnungen, diverse Verdienstmedaillen der NVA und sogar den Vaterländischen Verdienstorden. Ob die Orden irgendwo in Berlin lagerten, in einem Tresor oder Aktenschrank, sorgsam auf ein rotes Samtkissen geheftet, auf das sein Name gestickt war? Ob ihm die dazugehörigen Geldprämien in West-Mark ausgezahlt wurden? Vielleicht hat er ja dann unserer Mutter einen Blumenstrauß und uns Jungs ein Matchbox außer der Reihe mitgebracht? Eine ekelhafte Vorstellung.

Im März 1979 schließlich, als er uns alle schon in die DDR verschleppt hatte, erhielt er den „Kampforden für Verdienste um Volk und Vaterland". In dieser Zeit musste er sich von uns anhören, dass er für das bisschen Lametta unsere Familie zerstört hat.

Die ersten Wochen

Da saßen wir also im Februar 1979 in einem Einfamilienhaus in Eichwalde am Rande von Berlin. Das einschneidendste Ereignis nach der Nachricht, dass wir bleiben würden, folgte schon am nächsten Tag: Wir wurden DDR-Bürger, auf trickreiche Art und Weise.

Gesetz über die Staatsbürgerschaft der Deutschen Demokratischen Republik
(Staatsbürgerschaftsgesetz)

vom 20. Februar 1967

...

§ 8. (1) Minderjährige erwerben mit Verleihung der Staatsbürgerschaft der Deutschen Demokratischen Republik an die Eltern die Staatsbürgerschaft der Deutschen Demokratischen Republik, wenn der Antrag auch für sie gestellt ist. Das gilt auch, wenn nur ein Elternteil durch Verleihung Staatsbürger der Deutschen Demokratischen Republik wird.

(2) Hat der Minderjährige das 14. Lebensjahr vollendet, ist seine Einwilligung erforderlich.

...

Berlin, den zwanzigsten Februar neunzehnhundertsiebenundsechzig.

Der Vorsitzende des Staatsrates der Deutschen Demokratischen Republik
W. Ulbricht

Quellen: Gesetzblatt der Deutschen Demokratischen Republik 1967 Teil I. S. 3
© 12. Dezember 2004 - 22. Februar 2005

Die Stasi-„Betreuer“ legten meinem Vater und meiner Mutter ein Schriftstück zur Unterschrift vor und erklärten dazu, sie müssten den Empfang von provisorischen DDR-Ausweisen und -Kennzeichen für das Auto quittieren, damit wir uns in der DDR ohne Probleme bewegen könnten. Dabei hielten sie die Dokumente so zu, dass meine Eltern nicht erkannten, was sie unterschrieben. Es waren Anträge zum Erwerb der Staatsbürgerschaft der DDR! Auf diese offensichtliche Lüge später angesprochen sagten die Stasi-Leute nur, das wäre sowieso nur ein Pro-forma-Akt gewesen, da wir aufgrund der „Arbeit" meines Vaters schon immer DDR-Bürger gewesen seien! Was sollte dann der ganze Zirkus mit diesen Anträgen? Auch meinem Bruder legten sie einen Antrag zur Einbürgerung zur Unterschrift vor, zum Glück allerdings erst etwas später, nachdem mein Vater gemerkt hatte, dass er hereingelegt worden war. Deshalb warnte er meinen Bruder, der unmissverständlich klar gemacht hatte, dass er nicht in der DDR bleiben wird, eindringlich davor, das zu unterschreiben. Michael weigerte sich auch und forderte seine sofortige Rückkehr in den Westen. Vorerst geschah aber nichts. Ich war leider erst 16, mit der Unterschrift meines Vaters erhielt ich zwangsweise die DDR-Staatsbürgerschaft, ich konnte mich nicht dagegen wehren. (Wobei ich sehr viel später, irgendwann nach zwei Jahren, in einer Buchhandlung auf ein schmales Bändchen zur DDR-Staatsbürgerschaft stieß. Dort hieß es tatsächlich, dass es vorgeschrieben sei, dass Menschen, die mindestens 14 Jahre alt sind, ihre Einwilligung geben müssen, wenn sie eingebürgert werden sollten. Ich habe dieses Einverständnis nie gegeben! Als ich dann die Stasi damit konfrontierte, sagten sie wieder: „Das gilt ja für euch gar nicht. Ihr wart doch eigentlich immer DDR-Bürger.") Nun saßen wir jedenfalls noch tiefer in der Falle.

Ich erlebte die Zeit wie in einer Schockstarre. Das Leben in Eichwalde glitt an mir vorbei, so als wäre es keine Realität, sondern nur ein nicht enden wollender Alptraum. Ich lag im Bett, starrte an die Decke und malte mir immer wieder aus, wie es wäre, zurückzufahren. Ich konnte die Entscheidung noch nicht als endgültig hinnehmen. Damals kam mir immer wieder ein Lied in den Sinn, das ich auch zuvor schon gemocht hatte. „Wunderschätze" von Novalis, einer deutschen Band.

Die Platte hatte mein Bruder 1975 zu Weihnachten bekommen und ich hatte sie schon oft gehört. Aber hier, in der feindlichen Fremde, bekam das Lied noch einmal eine ganz andere Bedeutung für mich.

Novalis - *Wunderschätze*

Wer einsam sitzt in seiner Kammer
und schwere bittre Tränen weint
wem nur gefärbt von Not und Jammer
die Nachbarschaft umher erscheint.

Wer in das Bild vergang'ner Zeiten
wie tief in einen Abgrund sieht
in welchen ihn von allen Seiten
ein süßes Weh hinunter zieht

Es ist als lägen Wunderschätze
da unten für ihn aufgehäuft
nach deren Schloss in wilder Hetze
mit atemloser Brust er greift.

Die Zukunft liegt in öder Dürre
entsetzlich lang und bang vor ihm
er schweift umher, allein und irre
und sucht sich selbst mit ungestüm.

„Die Zukunft liegt in öder Dürre entsetzlich lang und bang vor ihm." Für wen anders als für mich konnten diese Zeilen geschrieben sein? Ich, nur ich war gemeint! Erst viel später habe ich erfahren, dass der Text aus dem 18. Jahrhundert stammt und dass nicht nur die Band, sondern auch der Dichter

Novalis hieß. Noch immer habe ich diese Platte. Manchmal, wenn es draußen dunkel und kalt ist, lege ich sie heute noch auf. Die Platte, nicht die CD, die ich inzwischen auch besitze!

Ich hatte damals in Eichwalde nicht den ganzen Text im Kopf, aber doch genug, um mich in seiner Schwermut baden zu können. „*Wer in das Bild vergang`ner Zeiten wie tief in einen Abgrund sieht*“ – dem ging es so wie mir: Hannover, Zuhause, die Freunde – das war Vergangenheit. Es war so, wie wenn man von einer geliebten Frau verlassen wird: Man erinnert sich an all das Wunderbare, an die Wärme, die Geborgenheit, und sieht überhaupt keine Zukunft. Neu verlieben würde man sich nie wieder können. Nein, in Eichwalde oder in die DDR würde ich mich nie verlieben!

Außer dem Alltag, der sich ja auch irgendwie eingestellt hatte, war für uns aber die Frage zentral, wie es nun mit uns weitergehen sollte? Dafür waren unsere Betreuer zuständig: „Willi“, „Jürgen“ und als dritter noch „Peter“. „Willi“ war offensichtlich der Ranghöchste von den dreien, er dominierte das Gespräch. Es war eigentlich gar nicht so, dass sie *mit* uns *über* unsere Zukunft sprachen, sondern es wurde nur über uns gesprochen. Mein Bruder und ich beteiligten uns auch kaum an diesem Gespräch, wir waren einfach nicht bereit, uns nach diesem Schock damit zu befassen, wie es mit uns in der DDR weitergehen sollte. Die Stasi-Leute haben überhaupt nicht begriffen, was in uns vorging. Sie versprachen uns das Blaue vom Himmel herunter.

Mein Vater sollte eine lukrative Arbeitsstelle in seinem Fachbereich erhalten. (Er erhielt dann auch im Frühjahr 1979 eine Stelle als wissenschaftlicher Mitarbeiter im „Zentralen Geologischen Institut“ im Bereich Geophysik und war dort direkt dem Direktor unterstellt.)

Meinem Bruder Michael und mir sollten alle nur erdenklichen Möglichkeiten einer beruflichen Entwicklung offen stehen. Nur konnten wir den Ort dafür nicht mehr frei wählen. Darin sahen unsere „Betreuer" kein Problem.

Michael hatte in Hannover gerade die Hälfte des Berufsgrundbildungsjahres hinter sich, wollte dann Bauzeichner lernen, das Fachabitur machen und anschließend Architektur an der Fachhochschule studieren. „Willi" sagte dazu: „Natürlich wirst du bei uns alle Deine Pläne verwirklichen können. Wir werden dafür sorgen, dass du unter allen Umständen die notwendigen Abschlüsse erhältst. Später richten wir dir ein Architektenbüro ein, das du privat führen kannst." Was für Versprechungen! Und das alles durch die Gnade und Freigebigkeit der Stasi! Schon diese Versprechungen klangen so überzogen, dass sie völlig unglaubwürdig waren.

Michael sollte also zunächst bis zum Sommer in einem Architektenbüro eine Art Praktikum machen, um dann eine entsprechende Ausbildung zu beginnen. Er dachte aber nicht im Traum daran, das mitzumachen. Er sagte den Stasi-Leuten ganz deutlich, dass er auf keines ihrer Angebote eingehen wolle und er nicht käuflich sei. Seine Position war etwas besser als meine. Wir wollten beide schnellstmöglich zurück. Der entscheidende Unterschied war nur: Er war schon volljährig, ich nicht.

Mir sagten sie, ich würde natürlich das Abitur machen können und danach studieren; sie würden mir jeden Studienwunsch erfüllen und auch dafür sorgen, dass ich die Abschlüsse erhalte. Ich sagte nur kurz dazu: „Wie soll das funktionieren? Das Schulsystem im Westen ist völlig anders! Außerdem gibt es viele Fächer im Unterricht in der DDR, die ich nie hatte und so auch keine Grundlagen besitze, um in der 11. Klasse einzusteigen." Dazu sagte Willi: „Das wird alles kein Problem sein. Vom Unterricht in Fächern, die du bisher nicht hattest, wirst Du befreit. Außerdem sorgen wir für Förderunterricht, es gibt auch die Möglichkeit, eine Schule für Kinder von Diplomaten zu besuchen, um einen möglichst komplikationslosen Übergang auf die schulischen Verhältnisse der DDR zu erreichen. Wir werden auf alle Fälle dafür sorgen, dass du alles schaffst!" „Und wenn ich die geforderten Leistungen nicht erbringen kann?" „Wir sorgen dafür, dass du die Abschlüsse bekommst!" Aha, so soll das also aussehen: Egal, wie gut ich bin, die Stasi sorgt für die nötigen Zeugnisse auch ohne entsprechende Leistungsnachweise. Eine furchtbare Vorstellung. Mir war sofort klar, dass ich von diesen Leuten immer abhängig sein würde, bei jeder späteren Arbeitsstelle würde ich das Stigma der Stasi-Verbindungen tragen. So etwas bleibt doch nicht verborgen. Besonders dann nicht, wenn ich vielleicht fachlich mit den Kollegen nicht mithalten könnte.

Ich sagte noch: „Wir sind doch in Berlin, ich könnte doch wenigstens ein Gymnasium Kreuzberg besuchen..." Diese Idee empfanden die Stasi-Leute als ungeheuerlich. Das wäre natürlich ganz und gar unmöglich. Willi sagte dazu: „Wenn wir das erlauben würden, wäre Deine Sicherheit und die Deiner Familie stark gefährdet. Sie werden dich dort sofort festsetzen und als Faustpfand benutzen!" Spinnt Ihr denn alle? Unglaublich! Ich musste sofort an das Sprichwort denken: „Was ich selber denk und tu, das trau ich auch den andern zu!" Die Gefährdung von uns allen war übrigens eines ihrer Hauptargumente dafür, dass sie keinen von uns wieder in den Westen lassen könnten. Dort würden wir alle sofort im Gefängnis landen. Ich weiß nicht, ob sie das wirklich selber glaubten. Aber wenn nicht, hielten die uns für so dumm, dass wir ihnen das abkaufen würden?

Aber irgendwie mussten wir uns ja mit der Situation arrangieren. Meine Eltern und ich hatten schließlich „freiwillig" die (bundes-)deutsche Staatsbürgerschaft aufgegeben.

Schließlich wurde festgelegt, dass die Stasi-Leute eine geeignete Schule für mich aussuchen würden. Da schon klar war, dass ich mindestens einige Wochen verlieren würde, sollte ich zur Eingewöhnung bis zu den Sommerferien in einer 11. Klasse „mitlaufen“, dann nach den Ferien die 11.Klasse wiederholen. Da in der DDR das Abitur im Gegensatz zum Westen nach dem 12. Schuljahr abgelegt wurde, würde ich nicht einmal ein Jahr verlieren. Schön gedacht! Die Probleme sahen die Stasis nicht oder wollten sie nicht sehen.

Unsere Bewegungsmöglichkeiten in der DDR waren besonders in den ersten Tagen arg eingeschränkt. Wir durften Eichwalde nicht verlassen, da wir keine Papiere besaßen. Unsere West-Pässe hatten wir nicht mehr, DDR-Ausweise noch nicht. Ohne Papiere durfte man sich in der DDR aber nicht erwischen lassen. Unser Auto, ein relativ neuer Audi 100, stand abgedeckt auf dem Hof des Hauses, niemand durfte ihn sehen, schon gar nicht mit seinem westdeutschen Kennzeichen. H-DN 452. Die Stasi wollte uns den „Audi“ zuerst auch gleich wegnehmen, wohl, damit wir nicht mit einem solch auffälligen Auto, einer zumindest für die DDR-Verhältnisse richtigen „Bonzenkiste“, unterwegs sein sollten. Mag sein, dass auch eine Menge Neid dabei eine Rolle spielte. Gerade der Stasi-Betreuer „Willi“ machte große Augen, als er den „Audi“ sah, musste er doch selber mit einem Lada aus sowjetischer Produktion vorliebnehmen, obwohl er Oberst des Ministeriums für Staatssicherheit war, also einen erheblich höheren Dienstgrad besaß als mein Vater, wie ich später unserer Stasi-Akte entnehmen konnte. Mal abgesehen davon, dass es eine Frechheit gewesen wäre, uns auch noch unser Auto wegzunehmen: Es hätte sich ein gravierendes Problem ergeben. Durch einen Unfall in seiner Jugend hatte mein Vater links ein leicht verkürztes Bein und ein steifes Knie. Deshalb hatte er einen Führerschein, in dem vermerkt war, er dürfe nur ein Fahrzeug mit automatischer Kupplung fahren. Unser Audi 100 hatte deswegen natürlich eine Automatik. Gab es in der DDR ein Auto, was diese Bedingung erfüllen konnte? Ja, es gab eines, mit Handkupplung und Handschaltung: Ein zum Behindertenfahrzeug umgerüsteter Trabant ... Das wollten sie uns dann doch nicht auch noch zumuten! Wir durften also unseren „Audi“ behalten. Wie gnädig von der Stasi!

Unser Vater erzählte uns ein paar Details von seiner Spionagetätigkeit, aber nichts Genaueres. Das war ja geheim. Er hatte Erdölfundstätten weitergemeldet, dazu die Strategien ihrer Ausbeutung. Die Interpretation seismischer Messungen, ein konkretes Erdölfeld im westlichen Niedersachsen, das wohl bis in die DDR reichte. Meiner Mutter erzählte er wohl mehr davon als uns Jungs.

Wir waren anfangs auch völlig abgekoppelt von irgendwelchen Nachrichten. Im Fernseher, der sich im Aufenthaltsraum des Hauses befand, waren nur DDR-Programme eingestellt. Uns interessierte aber besonders die Nachrichtenlage im Westen, ob vielleicht etwas über uns oder über den übergelaufenen Stasi-Offizier gesagt würde. Zu Anfang trauten wir uns aber nicht, einfach ARD oder ZDF einzustellen. So wichen wir aufs Auto aus, wo wir wenigstens Radio hören konnten, RIAS und den SFB. Im Zimmer allerdings, das mein Bruder und ich zum Schlafen zugewiesen bekommen haben, fanden wir einen sehr kleinen tragbaren Fernseher aus sowjetischer Produktion. Der hatte eine kleine eingebaute, drehbare Antenne, wir suchten dann damit „unsere“ Sender. Es war schwer, einen brauchbaren Empfang herzustellen, um die Tagesschau zu sehen. Das Bild war völlig verschneit. Der Ton war schlecht zu verstehen und setzte immer mal wieder aus. Wir dachten, wir wären in Sibirien. Über uns persönlich wurde in der Tagesschau und in „Panorama“, „Kennzeichen D“ oder „Monitor“ nichts berichtet, aber wir hörten von der Flucht eines Stasi-Offiziers in den Westen, von der Verhaftung von Spionen, von der Flucht von Spionen in den Osten. Namen wurden nicht genannt. Einem Spion war es wohl sogar gelungen zu flüchten, obwohl er schon festgenommen worden war. In den folgenden Wochen fielen uns in der Nachbarschaft einige relativ neue Westwagen auf, die in Zufahrten und Höfen standen. Die Vermutung lag nahe, dass sich die Besitzer in ähnlicher Situation wie wir befanden. Aber, wie wir später erfuhren, in keinem Fall gab es Spione, die ihre erwachsenen bzw. fast erwachsenen Kinder mitgebracht hatten.

In den ersten Tagen wurden wir nur einmal vom Stasi-Mann „Jürgen“ mit einem Wartburg abgeholt, da wir in der Poliklinik des Ministeriums für Staatssicherheit medizinisch untersucht werden sollten. Wir fragten, warum das denn notwendig sein sollte. Unser „Gastgeber“, Herr Schwarzer, sagte dazu: „Ihr habt doch 22 Jahre in feindlichem Gebiet verbracht. Deswegen müsst Ihr gründlich untersucht werden. Im Westen ist die medizinische Versorgung so schlecht, wer weiß, was Ihr für Krankheiten mitbringt!“ Was hatte der für Vorstellungen vom Westen? Er dachte wohl, wir kämen aus dem Urwald!? Glaubte er seinen eigenen Worten? Oder spielte jeder nur dieses absurde Spiel mit? Es sollte nicht die einzige merkwürdige Ansicht unserer „Gastgeber“ über die Zustände im Westen Deutschlands bleiben. Wir wurden also mit dem Wartburg in einem halsbrecherischen Tempo ins Zentrum der „Hauptstadt der DDR, Berlin“ gefahren. Nach einer halben Stunde erreichten wir einen Gebäudekomplex an der Frankfurter Allee, der zwar auch aussah wie all die anderen Plattenbauten, aber bedeutend größer war. Das war also die Hauptzentrale des Ministeriums für Staatssicherheit. Mir fiel auf, dass das Gelände extrem abgeschirmt von der normalen Bevölkerung war. Die Frankfurter Allee war zwar befahrbar, aber die Straße, die zum Haupteingang des Geländes führte, war komplett gesperrt, nicht einmal Fußgänger durften sie benutzen. Über die Normannenstraße an der Rückseite des Blockes war sogar eine Mauer quer über die Straße gebaut, damit man weder durchfahren noch irgendetwas sehen konnte. Wir allerdings fuhren ohne große Kontrolle durch das Tor. „Jürgen" zeigte einen Ausweis vor, wir hatten ja nichts zum Vorweisen, waren aber wohl angemeldet. Der Aufenthalt in der Poliklinik dauerte nur kurz. Banale Untersuchungen wie Blutdruck messen, abhorchen, Blut abnehmen usw. Ich hatte erwartet, nach den Sprüchen unserer Gastgeber würden wir in eine supermoderne ärztliche Praxis kommen, musste aber feststellen, dass sie mir im Vergleich zu den bisher bekannten sehr altmodisch vorkam. Das Instrumentarium schien aus den fünfziger oder sechziger Jahren zu stammen. Danach wurden wir wieder zurück gefahren und saßen wieder in Eichwalde fest.

Eichwalde empfanden wir auf unseren Spaziergängen als trist, grau, dunkel, tot. Kaum eine Gaststätte war zu finden. Und wenn, dann war sie geschlossen oder alle Plätze waren belegt. Der strenge Winter ließ unsere Situation noch trostloser erscheinen.

Ein besonderes Problem der ersten Zeit: Wie und wann sollten wir das Geschehene bloß unseren Verwandten erklären? Die Stasi-Leute wollten, dass wir noch abwarten, bis wir eine eigene Wohnung bezogen hatten, um das dann wohl als normalen Umzug zu verkaufen. Wann aber würden wir eine eigene Wohnung haben? Wie lange sollten wir einfach verschwunden sein und kein Lebenszeichen von uns geben? Meine Mutter hatte zwei Tage nach unserer Ankunft in der

DDR Geburtstag gehabt. Wie üblich hatten ihre Eltern aus Ahlbeck ein Päckchen geschickt und warteten dann natürlich auf eine entsprechende Antwort meiner Mutter. Telefon hatten wir alle zwar nicht, aber einfach wochen- oder monatelang nichts von sich hören zu lassen, ging nicht. Meine Großeltern würden sich größte Sorgen machen und das Schlimmste denken, was Ihnen meine Mutter nicht antun wollte. Die aktuelle Lage war schon schlimm, aber sie wüssten wenigstens, dass wir am Leben sind und nicht noch Schlimmeres passiert ist.

Die wahren Gründe des überstürzten „Umzugs" sollten wir verheimlichen, unsere offizielle Legende war: Wir sind in die DDR gezogen, damit wir uns besser um unsere immer älter werdenden Großeltern kümmern könnten. Eine äußerst dürftige Erklärung! Wer sollte das eigentlich glauben? Wer zieht schon freiwillig vom Westen in den Osten, es ging doch sonst eher anders herum? Wir haben uns zwar zumindest in den ersten Monaten an diese Anweisung der Stasi gehalten, aber es war bald klar, und wir spürten das bei solchen Gesprächen auch, dass keiner uns diese Erklärung glaubte. Nachgehakt hat aber auch keiner so richtig. Die Legende hat nicht gerade dazu beigetragen, mit neuen Bekannten ein Vertrauensverhältnis herzustellen. Vielmehr begegnete man uns mit Misstrauen und größter Vorsicht. Uns war nicht zu trauen.

Meine Eltern wollten also möglichst bald ihren Verwandten schreiben. Meine Mutter ihren Eltern in Ahlbeck, mein Vater seinem Bruder in Erfurt und seiner Schwester in Gera. Nur hatten wir keine Absenderadresse. Die Anschrift des geheimen Gästehauses der Staatssicherheit in Eichwalde konnten wir natürlich nicht nutzen. Das ältere Ehepaar Schwarzer, unsere „Gastgeber", wohnte gar nicht in diesem Haus, sie betreuten es nur und führten den Haushalt ehrenamtlich. Sie waren schon längst im Rentenalter, wir haben sie als völlig überzeugte Alt-Kommunisten erlebt. Ihre eigentliche Wohnung befand sich in Berlin-Pankow. Diese Adresse durften meine Eltern dann als Absender benutzen. Das war ein Alleingang der Schwarzers, denn die Stasi-Mitarbeiter machten ein großes Theater, als sie davon hörten. Alles sollte geheim bleiben. Konspiration! Der Klassenfeind ist wachsam!

Meine Mutter schrieb also ihren Eltern nach Ahlbeck und benutzte auch die vorgegebene Legende, wobei wir uns sicher waren, dass sie uns nicht glauben würden. Tatsache war jedoch: Wir waren ab jetzt in der DDR. Bald würden wir die Eltern meiner Mutter auch besuchen können. Mein Vater schrieb folgenden Brief an seinen Bruder Günter und dessen damaliger Verlobter Ingrid:

Berlin, am 4.2.1979

Lieber Günter und Ingrid!

Ihr werdet sehr überrascht sein, Nachricht aus Berlin von mir zu erhalten. Wir haben ja schon manchmal angedeutet, dass wir einmal zurückkommen werden. Nun haben wir es wahr gemacht.

Auf unseren vielen Urlaubsfahrten hierher hatte ich mich nach Möglichkeiten für eine Tätigkeit für mich erkundigt. Diese Rückkehr musste jetzt so plötzlich erfolgen, weil bei den Behörden und im Betrieb die Erkundigungen bekannt geworden sind und zu Jahresanfang existenzgefährdend wurden.

Wir werden in Berlin wohnen. Bis wir eine Wohnung haben, wohnen wir bei Familie Gerhard Schwarzer, 110 Berlin-Pankow, Zillertalstr. 17. Das ist im Augenblick unsere Adresse. Wir sind in Hannover abgefahren, wie wir es im Urlaub immer taten. Der eigentliche Umzug erfolgt in den nächsten Tagen durch das Transportunternehmen DEUTRANS aus der DDR. Zur Zeit gibt es noch eine Menge hier zu erledigen. Wenn alles einigermaßen geordnet ist, werden wir Euch, wenn möglich, auch bald besuchen. Der erste Besuch soll nach Ahlbeck gehen.

Vor allen Dingen brauchen wir erst neue Ausweise, neues Kennzeichen und Papiere für den Wagen und neue Fahrerlaubnisse für uns 3, wofür Charlotte und ich die Kontrolluntersuchung schon hinter uns haben.

Wir hoffen Euch bald zu sehen. Schreibt bitte, wann es möglich wäre. Wenn wir hier eine Wohnung haben, werdet Ihr uns sicher auch bald besuchen. Alles andere dann mündlich.

Herzliche Grüße

Eure Charlotte, Armin, Michael und Thomas

Und das sollte uns jemand glauben ... Aber wir hatten keine andere Wahl, als das Stasi-Spiel mitzuspielen. Irgendwann im Februar erhielten meine Eltern, Michael und ich dann die blauen DDR-Personalausweise. Wir haben sie angenommen, um uns überhaupt außerhalb der Wohnung bewegen zu können. Auffällig bei diesen Ausweisen war die Adresse „Scharnweberstraße 8“ in Berlin, die es zwar gab, die wir aber nie gesehen haben. Es kam später zu seltsamen Situationen, wenn wir nach unserer Postleitzahl gefragt wurden und keine richtige Antwort geben konnten, denn sie stand nicht im Ausweis. Wir mussten uns immer schnell eine annähernd wahrscheinliche Zahl ausdenken. Noch etwas fiel uns auf: Waren diese Papiere vielleicht schon viel länger für uns vorbereitet gewesen? Das Ausstellungsdatum war jedenfalls ein oder zwei Jahre zurückdatiert, 1977 oder 1978, ich weiß es nicht mehr genau.

Nun durften wir uns auch freier bewegen, mal nach Ost-Berlin reinfahren. Aber es war anders als früher, wenn wir meinen Vater auf Dienstreise nach Berlin begleitet hatten: Damals konnten wir am Abend immer wieder zurück nach Westberlin ... Da wir unser Auto behalten durften, erhielt es jetzt ein DDR-Kennzeichen. „IG 62-31" kann ich noch auf alten Fotos entziffern. Das war dann schon sehr auffällig, so ein fast neuer, recht großer West-Wagen mit DDR-Kennzeichen. In den nächsten Monaten ist es schon hin und wieder vorgekommen, dass die Antenne abgeknickt war, dass an der Seite plötzlich ein 1-2 Meter langer Kratzer war oder ein Nebelscheinwerfer demoliert. Es war eben für manche eine Bonzenkiste. Für uns war der „Audi" aber ein kleines Stück Heimat, eine Reminiszenz an unser früheres Leben, ein kleiner Gruß von „dort". In diesem Moment war er das einzige, was uns geblieben war. Er vermittelte uns ein kleines Restgefühl von Geborgenheit in dieser feindlichen Welt, obwohl wir bald davon ausgingen, dass er von der Stasi verwanzt worden war. Wann immer der „Audi" in die Werkstatt musste – sei es für den Ersatz der Nebelscheinwerfer oder für eine Durchsicht –, kam ein Stasi-Mann, holte das Auto ab und brachte es uns nach einigen Tagen wieder. Die Ersatzteile besorgte die Stasi im Westen. Ein absurder Service, von heute aus betrachtet. Damals erschien es uns normal: Wir, zumindest meine Mutter, mein Bruder und ich, wollten ja im Westen leben! Die Werkstatt (War es eigentlich eine Stasi-Werkstatt?) wies uns auch darauf hin, dass unser Audi 100 in einem Detail nicht den DDR-Vorschriften entsprach: Hinter jedem Rad hatte ein Gummi Schmutzfänger zu hängen. Die Werkstatt rüstete das nach. Schöner war unser „Audi" dann aber auch nicht.

Noch im Februar fuhren wir zu meinen Großeltern nach Ahlbeck. Wir wollten sie beruhigen, ihnen zeigen, dass es uns zumindest gesundheitlich relativ gut ging. Meine Mutter freute sich auf ihre Eltern, meinem Vater merkte man an, dass er nicht entspannt war, dass er lieber in Eichwalde geblieben wäre. Er wirkte schon auf der Fahrt nervös und unruhig. Auch in den weiteren Monaten fuhr mein Vater nicht gern zu seinen Schwiegereltern; er hatte natürlich ein besonders schlechtes

Gewissen, denn er hatte uns schließlich in diese furchtbare Situation gebracht.

Es war eine seltsame Fahrt. Ganz anders als früher die Urlaubsfahrten. Eigentlich war uns Usedom ja sehr vertraut – das Haus meiner Großeltern, die Nachbarn, der Weg zum Strand, die wenigen, im Sommer immer überfüllten, Restaurants, der Kiefernwald hinter dem Strand, die Schilder, die die Grenze nach Polen markierten. Wie würde es jetzt dort sein? Ahlbeck war ja fast ein Dorf, wir waren dort sehr bekannt. Der Westbesuch, der jeden Sommer kam. Nun fuhren wir plötzlich mit Ostberliner Autokennzeichen dort vor. Das würde auffallen. Es fiel auf, natürlich.

Wir waren ja bisher immer im Sommer dort gewesen, im Juli oder August, mit Sonnenschein, Urlauber-Trubel, Kindergeschrei. Es war Leben dort. Ein Strand sieht auch im Westen nicht anders aus. Jetzt, im Februar, mitten im tiefsten Winter, wirkte Ahlbeck allerdings ungeheuer trostlos. Noch dazu in diesem Jahrhundert-Winter.

Eine Woche wollten wir in Ahlbeck bleiben, um meine Großeltern irgendwie zu beruhigen und die Situation, soweit es ging, zu erklären, ohne die Wahrheit zu sagen. Ein Eiertanz. Besonders mein Vater wurde sehr frostig empfangen. Richtig geglaubt haben meine Großeltern seine Erklärungen auch nicht, aber auch sie haben nicht weiter nachgefragt. Wer weiß, was sie sich damals gedacht haben? Dass mein Vater die Ursache war, spürten sie auf alle Fälle. Immer war er es, der entschieden hatte: Damals, 1957 die Flucht in den Westen, nun, 22 Jahre später, die überstürzte Rückkehr. Wie wir später hörten, ging in Ahlbeck das Gerücht um, meine Eltern hätten im Westen irgendwelche Unterschlagungen begangen und wären deswegen vor einer Verhaftung geflüchtet. So etwas wie Spionage lag wohl außerhalb der Vorstellungskraft in diesem Dorf. Wir fühlten uns auf jeden Fall sehr unwohl. Und dann mussten wir auch noch länger bleiben als geplant. Es fielen solche Schneemassen, dass alle Wege zurück nach Berlin eine Woche lang unpassierbar waren.

So viel Schnee habe ich bis dahin und später auch nie wieder gesehen. Ein paar Tage lang war unser Auto, das bei meinen Großeltern auf dem Hof stand, jeden Morgen bis zum Dach eingeschneit, jeden Tag buddelten wir es aus. Das hielt wenigstens ein bisschen warm. Denn im Haus meiner Großeltern gab es nur zwei Kachelöfen. Im Sommer war uns Jungs das natürlich nicht weiter aufgefallen. Zu Hause in Hannover hatten wir eine Gasheizung. Hier mussten wir Kohlen schleppen. Jeden Tag brauchten wir vier Eimer. Tagelang waren minus 20 Grad. Aber auch Kohlen schleppen hält warm. Das morgendliche Aufstehen war aber der reinste Horror. Denn da war noch gar nicht geheizt. Und auch nach dem Anheizen dauerte es 1-2 Stunden, bis die Öfen wirklich strahlten. Die Schneekatastrophe hatte aber auch ihre Reize, als der Schneesturm nachgelassen hatte. Gelegenheit für uns, meterhohe Schneewände und Verwehungen anzuschauen. Wie in einem Märchenfilm. Und wir konnten das erste Mal auf der Ostsee spazieren gehen; bis zum Horizont war sie zugefroren. An eine Flucht auf diesem Weg war aber überhaupt nicht zu denken. Denn es war eigentlich kein Spaziergang, sondern eher Kletterei, da sich die einzelnen Eisschollen übereinander geschoben und dann zusammengefroren waren.

Nach zwei Wochen Aufenthalt kehrten wir wieder in unser Quartier in Eichwalde bei Berlin zurück. Es hatte sich nichts geändert. Wir vier waren wie Menschen, die aus der Zeit gefallen waren, aneinander gekettet durch ein besonderes, ein einmaliges Schicksal. Über Wochen sprachen wir nur miteinander – wenn man von den Kontakten zu unseren „Betreuern“ absieht. Wir hatten endlos Zeit. So nah waren wir uns wohl noch nie gewesen. Und gleichzeitig so fern. Für alles, was uns negativ auffiel, die „Vertreibung“ aus der Heimat und unsere Verlorenheit überhaupt, aber auch Kleinigkeiten wie das einfallslose Essen, das Frieren ohne Heizung am Morgen, machten wir unseren Vater verantwortlich. Er war an allem schuld. Das ließen wir ihn auch spüren. Sicher verflog der anfängliche Hass gegen ihn, aber er wurde auch nie wieder die Autoritätsperson, die er einmal gewesen war. Unser Umgang miteinander war ein anderer geworden. Mein Vater hatte ein schlechtes Gewissen und begegnete uns mehr auf Augenhöhe. Wir Jungs standen nun fast auf einer Stufe mit ihm und konnten plötzlich über alles reden. Dennoch war es gut, dass unsere Mutter dabei war. Sie hat die Familie, die es ja damals fast zerriss, zusammen gehalten und verhindert, dass wir im Lagerkoller durchdrehten.

Rückblick II

Mein Bruder und ich hatten von der Spionagetätigkeit unseres Vaters die ganzen Jahre über nichts geahnt, gar nichts. Wir hätten ihn wohl ausgelacht, wenn er uns gestanden hätte, dass er Stasi-Spion sei, hätten ihn nicht für voll genommen, hätten es als Spinnerei abgetan. Meine Mutter allerdings hatte davon schon früher erfahren. Wobei das eher zufällig geschehen war. Es kam Anfang der 60er Jahre häufiger vor, dass mein Vater nachmittags kommentarlos aus der Wohnung verschwand und mehrere Stunden fortblieb. Meine Mutter saß dann zu Hause mit uns zwei kleinen Kindern (Mein Bruder ist 1960 und ich bin 1962 geboren worden.) und machte sich so ihre Gedanken. Sie hatte verständlicherweise den Verdacht, mein Vater hätte sich eine Geliebte zugelegt. Also machte sie ihm eine Szene, fragte, wollte Genaueres wissen, wer sie sei, wie lange das schon gehe ... Die Wahrheit war schlimmer als das, was sie vermutet hatte. Sie hatte doch schweren Herzens ihre Heimat für ihren Mann verlassen; ständig musste sie gegen ihr Heimweh ankämpfen, wenn sie allein zu Hause saß und ihr Mann arbeiten war. Die Ostsee, ihre Eltern waren weit weg. Und er brachte mit seiner Spionagetätigkeit die Existenz der vierköpfigen Familie in größte Gefahr. Aber was sollte sie tun? Sich von ihrem Mann trennen? Sich dann allein mit zwei kleinen Kindern durchschlagen, ohne Berufsausbildung, ohne Hilfe durch Verwandte? Anfang der sechziger Jahre, als Alleinerziehende noch wie Aussätzige behandelt wurden, erschien ihr das unmöglich.

Mein Vater beruhigte sie: Die Arbeit für die Stasi sei sowieso zeitlich begrenzt geplant. Im Allgemeinen würden die „Kundschafter" nach fünf bis sechs Jahren wieder in die DDR zurückkehren. Meine Mutter bekniete ihn regelrecht, wegen der Gefahr für die Familie mit der Spionage aufzuhören und doch in die DDR zurückzukehren, ehe wir Söhne in Hannover, im Westen, zu verwurzelt seien, also auf jeden Fall, bevor wir in die Schule kommen würden. Mein Vater versprach es ihr. Die angekündigte Rückkehr verschob sich aber immer wieder. Meine Mutter drängte ihn immer wieder in all den Jahren, er solle doch einfach aufhören. Aber wer sich einmal für so eine Arbeit verpflichtet hat, kommt dort wohl so schnell nicht wieder heraus. Schließlich versuchte meine Mutter, damit zu leben, ließ sich nie selbst mit der Stasi ein, verdrängte die Gefahr und hoffte, dass alles gut ginge bis zur Rente oder zumindest, bis ihre Söhne aus dem Haus sein würden. Mein Vater beruhigte sie immer wieder, versuchte ihre Ängste zu zerstreuen, schloss aber aus, bei der Stasi zu kündigen, und machte einfach weiter. Das erzählte uns unsere Mutter damals in Eichwalde. Warum?, fragten wir. Warum hast du das mitgemacht? Warum bist du mit ihm auch in die DDR gegangen? Weil sie die Familie schützen wollte, weil sie uns Vater und Mutter erhalten wollte, um jeden Preis.

Mein Bruder und ich wurden beide in Hannover geboren. Matchbox, Lego, Fischertechnik, Unsere kleine Farm, Rauchende Colts, Helmut Schmidt, die RAF – das war unser Land! Wir führten das völlig normale Leben von Kindern und

Jugendlichen in einer normalen Familie – so dachten wir. Kurz bevor ich eingeschult wurde, zogen wir von der Stadtmitte Hannover nach Ahlem am Stadtrand von Hannover um, in einen Stadtteil, wo sehr viele Familien mit Kindern lebten. Wir hatten eine 3-Zimmerwohnung zur Miete; ich musste mir also ein Zimmer mit meinem Bruder teilen, was immer problematischer wurde, je älter wir wurden. Er hörte andere Musik als ich und wollte auch mal mit seiner Freundin allein sein. Da störte ein kleiner Bruder natürlich. Ich dagegen war introvertierter als mein Bruder und wollte oft nur meine Ruhe. So flogen des Öfteren die Fetzen – zumindest verbal.

Michael besuchte die Realschule in Seelze, ich ging ab 1972 auf das Georg-Büchner-Gymnasium in Letter, einem Stadtteil von Seelze. Jeweils ein paar Kilometer mit dem Schulbus oder dem Fahrrad. Meine Schule war damals sehr neu und modern: Sichtbeton, bunt angemalt. Teppichböden in den Klassenzimmern, Physik-, Chemie- und Biologielabore mit Klimakammer, richtige Hörsäle und – damals noch sehr selten – sogar eine Mediathek, mit Büchern, LPs und Video-Kassetten. Gleich neben der Schule schloss sich noch ein Sportzentrum an, mit großer Sporthalle, einer Schwimmhalle und einem Stadion mit Tartanbahn und Flutlicht. Im Sommer 1978 machte ich den 10.-Klasse-Abschluss mit der Berechtigung zum Besuch der Oberstufe. Dass ich diesen Abschluss erreicht hatte, sollte sich später als ein großes Glück herausstellen. Natürlich blieb ich weiter auf der Schule, um das Abitur zu erlangen. Damals wollte ich Architekt werden.

Mal abgesehen von den üblichen Schwierigkeiten und Nervereien, die die Schule uns manchmal bereitete, führten mein Bruder und ich damals ein unbeschwertes Leben. Wir hatten viele Freunde, mit denen wir oft unterwegs waren. Im nahen Ahlemer Wald bauten wir „Butzen", Baumhäuser, die wir aus Brettern zimmerten. Wir stauten die Bäche im Wald, von den nahen Feldern klauten wir Zuckerrüben und probierten, wie sie schmeckten: Ekelhaft! Wir bauten uns Pfeil und Bogen selbst, spielten Indianer. Oder Fußball auf dem nahen Bolzplatz. Es hat uns weder an Freiheit noch an Möglichkeiten gefehlt. Zu Hause habe ich viel gelesen, Bücher und auch Zeitschriften. Ich interessierte mich für Architektur, Naturwissenschaften, Sport und Technik. Deshalb kaufte ich mir häufig vom Taschengeld die Zeitschrift „hobby" und die „Autozeitung". Mein Auto sollte ein Lamborghini Countach sein, 375 PS, 300 km/ h schnell. Was sich Jungs halt so ausmalen! Den Lamborghini hatte ich sogar als Funkfernlenk-Modell. Zuhause, in Hannover.

Schule und Ausbildung

Ab April 1979 sollte es dann für mich in Ostberlin mit der Schule weitergehen, das heißt, ich sollte nun die letzten drei Monate des Schuljahres in einer 11. Klasse „mitlaufen“. Die Idee, mich auf eine Schule für Diplomaten-Kinder zu schicken, wurde nicht verwirklicht. Stattdessen suchten unsere „Betreuer“ für mich die Erweiterte Oberschule „Immanuel Kant“ in Berlin-Lichtenberg aus. Erweiterte Oberschule oder auch kurz EOS wurde in der DDR die Oberstufe genannt, die zum Abitur führte; sie hatte 4 Klassenstufen, von der 9. bis zur 12. Klasse. Die Mitarbeiter der Stasi meinten, dass die „Immanuel Kant“ die beste Schule der DDR sei. Ich habe mich in der folgenden Zeit immer gefragt, was sie damit wohl gemeint haben. Etwa eine Woche vor dem geplanten Schulbesuch wurde ich schon einmal dort dem Direktor vorgestellt. Der erste Eindruck von der Schule hat meine Motivation, in der DDR das Abitur zu machen, nicht gerade vergrößert. Das

Schulgebäude lag in der Nähe des S-Bahnhofes Nöldnerplatz in Lichtenberg – also auch in der Nähe der Stasi-Zentrale. Es war ein langgestrecktes Backsteingebäude aus den zwanziger Jahren; ziemlich düster wirkte es auf mich. Ich hatte den Eindruck, es war seitdem noch nicht wieder renoviert worden. Die Ölsockel, die durchgelatschten Dielen, die vergilbten Wände – alles wirkte alt und verbraucht. Im Inneren stand dieser typische Muffgeruch, der in der DDR in allen öffentlichen Gebäuden in die Nase stach. Das Gebäude besaß auch eine Aula, die aber nicht genutzt werden konnte, da sie im Zweiten Weltkrieg zerbombt war. Seit 32 Jahren lag die Aula also so da, und die DDR hatte es über dreißig Jahre lang nicht geschafft, sie wieder aufzubauen! Wo fanden eigentlich Kulturveranstaltungen mit oder für die Schüler statt? Der Schulleiter erklärte mir dann, dass ich zunächst einmal nicht an den Unterrichtsfächern teilnehmen müsse, in denen mir die Grundlagen fehlten. Im Gegensatz zu den DDR-Schülern hatte ich überhaupt keine Russisch-Kenntnisse. Dort wurde Russisch schon ab der 5.Klasse als erste Fremdsprache gelehrt. Das hätte ich niemals aufholen können! Ich hatte wie fast alle Schüler im Westen als erste Fremdsprache Englisch, als zweite Fremdsprache dann Latein, was in der DDR aber kaum gelehrt wurde. Fremdsprachen waren nicht unbedingt meine Stärke, da erschreckte mich dann die Bemerkung der Stasi-Leute doch sehr, dass ich, wenn ich später studieren wollte, Russisch noch würde nachholen müssen, weil das so üblich und notwendig wäre. Da ging es schon los mit den Einschränkungen! Ich ließ das alles aber trotzdem erst einmal so über mich ergehen. Das Fach Staatsbürgerkunde sollte ich mir erst einmal als Gast ansehen. Es wurde festgelegt, dass ich ab dem 1. April 1979 den Unterricht besuchen sollte.

Was würde mich nun ab April erwarten? Erst mal täglich mit der S-Bahn von Eichwalde rein nach Ostberlin fahren –

wie mein Bruder und mein Vater, die ja auch arbeiten gingen. Wie würden mich die anderen Schüler aufnehmen, mich, den Westdeutschen, der mit seinen Eltern freiwillig in die DDR gekommen war? Würden sie mir meine Legende glauben, dass wir wegen der kranken Großeltern gekommen waren? Wie würde ich mit der DDR-Schule klarkommen?

Am ersten Schultag musste ich erst um 10 Uhr erscheinen. Der Direktor führte mich dann zur Klasse, die schon seit 8 Uhr Unterricht hatte. Der Klassenlehrer begrüßte mich, sagte zu den Schülern: „Das ist Euer neuer Mitschüler Thomas Raufeisen", und wies mir einen freien Platz zu. Es herrschte eine absolut merkwürdige Atmosphäre. In der Luft hing ein riesengroßes Fragezeichen, ich fühlte richtig die Neugier der Schüler, aber keiner fragte mich irgendetwas. Sie verhielten sich sehr freundlich, aber auch sehr reserviert mir gegenüber. Das war nicht nur am ersten Tag so. Da habe ich zum ersten Mal so richtig zu spüren bekommen, dass ich immer ein bunter Vogel, etwas Besonderes sein würde. Eine Rolle, die mir überhaupt nicht lag. Außerdem war ich 16, da will man doch wie alle anderen sein, nicht auffallen, zur Gruppe dazu gehören!

Vom ersten Tag an in der DDR war mir ein Großteil des Vertrauens gegenüber anderen Menschen verloren gegangen. Ich fühlte mich ständig überwacht. Wem konnte ich überhaupt noch trauen? Selbst mein Vater hat mich verraten. Und wenn ich jetzt neue Leute kennen lerne? Interessierten die sich wirklich für mich oder schickte sie die Stasi, um mich für alle Fälle und an jedem Ort unter Kontrolle zu halten? Das ging mir an dem Tag in der neuen Schulklasse durch den Kopf. Aber warum legten die Schüler ein so merkwürdiges Verhalten an den Tag? Später hörte ich von einem von ihnen die Vorgeschichte. Der Klassenlehrer hatte ihnen vorher von meiner Ankunft erzählt. Es hatte ihnen die Wahrheit gesagt, also dass der Sohn eines „Kundschafters des Friedens" kommen würde.

Sie sollten sich nett um mich kümmern, aber auf keinen Fall Fragen stellen. Da brauchte mich das Verhalten nicht wundern. Sie waren sehr diszipliniert und hielten sich genau an die Anweisung. Was die wohl so gedacht haben mögen? Zumindest musste ich ihnen nicht diese Geschichte auftischen, dass wir nur in die DDR gekommen sind, um uns um meine Großeltern zu kümmern. Aber die Wahrheit klang ja auch nicht besser. Wie sollten sie mich einschätzen? Wer vom Westen in den Osten kommt, mehr oder weniger freiwillig, mit dem kann doch etwas nicht stimmen, der hat bestimmt mit der Stasi zu tun, da ist Vorsicht geboten! Zwanglose Kontakte oder sogar Freundschaften waren damit eigentlich von vornherein ausgeschlossen. Und gegenüber denen, die Kontakt zu mir suchten, war ich dann extrem misstrauisch. Ob mich die Situation zum Außenseiter machte oder ich mich selbst durch mein Misstrauen – ich weiß es nicht. Ich konnte und wollte mich einfach nicht verstellen, meine Herkunft nicht verschleiern.

Der Unterricht selbst unterschied sich in vielen Dingen von dem, was ich kannte und gewöhnt war. Auf mich wirkte erst einmal alles alt, bieder und vorsintflutlich. Das begann schon mit der morgendlichen Begrüßung: Alle Schüler mussten aufstehen, der FDJ-Sekretär erstattete militärisch straff Meldung: „Klasse 11 c angetreten zum Unterricht. Schüler XY sind krank.“ Dann begrüßten alle im Chor den Lehrer. Und dann wurde auch noch im Stehen ein Lied gesungen. Der FDJ-Sekretär sang die erste Strophe eines Liedes vor, die Klasse musste dann die anderen Strophen zusammen singen. Und das war nicht unbedingt „Alle Vögel sind schon da“, sondern straffe Arbeiterkampflieder. Ich stand immer nur betreten an meinem Tisch, wenn die anderen sangen.

Dann die Anordnung der Tische und Stühle im Klassenzimmer: Ich war es gewöhnt, dass die Tische U-förmig standen, um miteinander besser sprechen und diskutieren zu können. Gerade in den 70er Jahren wurde doch im Westen alles diskutiert. Dort, in Ost-Berlin, waren alle Tische hintereinander angeordnet, was die Diskussionen, wenn sie überhaupt mal entstanden, erschwerte. Das war aber wohl auch so gedacht. Die einzig „richtige“ Meinung kam ja von vorn, vom Lehrertisch. Viele Fächer aus den Gesellschaftswissenschaften waren völlig anders als das, was ich kannte.

Im Deutschunterricht wurde zwar auch Literatur gelesen, aber bei der Besprechung der Lektüre wurden nicht verschiedene Meinungen gesammelt und diskutiert, wie ich es aus Hannover kannte, sondern es gab nur ein Frage- und Antwortspiel mit dem Lehrer. Jede „Diskussion“ ging so lange, bis jemand den Standpunkt vertreten hatte, den der Lehrer hören wollte. Andere Meinungen oder Sichtweisen waren nicht erwünscht. Dabei wurde mir schnell auch das eigentliche Hauptfach in dieser Schule deutlich: Heuchelei. Fast alle Schüler konnten offensichtlich mit zwei Zungen sprechen. In der Pause jedenfalls redeten sie ganz anders und vertraten häufig das Gegenteil von dem, was sie kurz vorher im Unterricht gesagt hatten. Das war so eine ganz merkwürdige Sache, die ihnen überhaupt nicht auffiel, mir aber umso mehr. Damit kam ich nicht so richtig klar, weil ich nicht mehr abschätzen konnte: Ja, was meinen sie denn nun tatsächlich?

Das langweiligste Fach war Geschichte. Dort wurden keine historischen Zusammenhänge vermittelt, keine Quellen gelesen und interpretiert, sondern nur, und zwar bis ins Detail, kommunistische Parteitage der zwanziger Jahre durchgenommen. Staatsbürgerkunde war für mich Freistunde, das habe ich mir lieber erspart – beneidet von den anderen Schülern. Russisch sah ich mir interessehalber einmal an, verstand aber natürlich kein einziges Wort. Nur die naturwissenschaftlichen Fächer waren etwa auf dem gleichen Stand wie im Westen;

allerdings musste ich mich plötzlich wieder mit Fächern beschäftigen, die ich im Gymnasium aufgrund des Kurssystems schon abgewählt hatte: Biologie und Chemie.

Besonders im Deutschunterricht, den wir bei unserem Klassenlehrer hatten, gab es einige Erlebnisse, die mich damals schon sehr erschreckten. Es gab nämlich ein, zwei Schüler, die auch mal brisante Fragen stellten. Einer fragte eines Tages: „Ich habe gehört, dass das Viermächteabkommen über Berlin 50 Jahre gültig sein soll. Was passiert denn danach; rücken dann alle Besatzungsmächte aus Deutschland ab?" Der Lehrer verbesserte zunächst einmal den Schüler: „Das Viermächteabkommen gilt für West-Berlin!" Ich war verblüfft: Irrte ich mich oder hatte West-Berlin nicht drei Besatzungszonen, warum sollte also das Viermächteabkommen nur dort gelten? Es hatte schon seinen Grund, warum dieses Abkommen aus Sicht der DDR nur für den West-Teil der Stadt gelten sollte. Laut dieses Abkommens war es zum Beispiel deutschem Militär nicht erlaubt, Berlin zu betreten. Einzig und allein die Alliierten des Zweiten Weltkrieges durften das. Das hinderte die DDR nie daran, in Ost-Berlin am 1. Mai und am 7. Oktober, dem Nationalfeiertag der DDR, Militärparaden der Nationalen Volksarmee abzuhalten. Aber was würde passieren, wenn die Alliierten aus Deutschland abziehen? Der Lehrer hatte da eine eindeutige Meinung:

„West-Berlin steht auf dem Boden der DDR, es fällt also der DDR zu. Es gehört ja auch nicht zu West-Deutschland."

Was redet der da?

Der Schüler fragt daraufhin: „Meinen Sie, die Alliierten würden sich das gefallen lassen? Und wie ist das, wenn ich als Soldat der Nationalen Volksarmee im militärischen Konfliktfall plötzlich vor meinem Bruder oder Cousin stehe, der bei der west-deutschen Bundeswehr ist?"

Auch darauf antwortete der Lehrer eindeutig: „Die Verteidigung unseres Vaterlandes geht vor. Wenn vor Ihnen ein Verwandter steht, heißt es: Er oder Ich!"

Ich war sprachlos. So banal wurden hier Feindbilder vermittelt! Angenommen, mein Bruder wäre bald wieder im Westen, käme zur Bundeswehr, ich hier in der DDR zur Volksarmee, dann stünde ich wirklich meinem Bruder gegenüber. Und den sollte ich dann als „Feind" sehen!? Diese Aussicht berührte mich zutiefst. In der Schule aber schwieg ich; ich wollte nicht noch mehr zum Außenseiter werden.

Wem sollte ich denn vertrauen? Wem könnte ich überhaupt noch vertrauen im Leben, wenn mich schon mein eigener Vater so hintergangen hatte? Wenigstens ihm konnte ich aber von meinen Problemen mit der „sozialistischen Schule" erzählen. Er war oft richtig erschüttert über die Dinge, die ich ihm erzählte. Vieles wollte er gar nicht glauben. Er war wohl wirklich zu lange aus der DDR weggewesen. Natürlich machte ich ihm auch immer wieder subtile Vorwürfe, dass er mich in diese Lage gebracht habe.

Auf die Dauer blieb es nicht aus, dass mich auch mal jemand nach Hause zu sich einlud. Ich bleib sehr vorsichtig und misstrauisch. Einmal war es ein Mädel aus meiner Klasse, sehr nett, hübsch. Ich war ja inzwischen auch fast 17, also durchaus auch an Mädchen interessiert. Es war seltsam. Sie erzählte Geschichten, ich glaube, sie war auf Kuba geboren. Ein Diplomatenkind offensichtlich. Auch in Finnland hatte sie mal gelebt. Das Eis soll so toll gewesen sein dort. „War das im Westen auch so?", fragte sie. Einerseits war sie jemand, die etwas aus meiner Heimat kannte. Andererseits fingen bei mir so ganz leise Alarmglocken an zu läuten. Was soll das hier? Was steckt eigentlich hinter dieser Geschichte? Muss ich Angst haben um meine Sicherheit? Ich war völlig überfordert mit diesen Fragen, mit der Unsicherheit. Im Ergebnis hielt ich lieber Abstand zu ihr. Das hieß natürlich auch, dass meine persönliche Entwicklung extrem gehemmt war. Nichts war normal. Ich konnte nicht aus dieser Rolle raus, als Besonderheit, als bunter Hund durch die Gegend zu rennen. Gleichzeitig versuchte dieser bunte Hund, unsichtbar zu sein. Das konnte nicht gut gehen.

Im Laufe der paar Monate, die ich in der Schule verbringen musste, wurde mir immer klarer, dass ich das Abitur in der DDR wohl vergessen müsste. Es gab immer wieder Dinge, die mir bewusst machten, dass ich auf Dauer überall anecken würde. Die Sonderbehandlung würde irgendwann zu Ende sein. Außerdem war es überhaupt ein unangenehmes Gefühl, ein Sonderfall zu sein.

Mein Entschluss, die Schule zu schmeißen, stand schon fest, als ich am letzten Schultag des Schuljahres vor den Sommerferien noch ein besonderes Erlebnis hatte. An diesem Tag waren alle Schüler uniformiert mit dem sogenannten „Blauhemd“. Dabei handelte es sich um ein blaues Hemd mit dem Emblem der FDJ, der „Freien Deutschen Jugend“ auf dem linken Oberarm. Der einzige Schüler, der ein anderes Hemd anhatte, war ich. Die Mitgliedschaft in der sogenannten „Kampfreserve der Partei“ (gemeint ist natürlich die SED) war für jeden Schüler der Erweiterten Oberschule obligatorisch. Eine Weigerung hätte zumindest zu erheblichen Problemen in der weiteren Berufskarriere geführt. Es ist auch die Frage, ob man überhaupt die EOS hätte besuchen dürfen, ohne Mitglied der FDJ zu sein. Als Abschlussveranstaltung und Abschied in die Ferien wurde nun ein Fahnenappell durchgeführt. Die Schüler versammelten sich auf dem Schulhof und stellten sich brav und ordentlich in einem Viereck auf. Auch so etwas wäre in meinem Gymnasium undenkbar gewesen. Während die Nationalhymne der DDR erklang (singen war schon seit vielen Jahren verboten wegen des „anstößigen“ Textes vom „Deutschland einig Vaterland“), wurde die Fahne der DDR an einem Fahnenmast empor gezogen. Der Schuldirektor hielt eine Rede, in der er die sozialistischen Errungenschaften im Allgemeinen und die an seiner Schule im Besonderen hervorhob. Danach wurden alle Schüler in die Ferien entlassen – für mich nach drei Monaten EOS der Abschied von dieser Schule und dem Traum, das Abitur zu machen.

Auch mein Bruder schmiss im Sommer die Ausbildung im Baukombinat. Er verweigerte sich einfach, weil er das Gefühl hatte, dass er mit der Ausbildung nur denen in die Hände spielte, die ihn überzeugen wollten, in der DDR zu bleiben. Es war ja schon eine ganze Zeit ins Land gegangen, und er saß da fest und es passierte nichts, nichts, was ihn seiner, unserer Heimat näher gebracht hätte.

Was sollte jetzt aber beruflich aus mir werden? Nicht nur, dass ich in diesem Land eingesperrt war, auch meinen Traum, zu studieren, Architekt zu werden, konnte ich vergessen. Das Loch, in dem ich steckte, wurde immer tiefer. Mir war schon bald alles egal. Mein Vater kam auf die Idee, vielleicht „irgendetwas mit Gestaltung“ oder Grafik-Design zu probieren, da ich im Kunst-Unterricht ziemlich gut war und zu Hause im Gymnasium dieses Fach auch als Leistungs-Fach gewählt hatte. Daraufhin machten die Stasi-Leute einen Termin mit dem Leiter der Fachschule für Werbung und Gestaltung in Berlin-Schöneweide. Also fuhren mein Vater, der Stasi-Mann „Willi“ und ich im Juli zu einem Gespräch hin und nahmen zu diesem Zweck auch einige von mir im Kunstunterricht angefertigte Arbeiten mit, die ich aus den Umzugskartons im Haus in Mahlsdorf herausgesucht hatte. Es wurde ein sehr merkwürdiges Gespräch. Der Leiter dieser Fachschule begutachtete das, was ich mitgebracht hatte, und lobte mich dann, dass die Arbeiten überdurchschnittlich gut wären. Besonders, wenn man in Betracht zieht, dass ich das alles im Kunstunterricht der Schule gemacht hätte. Er bescheinigte mir Entwicklungspotenzial. Aber war das ernst zu nehmen? Ich hatte sofort den Eindruck, dass er von meinen gestalterischen und künstlerischen Fähigkeiten nicht besonders überzeugt war. Da aber die Stasi die Finger mit im Spiel hatte, ja sogar dabei saß, war er merklich vorsichtig und hätte mich wohl auf jeden Fall genommen. Auch hier lief vor mir gleich wieder der Film ab, dass ich nur von Gnaden der Staatssicherheit dort aufgenommen werden und natürlich alle Abschlüsse erhalten würde. Vielleicht würde ich die erforderlichen Leistung ja bringen, wahrscheinlicher wäre es aber, dass ich es unter den gegebenen Umständen nicht so gut machen würde wie die Kollegen, was mich schon wieder in eine besondere und vor allem unangenehme Position bringen würde. Alle würden doch munkeln, dass die Stasi dahinter stecke, dieses widerliche Etikett würde mich dann mein ganzes Leben lang verfolgen, was ich unbedingt vermeiden wollte. Deshalb wurde ich in diesem Gespräch sehr schnell einsilbig und wollte nur noch schnell raus. Es dauerte dann auch nicht mehr sehr lange. Mein Vater war draußen vor der Tür richtig wütend auf mich, ich solle mir doch nicht alle Chancen verbauen! Gerade von ihm hätte ich erwartet, dass er in der Situation begreift, was in mir vorgeht. „Willi" schüttelte nur den Kopf über mein Verhalten. Ich sagte nur: „Lasst mich in Ruhe! Ich werde diese Ausbildung nicht machen."

Neue „Heimat"

Irgendwann im Sommer wurden unsere Wohnungsmakler von der Stasi doch noch fündig. In der Leipziger Straße gab es regelrechte Luxus-Plattenbauten. Unsere neue Wohnung befand sich im 11. Stockwerk eines 22-stöckigen Hochhauses, direkt neben den Spittel-Kolonaden in Berlin-Mitte. Eigentlich sollte sie uns gar nicht angeboten werden, aber sie hatten einfach keine andere gefunden, die unseren Ansprüchen annähernd genügt hätte. Sie hatte drei normal dimensionierte Zimmer mit genügend Platz für unsere Möbel. Bei der Besichtigung fanden wir eine komplett möblierte Wohnung vor, die aber trotzdem völlig unpersönlich, unbewohnt aussah. Wir vermuteten eine Gästewohnung der Stasi. Heute würde ich wohl eher darauf tippen, dass es eine konspirative Wohnung war. Es war sogar ein funktionierendes Telefon vorhanden, was in der DDR in einer Privatwohnung ganz und gar ungewöhnlich war. Mit Sicherheit war die Wohnung auch verwanzt. In diesen Häusern lebten auch nur Leute, die dem Staat nahe standen, Parteimitglieder waren, bei Polizei, Armee oder der Stasi arbeiteten. Die vergleichsweise gute Ausstattung der Häuser spielte sicherlich ein Rolle, aber besonders die Lage. Direkt gegenüber von unserem Balkon befand sich das „Springer-Hochhaus“; wir hatten also einen sehr guten Ausblick nach West-Berlin, nach Kreuzberg. Dazwischen stand die Berliner Mauer, die ja eigentlich aus zwei Mauern bestand. Zwischen der, die vom Westen aus bunt bemalt war und der sogenannten Hinterlandmauer war noch ein breiter Streifen „Niemandsland“ mit weiteren Sperranlagen wie Stacheldrahtzäunen, Panzersperren und Hundelaufanlagen. Den Westen hatten wir so immer im Blick, ganz nah, aber unerreichbar. Auch eine Foltermethode! Ich hätte am

liebsten gleich eine Seilbahn gespannt. Nachts lieferte diese Anlage ein gespenstisches Bild. Zwischen den Mauern helle, orangefarbene Beleuchtung, keine Menschenseele zu sehen, höchstens mal Grenzposten, die mit ihren offenen Trabis oder MZ-Motorrädern den Postenweg entlang fuhren. Dazu hörte man häufig Hundegebell. Dahinter glitzerte der Ort meiner Sehnsucht, West-Berlin mit der Leuchtreklame am Springer-Hochhaus, ein paar Kreuzberger Kneipen in Sichtweite, manchmal konnte man in der Ferne sogar kurz die Hochbahn der U-Bahn-Linie 1 sehen. Der Funkturm am Messegelände war in Sicht, wenn man die Leipziger Straße entlang Richtung Westen schaute, durch die Beleuchtung besonders nachts gut zu sehen. Westberlin wurde für mich eine Art heiliger Ort, eine Traumstadt, ein Ort der Verheißung. Wenn ich nur dort wäre, wäre alles andere egal: ob ich mein Abi schaffen würde, ob ich studieren könnte, ob ich eine Freundin hätte oder nicht. Von einer Stelle des Balkons konnte man sogar die „Schwangere Auster“, die Kongresshalle im Tiergarten, sehen. Oft stand ich, gerade anfangs im Sommer, abends draußen auf dem Balkon, im Hintergrund lief immer und immer wieder die Novalis-Platte:

„Wer in das Bild vergang’ner Zeiten
wie tief in einen Abgrund sieht
in welchen ihn von allen Seiten
ein süßes Weh hinunter zieht.“

Ich schaute herab auf die Vergangenheit, in den Westen! Da unten lag alles, was ich wollte! Im August 1979 kamen auch unsere eingelagerten Möbel und Kisten in der neuen Wohnung an. Dabei entstand so etwas wie eine West-Enklave. Alles in der Wohnung stammte aus dem Westen. Es war uns schon bewusst nach den Monaten im Eichwalder Sprelacart-Charme. Das Sofa, meine Stereo-Anlage, meine Platten, die Bücher, ein paar SPIEGEL und STERN ... Für uns war das ein letzter Rest uns verbliebener Westen, eine Zufluchtsstätte in einer immer feindlicher wirkenden Umgebung. Aber es war eine trügerische Zufluchtsstätte. Hier in der Wohnung konnte mein Bruder endlich auch Besuch von seiner Freundin Annette aus Hannover empfangen. Das erlaubte die Stasi, allerdings nicht uneigennützig: Als Annette in Begleitung ihrer älteren Schwester kam, bot ihr die Stasi doch allen Ernstes an, doch „auch“ überzusiedeln. Das junge Paar würde alles bekommen, was es sich nur wünschte, die DDR würde ein sorgenfreies Leben ermöglichen. Die Stasi unternahm sogar den Versuch, die beiden Schwestern für Spionagedienste im Westen anzuwerben. Was für eine Dreistigkeit! Dagegen stand die Bereitschaft von

Annettes Mutter, die allein drei Töchter großzog, Michael aufzunehmen, wenn er in den Westen zurückkäme, so dass er nicht auf der Straße stünde. Das hat ihm geholfen, aber sicher auch meinen Eltern, die seinen Rückkehrwunsch nun etwas beruhigter unterstützen konnten.

Nachdem mein Bruder sich über Monate standhaft geweigert hatte, freiwillig in der DDR zu bleiben, kam die Stasi wohl doch langsam zu dem Schluss, dass sie ihn nicht würden halten können. Die Überzeugungsgespräche wurden weniger. Inwieweit dabei eine Rolle spielte, dass Annette von Hannover aus Briefe an das Ministerium für Innerdeutsche Beziehungen geschrieben hatte, entzieht sich meiner Kenntnis. Wir hatten nicht das Gefühl, dass unser Schicksal irgendjemanden im Westen interessierte – von unseren Freunden einmal abgesehen. Es rührte sich keine offizielle Stelle, obwohl ein erwachsener Bürger der Bundesrepublik gegen seinen Willen von einer fremden Macht festgehalten wurde.

Bei mir musste die DDR nicht so viel Aufwand treiben und Überzeugungsarbeit leisten, mich hatten sie ja! Ich versuchte mich immer zu beruhigen: Wenn ich in einem Jahr 18 Jahre alt bin, werde ich auch nach Hannover zurückkehren, sie werden mich nicht festhalten können!

Die Lehre

Was blieb jetzt noch übrig, was ich machen konnte? Ich war 16, brauchte einerseits eine Beschäftigung, wollte mich andererseits aber auf nichts einlassen, da ich mich als Geisel der DDR fühlte. Es war Sommer 1979, die Zeit schritt voran, ich musste etwas finden, obwohl meine Motivation im Keller war. Eine Lehre? Der Beginn des nächsten Ausbildungsjahres rückte immer näher. Was interessierte mich außer Architektur? Autos! Kraftfahrzeugmechaniker war in der DDR genauso ein „Traumjob“ wie im Westen. Wenn es denn sein sollte, würde ich das machen.

Bei diesem Beruf gab es genauso wie im Westen vier Bewerber um eine offene Lehrstelle. Aber die Stasi konnte wieder alles ermöglichen, was sie wollte. Es war allerdings schon sehr spät, alle meine Konkurrenten hatten sich schon viel früher beworben. „Willi“ sagte, es würde dennoch klappen, aber Sonderwünsche wären nicht mehr möglich. Wahrscheinlich war er schon ganz schön genervt, das war mir aber egal. Ich wollte ja nicht hier sein. Da die Organisation Zeit brauchte, konnte ich nicht sofort zu Beginn des Lehrjahres beginnen, sondern erst drei Wochen später. Das war mir im Nachhinein ganz recht, denn dadurch bin ich einem schweren Konflikt entgangen: Jeder Jugendliche musste an einer zweiwöchigen vormilitärischen Ausbildung teilnehmen: Handgranatenwurf, Bewegen und Orientieren im Gelände, Übungen mit Gasmasken, Ausdauerläufe, Sturmbahn, Schießen. Dazu kamen Exerzierübungen sowie militärtheoretischer und politischer Unterricht, der von Armeeangehörigen durchgeführt wurde. Es war für mich die absolute Horrorvorstellung, bei so einer Veranstaltung mitmachen zu müssen, in Uniform, in einem Lager! Später erfuhr ich, dass teilweise ehemalige Ausbildungslager der Hitlerjugend für diese Zwecke genutzt wurden. Was soll man dazu noch sagen? Die anderen Jungs hatten diesen Unterricht schon regelmäßig während ihrer Schulzeit gehabt.

Plötzlich in die Arbeitswelt in der DDR geschubst zu werden, fiel mir extrem schwer. Als ehemaliger Gymnasiast, dessen Schule um 8 begonnen hatte, musste ich plötzlich um 6 Uhr morgens im Betrieb sein. Das hieß: um 4 Uhr aufstehen, im Dunkeln. S-Bahn, Bus, graue Gesichter, Mütter, die ihre unausgeschlafenen Kinder in die Krippe karrten, Trabi-Abgasfahnen, Braunkohle-Gestank. Morgens um 5 auf dem Weg zur Arbeit war die DDR noch bedrückender als sonst.

Nun hatte ich gedacht, ich würde wenigstens lernen, den „Lada“ oder auch den „VW Golf“ zu reparieren. „Golf“-Werkstätten gab es, weil damals gerade 10.000 solcher Fahrzeuge in die DDR eingeführt worden waren. Aber natürlich wurde es nicht der Traumberuf, natürlich kam es wieder schlimmer als befürchtet. Mein Ausbildungsbetrieb war der „VEB AutoTrans Berlin“, ein Speditionsunternehmen mit eigener großer Werkstatt. Dort wurden jedes Jahr so viele Lehrlinge angenommen, dass alle zusammen in der Berufsschule in einer Klasse unterrichtet wurden. Aus Kapazitätsgründen passte ich dort aber nicht mehr rein und hatte deshalb in der Berufsschule eine andere Klasse als im Ausbildungsbetrieb. Auch dies machte mich wieder und noch mehr zum Außenseiter. Aber es war ja nicht nur das. In der Werkstatt wurden nicht die Autos repariert, die ich mir erhofft hatte, keine Ladas, keine VW Golf. Es war eine reine LKW-Werkstatt, so dass ich an dem weit verbreiteten Lastwagen vom Typ „W50“ ausgebildet wurde. Eine körperlich sehr schwere, schmutzige Arbeit; ich brauchte sehr lange, um mich daran zu gewöhnen.

Meine Herkunft wurde nur meinem Lehrmeister bei Auto-Trans, dem Schulleiter der Berufsschule sowie meinem dortigen Klassenlehrer mitgeteilt. Die Lehrlinge wussten anfangs nichts über meine Herkunft, wobei es sich nicht lange verheimlichen ließ. Im Betrieb fand montags nach der regulären Arbeitszeit immer eine Lehrunterweisung statt, auf der dann Themen zum Arbeitsschutz und zum Arbeitsrecht besprochen wurden, die jeweils immer etwa eine Stunde dauerte. Danach folgte noch das sogenannte „FDJ-Studienjahr", das für alle FDJ-Mitglieder verbindlich war. Dort wurden politische Themen behandelt, jeder Lehrling musste irgendwann auch einen Vortrag zu einem vorgegebenen Thema halten.

Am ersten Tag gleich nach der Lehrunterweisung sagte der Lehrmeister im Versammlungsraum zu mir: „Sag mal, Thomas, bist Du eigentlich Mitglied in der FDJ?"

Ich antwortete: „Nein".

„Na, dann kannst Du jetzt nach Hause gehen!"

„Na dann Tschüss!"

Ich war der Einzige, der in diesem Moment nach Hause gehen durfte. Verwunderte Blicke begleiteten mich hinaus.

Am nächsten Tag wurde ich von einem Kollegen gefragt: „Sag, Du bist nicht in der FDJ? Haben sie Dich vergessen?"

Ich habe ihn dann kurz über meine Herkunft aufgeklärt, natürlich mit der Erklärung, dass wir uns um meine Großeltern kümmern müssten. Wie mir diese Erklärung, dieses Lügen zum Hals raushingen! Immer wieder musste ich die Geschichte erzählen, ich hörte mir schon selbst dabei zu! Aber anders als andere Geschichten, die beim wiederholten Erzählen immer besser wurden, schlaffte meine Geschichte immer mehr ab.

Die Erklärung reichte – wie immer –, aber ob sie mir so geglaubt wurde, möchte ich bezweifeln. Sie hat eher das Misstrauen mir gegenüber noch geschürt. Dort im Betrieb sind auch nie richtige Freundschaften entstanden. Mein Außenseiterdasein fand seine Fortsetzung. Ich hatte aber auch nur wenige Anknüpfungspunkte zu den anderen Lehrlingen; ich wollte ja eigentlich studieren, sie waren mit Basteleien an ihren Mopeds und Motorrädern beschäftigt, mit veränderten Blinkern oder einem selbstgebauten Krümmer. Politisches spielte da keine Rolle. Höchstens das Meckern über all das, was es nicht zu kaufen gab.

Ein paar Tage später kam ein Kollege aus einem anderen Jahrgang zu mir an meinen Arbeitsplatz. „Guten Tag, ich habe gehört, du bist nicht Mitglied in der Freien Deutschen Jugend. Wir sollten uns mal unterhalten. Vielleicht könnten wir für die nächsten Tage einen Termin nach der Arbeit machen, um uns zu treffen."

Ich redete sofort Klartext: „Wir können es gleich kurz machen. Wenn Du mich für die FDJ gewinnen willst, brauchst Du Dir keine Mühe zu geben. Ich werde niemals diesem Verein beitreten, also können wir auf so ein Gespräch auch verzichten. Ich bin nicht freiwillig aus der Bundesrepublik in die DDR gekommen und habe vor, wenn ich 18 bin, diese wieder zu verlassen. Also spar Dir die Mühe!"

Der verdutzte FDJ-Sekretär zog dann ohne ein weiteres Wort ab und ward nie mehr bei mir gesehen. Wäre ich ein „normaler" DDR-Bürger gewesen, hätte er sich wahrscheinlich nicht so leicht abschütteln lassen, und ich hätte mit Konsequenzen rechnen müssen.

In der Berufsschule in Berlin-Pankow traf ich nun auf eine andere Klasse. Die Schüler kannten sich schon untereinander durch den Betrieb und die vormilitärische Ausbildung. Ich war neu und kam auch zwei bis drei Tage später in die Klasse. Ein einziger Platz hinten links am Fenster war noch frei. Neben mir saß Peter. Er sollte mein einziger Freund während der ganzen Zeit in der DDR werden. Warum? Weil er neben mir saß; weil er eine Mischung aus Naivität, Neugierde und Blauäugigkeit an sich hatte, weil er einerseits Interesse an mir und meiner Geschichte hatte, andererseits aber nicht zu viel nachfragte. Obwohl sein Vater Musiker im Stasi-Wachregiment „Feliks Dzierzynski“ war, hatte Peter keine Vorurteile, wertete nicht immer gleich, sondern hörte erst einmal zu. Oder einfacher gesagt: Bei Peter hatte ich einfach kein komisches Gefühl im Bauch.

Die Berufsschule fiel mir nicht sonderlich schwer, da das Niveau nicht so hoch war wie im Gymnasium. Es gab zwar hier auch das Fach Staatsbürgerkunde, aber sonst war von dem politisch-ideologischen Druck nicht so viel zu spüren wie in der EOS.

Ich habe auch nicht weiter erzählt, wo ich herkomme. Aber schon mein Grundwissen aus der Schule und manche Verhaltensweisen waren doch anders als bei den anderen. Auch der Wortschatz und manche Begriffe unterschieden sich. Manchmal wird einem ja mit einem Satz klar, dass man fast von einem anderen Stern kommt. Und ich war es nicht gewohnt, mit zwei Zungen zu sprechen. Also hielt ich in Staatsbürgerkunde lieber den Mund und lavierte mich irgendwie durch.

Mehr oder weniger durch einen Zufall wurde auch hier der ganzen Klasse bekannt, dass ich aus dem Westen kam. Das Klassenbuch verriet es. Schüler schauen ja gelegentlich einmal das Klassenbuch rein, mal sehen, was da so alles drin steht. Dort standen auf jeden Fall auch persönliche Informationen über die einzelnen Schüler, wie Adresse, Geburtsdatum und eben auch der Geburtsort.

Ein Schüler rief mir in der Pause quer durch die Klasse zu: „Sag mal, Thomas, stimmt das, dass Du in Hannover geboren bist?“

Plötzlich in der ganzen Klasse fragende Stille.

Ich antwortete nur ganz knapp: „Ja, das stimmt.“

Der Schüler: „Aha!?“

Mehr passierte in diesem Moment nicht. Aber es lag eine Spannung in der Luft. Dieser Fall war nicht vorgesehen, dass ein im Westen Geborener in der DDR lebte. Nach und nach kamen mehrere Mitschüler zu mir und fragten, ob das denn stimme und wie es komme, dass ich jetzt hier leben würde. Ich erzählte wieder die gleiche Legende, damit sie nicht weiter nachfragten. Die Reaktionen waren auch immer die gleichen. Schweigen. Jeder dachte sich seinen Teil, akzeptierte meine Antwort, glaubte sie aber nicht. Besonders interessiert haben sie sich dann für meine gesammelten Auto-Zeitungen, die dann in der Klasse ganz gut rumgingen. Ich habe aber auch offiziell gesagt, dass ich nach Beendigung der Lehre wieder nach Hannover zurückkehren werde. Punkt. Aus. Kein weiterer Kommentar. Klar gab es Fragen – wir lernten ja Autoschlosser, also ein Handwerk: Sie hätten gehört, dass es im Westen im Baumarkt einfach alles zu kaufen gäbe ... Was sollte ich anders tun, als ihnen Recht zu geben?

Mein Banknachbar Peter hatte schon früher, eigentlich gleich am ersten Tag, gesehen, dass bei mir irgendetwas anders ist.

Als ich meine Schulutensilien, mein Mäppchen, das hier Federmappe hieß, mein Füller, meine Stifte, mein Lineal ausgepackt hatte, sagte er: „Von uns is det aber nich!"

„Nö!"

„Und, wo kommst Du so her?"

„Aus Hannover."

Er stutzte und sagte: „Das ist doch im Westen!"

„Ja." sagte ich.

Damit war erst mal das Thema erledigt. Er hat sich aber mächtig gewundert. Dieses Schweigen, wo eigentlich die Neugierde die Menschen antrieb, hat mich auch einiges über die DDR gelehrt, über die Deformierung des Charakters, die sich eine einfache Nachfrage zur Herkunft lieber verkniff, als eventuell etwas Falsches zu sagen oder zu fragen. Und auch mich hat ja die DDR deformiert, denn ich war ja froh, dass keiner weiter nachfragte.

Peter hat auch profitiert von meiner West-Ausstattung. Mal abgesehen davon, dass ich ihn immer abschreiben ließ – wir saßen ja ganz hinten in der Ecke –, habe ich ihn natürlich meinen Taschenrechner mitbenutzen lassen. So etwas hatten dort die wenigsten Schüler, wie auch schon vorher auf der EOS. Es wurde häufig noch der Rechenschieber benutzt. Ganz besonders erstaunlich fand ich, dass sie das simpelste Hilfsmittel für den Mathematik-Unterricht, das bei uns im Westen jeder hatte, nicht kannten und entsprechend bestaunten: So ein Gerät fand wohl auch nie den Weg in die West-Pakete.

Wir haben uns dann sehr schnell angefreundet. Peter hat es einfach hingenommen, dass ich aus dem Westen stammte und plötzlich hier war. Es war für ihn ja auch interessant, so jemanden zu kennen. Er ließ sich nie über politische Themen aus, das war einfach nicht sein Ding, bis heute nicht. Sein Leben lief in geregelten Bahnen ab. Was er zu machen hatte, wurde ihm vorgesetzt. Schule, Wehrausbildung, Lehre, FDJ – er folgte wie fast alle dem ausgetrampelten Pfad, über den sich kaum einer Gedanken machte. Abzweigungen waren nicht ausgeschildert und wurden dementsprechend auch wenig genommen.

Dass ich plötzlich mit meiner sehr merkwürdigen Vita in seinem Leben auftauchte, änderte daran nichts. Irgendwann habe ich ihn auch einmal zu uns nach Hause eingeladen. Peter brachte auch gleich seine drei Jahre jüngere Schwester Grit mit. Unsere Wohnung war für die beiden natürlich der absolute Knaller. Eine West-Wohnung 1:1 in den Osten transferiert! Es roch wie im Intershop. Wir hatten ja alles da! Wir hatten Schallplatten, Bücher und Zeitungen; es war eigentlich alles verboten, was wir hatten. Dazu natürlich unsere Erzählungen und Super8-Filme von unseren Urlauben in fast ganz West-Europa. Dazu der direkte Blick von unserem Balkon in den Westen. Die beiden haben uns recht häufig besucht, wir verstanden uns sehr gut, aber brisante politische Themen rührten sie nicht an, und wir vermieden das auch. Für sie waren wir nun im Osten und lebten ein ganz normales Leben. Dass das Gegenteil der Fall war, mussten wir verheimlichen. Was ist schon normal? Wie sollte das alles normal für uns sein? Wir wollten ja schon wieder raus, so schnell wie möglich, auch ohne Erlaubnis der DDR. Das durften unsere Gäste auf keinen Fall mitkriegen. Wer weiß so genau, wie sicher wir bei ihnen sein konnten. Viele Jahre später fand ich in der Stasi-Akte nichts über Peter und seine Schwester Grit, was sie in Zusammenhang mit der Stasi bringen konnte. Ich war im Nachhinein heilfroh. Damals mussten wir auch andersherum vorsichtig sein, um sie nicht zu gefährden. Es war alles zu vermeiden, sie irgendwie da mit hineinzuziehen.

Rückblick III

Wenn wir in den 70er Jahren jedes Jahr unsere Verwandten im Osten besuchten, fand ich es immer sehr unschön, gerade meinen Cousins unser Zuhause nicht zeigen zu können. Es war irgendwie absurd, aber so war es eben: Wir hatten nie andere Verhältnisse erlebt und dachten auch nicht, dass sich irgendetwas dramatisch ändern könnte.

Wir ahnten nichts vom Doppelleben unseres Vaters. Im Nachhinein sind mir aber einige Dinge eingefallen, die auffällig waren und Hinweise darauf hätten geben können. Meine Verwandten waren in der DDR gut integriert, mein Onkel Günter in Erfurt war Lehrer an einer EOS, einer Erweiterten Oberschule. Seine damalige Frau, von der er sich aber Anfang der 70er getrennt hatte, eine besonders linientreue Pionierleiterin. In Gera lebte die Schwester meines Vaters, Ingrid. Sie erlebte ich als Hausfrau, ihr Mann Erich war Elektro-Ingenieur. Was mir schon damals auffiel, wenn wir sie in den 70er Jahren besucht haben: Sie schimpften immer mal gerne über die Verhältnisse in der DDR, stellten aber das System insgesamt nicht in Frage. Trotzdem verteidigte mein Vater die DDR bei solchen Diskussionen. Sehr seltsam! Ob er sich anbiedern wollte damals? Ob er die DDR wirklich so toll fand? Darüber machte ich mir damals, als normaler West-Junge, so meine Gedanken.

Mein Vater arbeitete (und spionierte) bei der Preussag in Hannover. Er war bei seiner Arbeit sehr engagiert, bildete sich weiter. Er wurde häufiger von der Firma auf Dienstreise geschickt, innerhalb von Deutschland, aber auch nach Amsterdam, Mailand und häufiger nach West-Berlin, für Kongresse und Weiterbildungen. Manchmal konnten wir ihn dabei begleiten. Auch nach Berlin sind wir ein paar Mal gefahren bzw. geflogen. Natürlich haben wir uns auch Ost-Berlin angesehen, per Tagesticket, Eintrittspreis 25,- DM. Ich kann mich erinnern, dass wir in Ost-Berlin plötzlich einem Mann vorgestellt wurden, den mein Vater offensichtlich gut kannte. Er sagte: „Das ist ein ehemaliger Kollege von der Wismut. Ich habe ihn hier ganz zufällig getroffen!" Was für ein Zufall! Der „Kollege" war sehr nett, sehr gesprächig und lud uns in ein gutes Restaurant zum Essen ein. Dabei handelte es sich um das Restaurant „Warschau" in der Frankfurter Allee, der Verlängerung der Karl-Marx-Allee. Später erst, als wir selbst in der DDR leben mussten, wurde mir klar: Dieses Restaurant war *der* Treff von Mitarbeitern der Staatssicherheit. Das war allgemein bekannt. Dieser „Kollege" war also auch ein Stasi-Mann. Übrigens brachte er uns – zuvorkommend, wie er war – gerade rechtzeitig kurz vor 0:00 Uhr zum „Tränenpalast" zurück, dem Grenzübergang am Bahnhof Friedrichstraße.

In Hannover hatten meine Eltern nicht besonders viele private Kontakte. Arbeitskollegen meines Vaters kannte ich nicht, bis auf eine Ausnahme. Ein Serbe, der mit einer Deutschen verheiratet war, hat uns immer mal wieder besucht oder wir sind zu ihnen gegangen, auch manchmal zu Silvester. Mehr Kontakte gab es nicht. Meine Mutter hatte auch nur eine Freundin, eine andere Mutter, die einen Sohn im Alter meines Bruders hatte. Unter anderem halfen sich unsere Mütter immer bei unseren Geburtstagsfeiern. Mein Vater hielt sich da fast immer raus, er hielt regelrecht Abstand. Wir hatten auch kein Telefon zu Hause. Später erklärte er uns, wegen seiner konspirativen Arbeit habe er freundschaftliche Kontakte vermieden, um andere nicht in Gefahr zu bringen. Aha, und was war mit uns? Dass wir kein Telefon hatten erklärte er nunmehr damit, dass er zeitweise nicht erreichbar sein wollte, also sicher sein vor Anrufen seiner Auftraggeber aus Ost-Berlin. Das fand ich aber nicht ganz nachvollziehbar. Und überhaupt:

Wie lebt man, wenn man immer zweispurig fahren muss, wenn man keine Freunde haben darf, aus Angst vor Dekonspiration, aus Rücksicht, andere nicht zu gefährden? Im Prinzip hat mein Vater das Doppelleben, das viele DDR-Bürger führten, mit zwei Meinungen – eine für zu Hause und eine für Schule oder Arbeit – im Westen geführt. Der Unterschied war nur, dass in der DDR jeder von der Doppelzüngigkeit wusste. Bei meinem Vater durfte bei Strafe der Dekonspiration niemand etwas davon merken.

Das Verhalten und die Einstellung meines Vaters waren aber eigentlich sehr auffällig. Ich wusste, dass seine Weltanschauung eher im linken Spektrum anzusiedeln war, aber wo genau, war mir nie klar. Er sagte auch nie, welche Partei er wählte. Im Gegensatz zu meiner Mutter, die aus ihrer Vorliebe für die SPD keinen Hehl machte. Ich erinnere mich an meine Kinderzeit, in der mein Vater z.B. die USA als eher negativ und die Sowjetunion sehr positiv darstellte. Er trat uns gegenüber sehr pazifistisch auf; Spiele, in denen Waffen benutzt wurden, waren ein absolutes Tabu. Das ist nicht leicht für Jungs, die im Wald „Cowboy und Indianer" spielen wollen. Zähneknirschend nur hat er zugelassen, dass mein Bruder und ich dabei mit Pistolen, Pfeil und Bogen kämpften. Ich habe auch sehr gerne Plastik-Modelle gebastelt, aber militärische Flugzeuge, Schiffe und erst recht Panzer waren strikt verboten. Sonderbarerweise hatte er überhaupt kein Problem damit, als ich irgendwann zu Weihnachten von Verwandten aus der DDR ein mit einem Kabel fernlenkbares Modell des sowjetischen Panzers T54 geschenkt bekam.

Im DDR-Fernsehen sah sich mein Vater jedes Jahr am 1. Mai und am 7. Oktober, dem Jahrestag der Gründung der DDR, stundenlang die Übertragung der Militärparaden aus Ostberlin an. Absolut unvorstellbar, wie er daran Gefallen finden konnte! Marionetten im preußischen Stechschritt, Raketen, Granatwerfer, blitzende Bajonette, zu Masken erstarrte Gesichter, der salutierende Honecker. Aber das war für meinen Vater offensichtlich völlig in Ordnung. Was für eine einseitige Haltung im Vergleich zwischen beiden Systemen! Allerdings war so eine Einstellung auch nicht gerade selten anzutreffen, auch andere schwärmten von der DDR, in der sie ja nicht leben mussten. Vielleicht waren die anderen aber weniger extrem.

Mit zunehmendem Alter nervte mich aber, dass mein Vater ständig DDR-Fernsehen schaute. In Hannover konnte man das sehr gut empfangen, der Sender auf dem Brocken im Harz strahlte bis weit in den Westen hinein. Seit dem Tag der Eröffnungsfeier der Olympischen Spiele in München 1972 besaßen wir ja eigentlich einen Farb-Fernseher. Die DDR benutzte allerdings ein anderes Farbsystem, so dass die DDR-Programme bei uns nur Schwarz-Weiß ankamen. Für mich war das DDR-Programm öde und langweilig, besonders die „Aktuelle Kamera", die halbstündige Nachrichtensendung, die mein Vater jeden Abend halb acht ansehen musste. Furchtbar war das! Jeweils 3 Minuten alleine für die Titel von Erich Honecker, 20 Minuten über die „Erntekapitäne" bei der Getreideernte, 10 Minuten Plankennziffern, Übererfüllung überall, 15 Minuten Rundgang Erich Honecker auf der Leipziger Messe ... „Tagesschau" oder „heute" existierten für meinen Vater gar nicht. Pflichtprogramm war für ihn natürlich auch der „Schwarze Kanal" von und mit Karl-Eduard von Schnitzler, dem größten Hetzer und Verfälscher von Nachrichten, den das Fernsehen dort aufzubieten hatte. Das erzeugte natürlich immer mehr Widerstand von meiner Seite, je älter ich wurde. Für mich hat der Alte gesponnen, für meinen Bruder auch. Wir machten schon heimlich Witze über ihn, die wir immer weniger vor ihm geheim hielten, je älter wir wurden. Er begründete sein seltsames Verhalten damit, dass er sich von allen Seiten informieren wolle, um sich ein umfassendes, möglichst objektives Bild machen zu können. Er läse schließlich regelmäßig die „Hannoversche Allgemeine Zeitung" und den „Spiegel". Es kam mir schon komisch vor, aber ich habe es geschluckt. Schließlich waren wir ja so aufgewachsen. Je älter wir wurden, umso mehr rebellierten aber mein Bruder und ich dagegen: „Was willst du denn mit diesem blöden Ost-Fernsehen, das ist doch totlangweilig!" Es interessierte ihn nicht. Mein Vater schaute im DDR-Fernsehen aber nicht nur die politischen Sendungen; er sah eigentlich alles. Oberliga der DDR statt Fußball-Bundesliga. „Vier Panzersoldaten und ein Hund". „Das unsichtbare Visier" mit Armin Müller-Stahl: Ein Stasi-Agent im heldenhaften Kampf gegen die Alt-Nazis im Westen. Sein absoluter Favorit bei den Unterhaltungssendungen war „Ein Kessel Buntes", wobei der bunte Kessel bei uns schwarz-weiß blieb. Natürlich haben Kinder auch „unser" West-Fernsehen gesehen. Da mein Vater immer erst abends von der Arbeit nach Hause kam, sind wir natürlich mit der „Sendung mit der Maus", mit „Sesamstraße", „Bonanza", „Flipper", „Lassie" und natürlich auch „Raumschiff Enterprise" aufgewachsen. Die eine oder andere Unterhaltungssendung am Abend war auch mal drin. Es lief ja nicht immer „Ein Kessel Buntes" ...

Die Konflikte um das richtige Fernsehprogramm hat mein Vater dann irgendwann entschärft, indem er uns einen eigenen kleinen Fernseher für das Kinderzimmer schenkte. Wir konnten seitdem sehen, was wir wollten. Das entsprach, zumindest was die politischen Sendungen anging, nicht gerade seinem Geschmack ... Außerdem war es ein Schwarzweiß-Fernseher. Ich schaute also mit meinem Bruder Farb-sendungen in Schwarzweiß, mein Vater schaute im Wohnzimmer Schwarzweiß auf dem Farbfernseher.

Eine weitere im Nachhinein wundersame Episode ereignete sich irgendwann Ende der 70er im elterlichen Schlafzimmer. Jugendliche sind manchmal neugierig. Ich fand im Kleiderschrank meiner Eltern ein kleines, ziemlich altes Kofferradio, das ein besonders breites Kurzwellen-Frequenzband besaß. Mein Vater erwischte mich dabei, als ich es mir genauer ansehen wollte, wurde fuchsteufelswild und nahm mir das Radio sofort weg. Ich war reichlich erstaunt wegen seiner heftigen Reaktion. Es war doch nur ein altes Radio! Ich habe es nie wieder gesehen. Später erfuhr ich: Mein Vater hat es benutzt, um verschlüsselte Nachrichten bzw. Befehle von der anderen Seite zu erhalten. Früher konnte man häufig auf verschiedenen Kurzwellen-Frequenzen monoton gesprochene Zahlenkolonnen hören.

Alles sehr seltsame Begebenheiten. Aber wer sollte schon auf das kommen, was wirklich dahinter steckte?

Vater beginnt zu zweifeln

Integration war schlichtweg unmöglich! Es war einfach undenkbar, dass wir so etwas wie Normalität in der DDR erreichen würden. Für unsere Stasi-„Betreuer" war es dagegen undenkbar, dass es nicht klappen konnte. Wir dachten und redeten vollkommen aneinander vorbei.

Es ging nicht. Wir trugen ja nur West-Kleidung; wir sahen schon ganz anders aus als die normalen Leute auf der Straße. Vielleicht habe ich mir das auch eingebildet, vielleicht waren wir gar nicht so auffällig. Aber in meiner Vorstellung sahen mir alle sofort an, dass ich nicht „von hier" war.

Nur in der Wohnung war alles stimmig, beinahe ein Leben in der Vergangenheit. Unsere Wohnung, die West-Enklave. Aber sie war auch nur ein sehr trügerischer Zufluchtsort. Wir waren uns sicher, dass sie verwanzt war. Also konnten wir in der Wohnung auch nicht frei reden. Sich in den eigenen vier Wänden verstellen zu müssen ist eine wahrhaft aberwitzige Lage. Man kann es sich nicht vorstellen, wenn man nicht in dieser Situation war: Rausgehen müssen, um Geheimes zu besprechen; der Mutter den Zeigefinger auf den Mund zu legen, weil sie vergessen hat, dass wir belauscht werden. Wie kann man Sex haben in der Gewissheit oder auch nur in der Ahnung, jemand hört mit? Normalität ist anders. Jeden Tag, wenn ich morgens aus dem Fenster schaute, blickte ich auf die Mauer und wusste: Da kommst du nicht rüber! Für mich, für uns war das alles wie ein Alptraum! Und das jeden Tag! Draußen auf der Straße war es ja nicht besser: Ostberlin hatte für mich eine ganz komische Atmosphäre. An jeder Straßenecke standen Uniformierte oder auch Zivilisten, die aussahen wie Stasi. Ich hatte ständig das Gefühl, beobachtet zu werden. In der Schule, im Betrieb sowieso. In so einer Situation kann man sicher paranoid werden. Ich habe mich immer mehr in mich zurückgezogen. Nach der Schule bin ich gleich nach Hause, habe dort gelesen oder Musik gehört. Die alten Platten standen auch für die alte Heimat, die Musik stand für die Freiheit, zu gehen, wohin man will, und zu tun, was man will. Ab und zu kamen Peter und seine Schwester zu Besuch; sie staunten immer kindlich über all die vielen schönen Dinge aus dem Westen, über Stereo-Anlage, Farbfernseher und Küchengeräte. Sonst nahm ich niemanden mit nach Hause, auch keine Mädchen. Mein Misstrauen war immer noch größer als die Lust, richtig zu leben. „Es gibt kein richtiges Leben im falschen. Adorno" stand in meiner Schule in Hannover auf einer Klotür. Hier, in der DDR, verstand ich, was damit gemeint war.

Der einzige Gedanke, der unser Leben beherrschte, war bald: Wie kommen wir alle, nicht nur mein Bruder und ich, wieder rüber? Denn auch in meinem Vater hatte sich etwas gewandelt. Er hatte die Spionage für die DDR wohl die meiste Zeit aus Überzeugung getan. Gleich in den ersten Wochen und Monaten in der DDR bekam er erstmals seit seiner „Flucht" 1957 wieder reale Einblicke in diesen Staat, für den er so eine gefährliche Arbeit getan hatte. Was er da sah, gefiel ihm sehr schnell überhaupt nicht mehr. Mit der DDR unserer Urlaubsfahrten hatte das überhaupt nichts mehr zu tun. Die DDR zeigte uns ihr wahres Gesicht dadurch, wie ihr Werkzeug, das Ministerium für Staatssicherheit bzw. deren Mitarbeiter, mit unserer katastrophalen Situation umgingen. Keinerlei Verständnis, keine richtige Hilfe. Vor allem im Umgang mit meinem Bruder und mir. Von uns wurde einfach erwartet, dass wir alles hinnehmen und sogar noch stolz auf unseren Vater sind, der uns in so ein Unglück gestürzt hatte. Sie haben nicht einmal versucht, sich in unsere Lage hinein zu versetzen. Es ging nur um die „Sicherheitsinteressen" der DDR. Ob Unbeteiligte dabei zu Schaden kamen, war ihnen offensichtlich völlig egal. Überhaupt war die DDR voller abstrakter, diffuser Bedrohungen: Wenn du das und das machst, kann das und das passieren! Oder auch nicht. Nichts musste, vieles konnte passieren, wenn man sich nicht den Regeln entsprechend verhielt.

Dieser verständnislose Umgang mit unseren Problemen stieß auch meinem Vater übel auf. Das war nicht die DDR, die er sich erträumt hatte. Warum mein Vater die Wirklichkeit der DDR nicht schon vorher bei unseren diversen Verwandten-Besuchen begriffen hatte, bleibt mir bis heute ein Rätsel. Er muss mit Scheuklappen herumgerannt sein, der Aktuellen Kamera und Karl-Eduard von Schnitzler geglaubt haben. Manchmal glaube ich fast, als einziger.

Unser, also meines Bruders und mein Vertrauen zu unserem Vater war damit nachhaltig zerstört. Die Achtung vor ihm ging völlig den Bach runter. Lautstarke Streitereien gab es zwar eher selten und wenn, dann zwischen meinem Bruder und ihm. Als die DDR meinem Vater ein paar Wochen nach unserer Einreise einen Orden verlieh, schaute mein Bruder ihn sich an, warf ihn meinem Vater vor die Füße und schrie: „Und für so ein Stück Blech hast du unsere Familie verraten!" Mein Vater erwiderte darauf nichts. Gar nichts. Was sollte er auch sagen? Ich hatte mehr damit zu tun, meinen tiefsitzenden Schock still für mich zu verarbeiten. Da blieb nur Raum für viele kleine giftige Spitzen. Ich ließ mir auch nichts mehr von ihm sagen. Seine große Schuld drückte ihn derartig runter, dass er auch nichts dagegen unternahm. Es hat zwar für einen pubertierenden Jungen etwas Befreiendes, erfolgreich gegen den bislang übermächtigen Vater zu rebellieren, ihn aber dann am Boden liegen zu sehen, ist wiederum auch zutiefst verstörend. Denn wir wussten: Wenn er auch der war, der uns in diese Lage gebracht hatte, so war er auch der einzige, der uns irgendwie wieder heraushelfen könnte, wenn es denn überhaupt gelingen sollte.

Mein Bruder und ich berichteten ihm von unseren Erlebnissen in Schule, Ausbildung, Lehre. Wir erzählten, wie der Alltag von Militanz durchsetzt war, wie doppelzüngig alle in der Schule sprachen, wie leer die verlogenen Parolen waren, wie dumm die „Wahrheiten“ über den Westen, die uns Lehrer und Stasi zu vermitteln versuchten. Das brachte ihn jedes Mal auf. Ein weiterer Grund für die tiefe Enttäuschung meines Vaters gegenüber der DDR war die Erkenntnis, dass die Ergebnisse seiner gefährlichen Arbeit überhaupt nicht genutzt wurden. Im Geologischen Institut musste er feststellen, dass die Informationen, die er vom Westen in die DDR geliefert hatte, in Schubladen verschwunden waren. Als er das gesehen hatte, kam er unglaublich frustriert nach Hause, schimpfte über Ignoranz und Borniertheit. Immer offener redete er auch mit den Stasi-„Betreuern“ über diese Dinge.

22 Jahre lang hatte er also sich und seine Familie für nichts und wieder nichts in große Gefahr gebracht. Dazu war wohl die trügerische Erwartung gekommen, in der DDR würde es uns ebenso gut gehen wie in Hannover. Versprechungen seitens der Stasi gab es ja. Er war ja selbst Stasi-Offizier, ein „Kundschafter des Friedens“, ein Held, der nach getaner Arbeit aus der Höhle des Löwen in die Heimat zurückgekehrt war! Ihm würden doch sicher überall rote Teppiche ausgerollt! Dass das nicht möglich war, hatte er nicht gesehen oder nicht sehen wollen. So überraschte ihn unsere heftige Abwehr und er musste sehr schnell feststellen, dass er einen riesigen Fehler begangen hatte. Diesen Schritt hat er dann auch sehr schnell bitter bereut. Er hatte uns diese Suppe eingebrockt, er wollte sie dann auch wieder auslöffeln. Innerhalb kürzester Zeit, spätestens im Sommer 1979, hatte sich seine Einstellung gegenüber der DDR um 180 Grad gedreht. Ihm war klargeworden, dass nicht nur meine Mutter, mein Bruder und ich, sondern auch er keine lebbare Zukunft in der DDR hatten. Ein

Leben in der DDR aufzubauen und sich mit den Gegebenheiten abzufinden, war für die Familie absolut unmöglich.

Als mein Vater das begriffen hatte, wollte er auch alles dafür tun, dass wir wieder raus, wieder zurück in vertraute Verhältnisse kommen. Wenn uns die DDR nicht freiwillig ziehen lassen sollte, müssten wir versuchen, andere Wege zu finden.

Wir wollen raus

Bloß, wie sollten wir eine Rückkehr bewerkstelligen? Die Stasi-Mitarbeiter schlossen es rundheraus aus, uns wieder in den Westen ziehen zu lassen. Also illegal. Wie viele waren daran schon gescheitert? Außerdem standen wir unter ständiger Beobachtung. Wir hatten auch keinerlei vertrauenswürdige Kontakte, um Hilfe zu erhalten. Viele Ideen gingen uns durch den Kopf, wir hatten den Westen ja genau vor unserer Nase! Wir kannten ja auch spektakuläre Fluchtgeschichten. Es waren eigentlich nur ein paar hundert Meter zu überwinden – schon wären wir in der Lindenstraße in Kreuzberg. Vielleicht könnte man mit einem Drachen vom Dach unseres Hauses rüber fliegen? Oder ein Seil spannen von unserem Hochhaus aus in Richtung Westen und mit einer Seilbahn, wie es sie auf Abenteuer-Spielplätzen gibt, hinübergleiten? Solche Sachen erschienen uns aber nicht realisierbar, wir waren immerhin eine ganze Familie, meine Eltern zudem nicht besonders sportlich. Auch mit Hilfe von Leitern über die Mauer zu steigen erschien uns viel zu gefährlich. Also mussten wir andere Wege finden.

Mein Vater meinte: „Die einzige und wohl sicherste Möglichkeit wird wohl sein, gefälschte Pässe und ebenso gefälschte Visa zu besorgen. Damit können wir dann eine normale Grenzübergangsstelle passieren. In Frage kommt aber nur eine in einem der sozialistischen Nachbarstaaten. Direkt aus der DDR kommen wir über keine Westgrenze; hier sind wir registriert und unter Beobachtung." Aber welches Land wäre geeignet? Viele kamen ja nicht in Frage.

Auch in jenem Sommer 1979 fuhren wir ein paar Wochen an die Ostsee zu meinen Großeltern nach Ahlbeck. Es war fast wie die Jahre zuvor. Fast machte sich ein Gefühl der Vertrautheit breit. Aber auch nur fast. Das Verhältnis zwischen meinem Vater und meinen Großeltern hatte sich erheblich abgekühlt. Unser „Audi“ hatte nun ein DDR-Kennzeichen; mit unserem West-Geld mussten wir sehr sparsam sein: Es kam ja nichts nach. Also Ostseeurlaub. Mein Bruder und ich badeten viel, meine Eltern lasen am Strand, meine Mutter saß viel mit ihrer Mutter zusammen.

Vom Strand hatten wir schon immer die Fähren vorbeifahren sehen, die Swinemünde in Polen mit Gedser in Schweden verbinden. Nun aber erregten sie unser gesteigertes Interesse. Dort mussten wir raufkommen, dann würde alles gut werden! Mein Vater erzählte: „Ich habe vor einigen Jahren in der Zeitung gelesen, dass ein Arzt auf diesem Weg geflüchtet ist, zusammen mit seiner Familie!“ Deshalb wollten wir uns die Hafenanlagen in Swinemünde etwas genauer ansehen.

Ich kam damals das erste Mal nach Swinemünde, obwohl wir ja vorher jedes Jahr in Ahlbeck gewesen waren, nur 5 Kilometer entfernt. Der Grenzübergang war damals aber nur für DDR-Bürger passierbar. Als West-Deutsche hätten wir ein extra Visum für Polen gebraucht, und wir hätten einen etwa 200 km weiten Umweg über Stettin nehmen müssen, um dorthin zu kommen. DDR-Bürger brauchten, zumindest 1979 noch, nur den Personalausweis. Nun besaßen wir ja Personalausweise der DDR – auch mein Bruder hatte einen bekommen – und konnten somit ohne Probleme nach Swinemünde fahren. Am meisten interessierte uns die Anlegestelle der Schweden-Fähren. Wir mussten einige Zeit warten, bis eine einlief. Der Bereich war, wie wir befürchtet hatten, sehr stark abgesichert. Einfach nur heimlich auf das Schiff zu schleichen war schlichtweg unmöglich. Es würde also auch hier nur mit Papieren funktionieren. Mit dieser Erkenntnis kehrten wir enttäuscht nach Ahlbeck zurück. Woher bekommt man Pässe? Nur aus dem Westen. Wer aber könnte uns dort welche besorgen? Ein Cousin meiner Mutter war auch gerade in Ahlbeck bei seinen Eltern zu Besuch. Er wohnte in München; wir trafen ihn und seine Familie fast jedes Jahr in Ahlbeck. Er erklärte sich bereit, mit aller Vorsicht seine Fühler nach solchen Möglichkeiten auszustrecken. Wir dachten auch daran, ihm aktuelle Passbilder mitzugeben. Ob er wirklich etwas unternommen hat? Er musste ja auch vorsichtig sein, denn er hatte seine Eltern und seinen Bruder in der DDR und wollte sie auch weiterhin besuchen können. Wir hörten von ihm diesbezüglich jedenfalls nichts mehr.

Im Herbst 1979, nach einem halben Jahr in der DDR, zeichnete sich langsam ab, dass mein Bruder wohl bald nach Hannover zurückkehren könnte. Er hatte das Gefühl, dass sie langsam aufgaben, ihn überzeugen zu wollen, da sich die Fronten zu sehr verhärtet hatten. Nachdem alle Gespräche aus Stasi-Sicht keinen Erfolg gehabt hatten und mein Bruder es auch abgelehnt hatte, weiter beim Wohnungsbaukombinat zu arbeiten, teilten sie ihm mit, er möge schon mal packen und sich bereithalten. Einen Termin nannten sie ihm aber nicht.

„Wir können die Sache beschleunigen, wenn du dich verpflichtest, für uns im Westen zu arbeiten." Sie meinten allen Ernstes, mein Bruder würde sich auf so etwas einlassen! Nach dem, was uns gerade passiert war! Wie dumm waren die eigentlich?

Und so zog sich das Warten erst Wochen, dann Monate hin. Erst hieß es, „vielleicht im September", dann „vielleicht im Oktober"; es wurde November, der Dezember begann. Für uns alle war es eine Qual: Einerseits hofften wir für Michael, dass er bald fahren könnte, in die Freiheit. Dort könnte er wieder so leben, wie er wollte und vor allem auch etwas für uns, für unsere Ausreise, unternehmen. Andererseits hatten wir Angst davor, denn das würde uns noch mehr auseinanderreißen. Wer weiß, wann wir ihn wiedersehen könnten? Vor allem meine Mutter litt unter diesem Konflikt, aber auch mein Vater, der sich schuldig an der Situation fühlte.

Am 14. Dezember schließlich kamen die Stasi-„Betreuer" Willi und Peter und sagten zu Michael: „Pack deine Sachen zusammen, du hast eine Stunde Zeit, dann holen wir dich ab!" Und weg waren sie wieder, die beiden Männer, die immer so freundlich und kumpelhaft gewesen waren. Eine Stunde! Ein weiterer Schock, auch gerade für mich. So plötzlich geht es los. Michael wird noch heute Abend Hannover wiedersehen. Ich wusste nicht, ob ich mich freuen oder heulen sollte. Ich war völlig fertig. Warum durfte er und ich nicht? Warum hat er dieses Glück und ich dieses Pech? Ich fühlte mich noch einsamer und noch mehr als Gefangener. Warum wurde ich hier weiter festgehalten, was habe ich denen denn getan? Meine Eltern konnten mich auch nicht trösten, sie waren selbst ganz hilflos.

Michael wurde richtig raus gejagt. „Willi" und „Peter" brachten ihn zum Bahnhof Friedrichstraße, er erhielt eine Fahrkarte nach Hannover und seinen Pass zurück und wurde im Eiltempo auf einem geheimen Weg (auch Ho-Chi-Minh-Pfad genannt!) durch die Katakomben des Bahnhofs an allen Kontrollen vorbei geleitet. Plötzlich fand er sich auf dem Bahnsteig wieder, wo die Züge durch West-Berlin in Richtung West-Deutschland fuhren. Wie er mir später erzählte, dachte er während der gesamten Fahrt, dass irgendjemand ihn wieder aus dem Zug herausholen würde. Die Stasi. Oder in Helmstedt ein west-deutscher Geheimdienst. Aber nichts passierte. Er kam wohlbehalten in Hannover an und wurde von seiner Freundin Annette und deren Familie aufgenommen. Was für ein Glück, dass er dort erst einmal wohnen durfte! Michael hatte außer seinen Sachen noch etwas im Gepäck. In seinem Mantel war ein Zettel eingenäht mit einer Nachricht für den BND. Mein Vater teilte darin mit, dass er in den Westen zurückkehren wolle, und bot als Lockmittel Informationen aus seiner Spionage-Tätigkeit an, damit überhaupt Interesse geweckt wird, uns zu helfen. Wie mein Bruder später erzählte, war das Interesse des BND sehr mager. Mein Vater hatte schließlich über zwanzig Jahre für die Gegenseite gearbeitet; da war wohl Vorsicht geboten. Mein Bruder stand nun ganz allein da, musste plötzlich selbständig leben. Seine Familie konnte ihm nicht mehr helfen. Finanziell musste er auch alleine klarkommen. Er hatte zwar als kleine Starthilfe 2000,- DM mitbekommen, aber das würde schnell aufgebraucht sein. Mehr konnten meine Eltern auch nicht entbehren, denn ihr Westgeld war ja begrenzt. Michael hatte sich auch Hilfe von westlicher Seite erhofft, gerade, wenn er Kontakt zu einem ehemaligen DDR-Spion herstellen würde, der überlaufen will. Aber nichts kam. Er hatte sogar Schwierigkeiten, nachzuweisen, wo er überhaupt geblieben war in den vergangenen elf Monaten. Der Berufsschule war er einfach ferngeblieben, hatte unentschuldigt gefehlt. Ein Jahr hatte er verloren, jetzt wollte er dort wieder anschließen. So einfach ginge das aber nicht, wenn er einfach so die Schule schwänzte, wurde ihm mitgeteilt. Seine Erklärungen dazu klangen mehr als unglaubwürdig, wie eine Räuberpistole. Die DDR hatte ihm leider keine Bescheinigung über seinen Aufenthalt ausgestellt. Aber mit Hilfe seines Passes war es möglich, seinen Erzählungen mehr Glaubwürdigkeit zu verhelfen. Da drin fehlte ein Stempel! Bei einer Fahrt im Transit vom Bundesgebiet nach West-Berlin gab es einen Stempel bei der Einreise in die DDR und einen bei der Ausreise aus der DDR. Mein Bruder hatte in seinem Pass den Einreise-Stempel der Grenzübergangsstelle Helmstedt/Marienborn, es fehlte aber logischerweise der Ausreise-Stempel vom Grenzübergang Dreilinden. Den hatten wir ja nie erreicht. Es zeigte sich aber auch, dass der Schulleiter seiner Berufsschule sehr verständnisvoll war und ihm sagte:

„Ich lasse dich hier nicht ohne Abschluss raus."

Lange mussten wir gar nicht warten, Michael wieder zu sehen: Schon knapp 2 Wochen später, am 2. Weihnachtsfeiertag, konnte er uns, diesmal ganz regulär als Bundesbürger mit Pass, in Ostberlin besuchen. Natürlich waren wir alle wissbegierig, wie es „drüben" aussah. Wir alle haben aber auch aufgeatmet, als er ohne Schwierigkeiten wieder abreisen durfte.

Mein Bruder hatte natürlich den Auftrag, Kontakte zu knüpfen, die uns bei unserem Plan, die DDR zu verlassen, unterstützen könnten. Eine große Verantwortung für einen 19-Jährigen, der bisher keine Veranlassung hatte, sich mit solchen Dingen zu beschäftigen. Er musste erst einmal selbst klarkommen mit dem Leben, in das er so hineingestoßen wurde; er musste seine berufliche Zukunft gestalten. Immer allein, ohne Rückhalt der Familie. Die Kontakte zum BND und zum Landeskriminalamt Niedersachsen entstanden allerdings ganz von allein, da ein Verfahren gegen meinen Vater lief und Michael dazu befragt wurde. Ein Mitarbeiter im LKA wollte uns auch helfen, wobei seine Möglichkeiten wohl begrenzt waren, wie sich später zeigen sollte. Er konnte uns nicht direkt helfen, sondern nur Empfehlungen geben und Kontakte vermitteln. Um Informationen über irgendwelche Aktivitäten zu übermitteln, hatten mein Bruder und mein Vater unverfänglich wirkende Schlüsselwörter ausgemacht, da wir davon ausgingen, dass unser Telefon abgehört wird.

Durch die Rückkehr meines Bruders nach Hannover war die Familie endgültig auseinander gefallen. Immerhin hatte mein Vater durchsetzen können, dass Michael uns regelmäßig besuchen konnte – sogar, ohne den Zwangsumtausch zu entrichten. Entspannt war die Situation aber nie; es war immer Vorsicht geboten, was man sagt und wo man etwas sagt.

Die Erleichterung darüber, dass Michael es wenigstens geschafft hatte, wurde sehr schnell überdeckt durch unsere weiterhin ungelöste Situation. Wir alle hatten gesundheitliche Probleme. Bei meinen Eltern machten sich Kreislaufprobleme bemerkbar, zusätzlich war mein Vater nervlich so am Ende, dass er sich ab Mitte Januar 1980 krankschreiben ließ und ab September Invalidenrente erhielt, mit 52 Jahren. Mich quälten immer häufiger Magenschmerzen, ein permanenter Druck. Später wurde daraus ein Geschwür im Zwölffingerdarm. Da war ich 17. Die Ärztin in der Poliklinik wunderte sich sehr darüber. So junge Menschen würden wohl selten so eine Krankheit haben. Ich war schon lange in Behandlung bei ihr, so dass ich ihr knapp meine Geschichte erzählte. Sie sagte dazu: „Da wundert mich gar nichts mehr!" Wegen der Magenprobleme fehlte ich sehr häufig und lange zumindest in der Werkstatt, ich hatte deshalb einen sogenannten Schonplatz in der Rechnungslegung von AutoTrans. Letztlich wurde deshalb auch mein Lehrvertrag verlängert, was dann noch Auswirkungen haben sollte.

Mein Vater erhielt eine mickrige Invalidenrente. Die Stasi schloss aber pro forma einen Beratervertrag im wissenschaftlichen Bereich mit ihm ab, für den er monatlich weitere 1.000 DDR-Mark bekam. Wir hatten ja die ganze Zeit über schon mehr Geld verbraucht, als monatlich reinkam. Aber das war ja in dem Moment gar nicht so schlimm, da wir ja noch knapp Hunderttausend Mark Agentenlohn hatten.

Mein Vater wollte das Geld auch nicht auf ein Konto packen, weil er immer Zugriff haben wollte. Wenn in der DDR jemand plötzlich 50.000 Mark abgehoben hätte, dann wäre das sehr ungewöhnlich gewesen; da wäre sicher irgendwo sofort eine Alarmglocke losgegangen. Genau das galt es aber zu vermeiden. Aber wir haben auch von dem Geld gelebt. Es war ja immer genügend da. Wir haben auch nicht darauf geguckt. Es schmolz natürlich. Wir wollten ja nicht lange bleiben ... Hunderttausend Mark waren in der DDR ziemlich viel Geld. Uns bedeutete es nicht viel. Was bekam man schon dafür?

Wir hatten das Geld immer dabei, sogar in den Urlaub haben wir es mitgenommen. Inzwischen waren wir ein Jahr in der DDR, einmal Weihnachten, einmal Ostern, einmal alle Geburtstage. Was sollten wir uns schenken? Das Angebot in Ostberlin war ein Witz, unsere D-Mark wollten wir zusammenhalten. Aber uns war meist ohnehin nicht nach feiern. Einzig meine Mutter achtete darauf, dass Traditionen bewahrt wurden, dass es am 1. Weihnachtsfeiertag eine Gans und am Ostersonntag einen Braten gab. Unser Heiligabend-Essen aber scheiterte daran, dass uns zum Lachstoast mit Sahne-Meerrettich schlichtweg der geräucherte Lachs fehlte, den es auch in Ostberlin nicht zu kaufen gab. Also wechselten wir – ganz DDR-typisch – zu Würstchen mit Kartoffelsalat.

Es geht los

Im Frühjahr 1980 erhielten wir von meinem Bruder die verschlüsselte Botschaft, dass wir auf Hilfe hoffen könnten. Was für eine Nachricht! Wir sollten zur bundesdeutschen Botschaft in Budapest gehen. Der Mitarbeiter des Landeskriminalamtes habe da etwas eingefädelt. Wir planten also eine Urlaubsreise nach Ungarn, die offiziell zwei Wochen dauern sollte. Ende April, Anfang Mai. Natürlich konnten wir nicht einfach so in das „befreundete" Ostblock-Land losfahren: Es gab tatsächlich nur zwei Länder, in die man als DDR-Bürger spontan und nur mit Ausweis reisen konnte, Polen und die Tschechoslowakei. (Ende 1981 war es dann nur noch eines: Polen wurde mit dem Kriegsrecht für DDR-Bürger fast komplett dicht gemacht.) Für die Fahrt nach Ungarn reichte der Ausweis allein also nicht aus, man benötigte noch eine sogenannte „Anlage zum visafreien Reiseverkehr". Wie war das denn jetzt schon wieder zu verstehen? Ohne dieses Papier könnten wir nicht nach Ungarn fahren? Visafreier Verkehr? Was ist diese „Anlage" anderes als ein Visum? Der Unterschied bestand darin, dass dieses Visum nicht von dem Land ausgestellt wurde, das man besucht, sondern von dem Land, aus dem man kam. Jeder DDR-Bürger musste also bei seiner Regierung nachfragen, ob er in ein sogenanntes „Bruderland" reisen dürfe. Alles wurde kontrolliert. Wie viel Misstrauen kann ein Staat seinen eigenen Bürgern noch entgegenbringen?

Ende März ging es dann los. Wir waren alle sehr aufgeregt, versuchten aber, uns nichts anmerken zu lassen. Innerhalb von zwei Tagen wollten wir Budapest in Ungarn erreichen. Als reisender DDR-Bürger wurde man immer als Mensch zweiter Klasse behandelt. Es war ganz genau vorgeschrieben, wie viel Geld mitgenommen werden durfte. Das war so knapp bemessen, dass es unmöglich war, ein Hotel zu nehmen. Als DDR-Bürger konnte man, wenn man nicht eine Pauschalreise gebucht hatte, schon deswegen nur in Privatunterkünften oder auf Zeltplätzen übernachten. Wir waren gewöhnt, einfach mit dem Auto loszufahren und spontan eine Unterkunft zu suchen. Klar, dass das Geld dafür nicht reichen würde. Deshalb mussten wir einen Teil der verbliebenen D-Mark für diese Reise benutzen. (Wir hatten ohnehin unser gesamtes Geld mit: 80.000 DDR-Mark und 8.000 DM, eingenäht in einem Federkissen. Dies war allerdings verboten, selbst das eigene Geld durfte man ja nicht in unbegrenzter Höhe mitführen. Das sollte später noch ein Nachspiel haben.)

Da wir nicht vorhatten, zurückzukehren, nutzten wir die genehmigten tschechischen Kronen für eine Übernachtung in Prag und eine Tankfüllung. Uns erstaunte, wie scharf die Kontrollen an den Grenzen waren. Es waren doch befreundete Länder. Wir kannten das anders. Auf unseren Fahrten durch Westeuropa wurden wir fast immer nur vorbeigewinkt. Am Grenzübergang zwischen der Tschechoslowakei und Ungarn gab es sogar zwei Wartespuren: Eine für Reisende aus den Ostblock-Ländern und eine für Reisende aus dem Westen. Interessanterweise ging die Abfertigung in der Spur für Westler sehr schnell, es gab dort kaum Wartezeit. An der anderen Abfertigung hatte sich aber eine lange Schlange gebildet, wo wir uns als DDR-Bürger brav anstellten. Wir befürchteten schon eine lange Warterei, aber unser Auto bescherte uns eine erhebliche Verkürzung. Ein Grenzer schlenderte etwas gelangweilt an der Warteschlange vorbei. Er stutzte kurz, als er unseren „Audi“ sah, fing wild an zu gestikulieren und gab uns zu verstehen, aus dieser Schlange auszuscheren und die West-Spur zu benutzen. Wir folgten seiner Aufforderung, seine Überraschung war groß, als er unser DDR-Kennzeichen sah, aber es war zu spät: Wir wurden dann sehr zügig abgefertigt.

Ungarn wirkte auf uns ein klein wenig wie Westen, ein bisschen so wie früher auf unseren Reisen in den Süden Europas. Innerhalb des Ostblocks war Ungarn damals das westlichste Land. Es gab Coca-Cola, Agip-Tankstellen ...; überhaupt wirkte alles ein kleines bisschen bunter und freundlicher als in der DDR und auch der Tschechoslowakei. Die Coca-Cola schmeckte zwar wie zu Hause, die Pommes aber waren nicht so gut ... In Budapest buchten wir zunächst einmal eine Privatunterkunft. Recht schnell fanden wir heraus, wo sich die bundesdeutsche Botschaft befand.

In der Hoffnung, uns würde dort geholfen werden, gingen wir schon am nächsten Tag dorthin und klingelten. Wie überall im Ostblock standen vor der Botschaft Polizisten, die uns aber nicht behelligten. Ein Risiko war das aber schon, da wir nicht wussten, ob wir registriert und die Informationen sofort an die Stasi weitergeleitet würden. Wir wurden hereingebeten, mein Vater sagte kurz: „Ich möchte mit Ihnen etwas besprechen, was die Sicherheitsinteressen der Bundesrepublik berührt." Daraufhin wurden wir von dem Mitarbeiter der Botschaft, Herrn Metger, in einen abhörsicheren Raum geführt. Das fühlte sich gut an, wichtig.

„Dann erzählen Sie mal!", sagte der Botschafts-Mann. Mein Vater erklärte ihm unsere prekäre Situation, dass er viele Jahre in Hannover für die DDR spioniert habe, dass er enttarnt wurde und mit der Familie in die DDR gegangen sei, nun aber – nicht zuletzt wegen seiner Familie – wieder zurückkehren wolle. Auch seine tiefe Enttäuschung über die DDR brachte er zum Ausdruck. Lieber wolle er sich der Strafe im Westen stellen als weiter in „seinem" Land DDR zu bleiben.

„Wir haben von meinem Sohn Michael die Nachricht erhalten, dass wir hier von Ihnen Hilfe erhalten, um wieder in den Westen zu kommen!"

„Einen kleinen Moment, da muss ich erst einmal bei einem Kollegen nachfragen."

Er ließ uns eine ganze Weile warten, ich vermute, er führte noch ein paar Telefonate, um unsere Angaben zu überprüfen. Es waren lange, bange Minuten, 5, 10, 20? Ich weiß es nicht mehr. Es fühlte sich jedenfalls unendlich an. Wir sprachen kaum miteinander; jeder hing seinen Hoffnungen nach. Ob wir heute noch Pässe bekommen würden, morgen über Österreich dann nach Hause fahren? Ich rechnete mir aus, dass wir am nächsten Tag abends in Hannover sein könnten.

Herr Metger kam zurück. „Das ist ja eine sehr dramatische Geschichte. Aber es tut mir leid, ich muss Sie enttäuschen. Hier ist uns nichts bekannt darüber, was Sie von uns erwarten! Wir können Ihnen nicht helfen. Theoretisch können Sie von unserer Konsularabteilung neue Pässe erhalten, aber Sie wissen selbst: Es fehlen die nötigen Einreisevisa für Ungarn."

Das saß. Damit war das Gespräch beendet, er komplimentierte uns mehr oder weniger nachdrücklich nach draußen. Ich konnte kaum aufstehen, so schwer fühlte ich mich, als ob all meine Hoffnungen von eben nun auf mir lasteten. Wir fühlten uns regelrecht hinausgeworfen. Eigentlich hatte er uns überhaupt keine Hilfe angeboten, im Gegenteil: Er wollte uns eher möglichst schnell loswerden. Vielleicht war ihm die Sache zu heiß. Oder er verachtete den Stasi-Spion, der das Leben im Westen genossen und jetzt im Osten kalte Füße bekommen hatte? Ich sehe dieses Verhalten mittlerweile überaus kritisch. Diplomatischen Mitarbeitern im Ostblock musste damals klar sein: Wer sie besucht und wieder hinausgeht, steht unter Beobachtung; und die Gefahr, in Haft zu kommen, war dann sehr groß. Das wurde offensichtlich von bundesdeutscher Seite so hingenommen. Die guten Beziehungen zum Osten waren ihr wichtiger als tragische Einzelfälle. Aber hatten sie nicht eine Fürsorgepflicht gegenüber Bundesbürgern, als die wir uns ja nach wie vor fühlten?

Wir standen also wieder draußen vor der Botschaft, unserer Hoffnungen beraubt, ratlos. Was nun? Wir telefonierten gleich mit meinem Bruder, der meinem Vater die Telefonnummer des Mitarbeiters des Landeskriminalamtes gab. Mein Vater rief dann gleich Herrn Selle an, fragte nach, warum in der Botschaft niemand etwas wüsste. Herr Selle konnte sich das auch nicht erklären, nach seiner Meinung hätte da etwas kommen müssen. Der Fall erschien den entscheidenden Stellen wohl doch zu heikel.

Am nächsten Tag ging mein Vater dann allein zur österreichischen Botschaft, um dort unsere Geschichte zu erzählen und um Hilfe zu bitten. Meine Mutter und ich gingen inzwischen in der Nähe spazieren. Wieder diese Anspannung, das Hoffen. Es dauerte nicht lange, da war mein Vater schon wieder da.

„Die Österreicher können uns leider auch nicht helfen. Wir sollten uns doch an die österreichische Botschaft in Ost-Berlin wenden. Sie sagten aber noch, in Österreich hätte ich nicht einmal ein Untersuchungsverfahren wegen der Spionage zu befürchten. Sie seien ein neutrales Land und würden mich auch nicht ausliefern. Auf jeden Fall bleibt jetzt hier nur noch eine Chance, die Amerikaner. Ich habe davon gehört, dass sich vor Jahren ein Ungar dort in die Botschaft hinein geflüchtet hat und dort blieb, bis er raus durfte. Ist aber schon lange her. Die Amis sind wagemutiger. Bestimmt wird diese Botschaft besonders stark überwacht." Deshalb telefonierte er erst einmal mit einem dortigen Mitarbeiter und verabredete sich mit ihm in einem Café. Die Verabredung klappte sogar, aber es kam dabei leider auch nichts raus. Die Amerikaner sahen sich nicht zuständig, ein deutsches Problem in Ungarn zu klären.

Nichts klappte. Völlig frustriert schauten wir uns ein paar Tage lang Budapest an. So richtig habe ich aber gar nichts wahrgenommen, meine Erinnerungen sind sehr verschwommen: Die Donau, die Burg, die Fischerbastei; aber sonst? Ich war damit beschäftigt, meine Pläne von der baldigen Heimkehr zu begraben. Aber immer noch grübelten wir: Was könnten wir, wenn wir einmal hier in Ungarn waren, noch unternehmen? Denn wer weiß, ob wir beobachtet worden waren, ob die Stasi nicht schon längst von unseren Botschaftsbesuchen wusste!? Einen Grenzdurchbruch an der österreichisch-ungarischen Grenze zu versuchen erschien uns als ein zu großes Risiko. Wir besaßen auch keine notwendigen Karten und schon gar keine Ortskenntnisse. Es blieb uns also doch nichts anderes übrig, als wieder in die DDR zurückzufahren und uns etwas Neues zu überlegen.

Die Rückfahrt gestaltete sich noch etwas abenteuerlich. Wir hatten ja keine tschechischen Kronen mehr und sahen auch keine Möglichkeit, welche zu tauschen. Wir mussten also mit einer Tankfüllung die ganze Tschechoslowakei durchqueren und in der DDR gleich hinter der Grenze eine auch abends offene Tankstelle finden. Davon gab es nicht viele. Wir wussten, in der Nähe von Karl-Marx-Stadt befand sich an der Autobahn ein sogenannte „Intertankstelle“, die lange geöffnet hatte. Fast mit dem letzten Tropfen Benzin erreichten wir sie; beim Tanken stellten wir fest, dass sich gerade noch drei Liter Benzin im Tank befunden hatten. Spät in der Nacht erreichten wir Ost-Berlin. Erreicht hatten wir gar nichts.

Von dieser Enttäuschung mussten wir uns erst einmal erholen. Ich reihte mich wieder in den Ausbildungstrott beim VEB AutoTrans ein. Was ich mir denn aus Ungarn mitgebracht hätte, wollten meine Kollegen wissen? Schallplatten? Jeans? Sie hatten keine Ahnung, wie egal mir das alles war.

Der legale Weg

Was blieben uns jetzt noch für Möglichkeiten? Hunderttausende, wenn nicht Millionen Menschen in der DDR dachten wohl über diese Frage nach. Aber wie wenigen gelang dann wirklich die Flucht!? Aber dennoch: Uns musste es ja gelingen, wir waren ja von drüben! Dass die DDR-Bürger hier leben mussten, war ihr Schicksal, bei mir aber war es eine schreiende Ungerechtigkeit, ich gehörte ja gar nicht hierher! Solche Gedanken kreisten immer wieder durch meinen Kopf.

Da uns die Mitarbeiter der Stasi nie über unsere Rechte bezüglich der Einbürgerung und Eingliederung in die DDR aufgeklärt hatten, wandte sich mein Vater im Mai 1980 an das Ministerium des Innern, das für Fragen zur Staatsbürgerschaft der DDR zuständig war. Er hatte zu der Zeit den wohl etwas naiven Glauben, von diesem Ministerium Hilfe zu erhalten, wenn die Stasi sie ihm verwehrt.

Während dieses Gespräches übergab mein Vater dann einen Ausreiseantrag nach Österreich, den ersten von insgesamt vier Anträgen, die wir stellten.

Berlin, den 19.5.1980
Betr.: Antrag auf Ausreise in die Republik Österreich
Begründung:

Meine Familie ist am 22.01.1979 auf nicht freiwillige Weise von Hannover (BRD), Richard-Lattorf-Str. 35 in die DDR gereist. Hier wurde uns mitgeteilt, dass eine Rückkehr nicht mehr möglich sei, da wegen meiner Tätigkeit in der BRD mit drohender Verhaftung zu rechnen sei.

Meiner Familie und mir wurde von uns betreuenden Personen in den ersten Tagen und Wochen unseres Aufenthaltes in der DDR versichert, dass die Situation zwar unabänderlich wäre, alle Sorgen jedoch für unsere Zukunft gegenstandslos seien. Es wurde uns ausdrücklich versichert, dass die Lebenshaltung bzw. der bisherige Lebensstandard für uns unverändert erhalten bleibt. Im Familieneinkommen wurde uns ein finanzieller Ausgleich zum Einkommen in einer für uns nicht bezweifelbaren Weise zugesichert. Für unsere Kinder sollten in der schulischen bzw. beruflichen Ausbildung jede Unterstützung zu Erreichung ihrer Berufsziele geleistet werden.

Alle diese Zusicherungen wurden uns vor Vorlage der Anträge zur Erlangung der Staatsbürgerschaft der Deutschen Demokratischen Republik gegeben. Am Tage der Unterschriftsleistung erfolgten keine Aufklärungen oder Belehrungen über die Konsequenzen dieses Schrittes. ... In den nächsten Tagen und Wochen konnten wir nur mit Mühe drei Selbstmordversuche unseres Sohns Michael verhindern. ... Erst am 14.12.1979 wurde er ausgewiesen. Den genauen Termin seiner Ausreise erfuhren wir erst eine Stunde vorher.

Damit war Wirklichkeit geworden, dass wir einen Sohn verloren hatten, der am Anfang der Berufsausbildung stand, diese um ein ganzes Jahr verloren hatte, in der Heimat ohne Unterstützung seiner Eltern, ohne seinen Bruder leben muss und nur noch das Glück hatte, in der Familie seiner Freundin aufgenommen zu werden.

... Bei unserem Sohn Thomas war die Erreichung des Abiturs wegen seiner guten bis sehr guten Leistungen am Gymnasium mit dem Ziel des Architekturstudiums ohne Probleme vorgezeichnet. Der Versuch einer Fortführung an der EOS Immanuel Kant war schon aus Gründen der nicht möglichen Anpassung zum Scheitern verurteilt. Selbst die von Bezirksschulrat Dr. Rolack (Berlin) vorgeschlagenen Möglichkeiten (Nachhilfeunterricht usw.) konnten keine Lösungen der unüberwindlichen Probleme bringen. Sie wären auch schon wegen der katastrophalen psychologischen Grundstimmung von Thomas nicht durchführbar gewesen, denn es ist eine unmenschliche Zumutung, einem jungen Menschen nach dem Verlust der Heimat, aller bisherigen Werte und aller Freunde ihm eine unglaublich höhere Belastung aufzuerlegen, unter der die anderen Mitschüler in den letzten Jahren vor dem Abitur ohnehin stehen. ...

Im Laufe unseres Hierseins hat sich immer stärker gezeigt, dass eine Anpassung aufgrund der zu verschiedenen Lebensverhältnisse unmöglich ist. Das trifft besonders auf meinen Sohn Thomas (17 Jahre alt) und auf meine Frau zu. Die Einschränkungen bei Reisen für uns als ehemalige Bundesbürger sind unerträglich, zumal selbst vorher in Aussicht gestellte Reisemöglichkeiten nun auch nicht mehr durchführbar sind.

Die vorher zugesicherte Gleichstellung der Lebenshaltung bzw. des Lebensstandards zu früher erweist sich nun als radikale Herabsetzung. ... Zur Altersversorgung ist zu erwähnen, dass ich ohne Hochrechnung auf das Einkommen zur Zeit meines Rentenalters (bei Schwerbeschädigten mit 60 Jahren) heute bei Invalidität eine Rente von 78% des Bruttoeinkommens bezogen hätte, nämlich 78% von 4652,- DM = 3628,56 DM. 60% meiner Rentenbezüge wären im Falle meines Todes an meine Frau als Witwenrente gezahlt worden (60% von 3628,56 DM = 2177,14 DM). ... Demgegenüber wurden meiner Frau hier die Mindestrente von 270,- M als Rente bzw. Witwenrente in Aussicht gestellt. Entspricht das einer Erhaltung aller bisher erworbenen Ansprüche? Das kann unter gar keinen Umständen von uns akzeptiert werden. ...

Zu erwähnen ist ferner, dass die im Laufe der Zeit erfahrenen Lebensbedingungen sowohl meine Frau, mein Sohn und ich unter starken Kreislauf- und Nervenstörungen leiden, die bei mir seit Beginn dieses Jahres zur Arbeitsunfähigkeit geführt haben. Mein derzeitiges Einkommen (Krankengeld) beträgt nämlich z.Z. 300,- M. Das ist ziemlich genau der Betrag, den ich monatlich allein als Miete zu zahlen habe.

Es ist uns unvorstellbar, wie diese Verhältnisse als Ausgleich an den bisherigen Lebensstandard anzusehen sind, wie es uns zugesichert wurde.

Der Antrag auf Ausreise ist damit hinreichend begründet. Denn bei Kenntnis der Entwicklung wären unsere Unterschriften unter die Einbürgerungsanträge in die DDR nicht erfolgt. Dies alles hat sich (im Falle Michael) und wird sich weiterhin als Zerstörung unserer Familie auswirken, die ich unter gar keinen Umständen zulassen werde.

...

Daher beantragen wir die schnellstmögliche Ausreise nach Österreich. ... Wir sind entschlossen, für das Recht unserer Familie zu kämpfen. Wir werden in Zukunft keine Entscheidungen hinnehmen, die unserem Recht, das Schicksal unserer Familie selbst zu bestimmen, entgegenstehen.

Armin Raufeisen

Vier Tage später, am 23. Mai 1980, standen die Stasi-Leute „Willi“ und „Horst“ vor unserer Tür und verlangten eine Aussprache. Willi begann gleich: „Wie kommst du dazu, zum Ministerium des Innern zu gehen? Du bist nach wie vor Offizier der Reserve des Ministeriums für Staatssicherheit und bleibst es auch. Du hast kein Recht, dich an das MdI zu wenden. Nur dank der Umsicht der Mitarbeiter ist die Information zu uns gekommen und nicht zum Militärstaatsanwalt.“

Damit gab er uns zu verstehen, wir würden außerhalb der Gesetze stehen. Diese Aussage bezog er nicht nur auf meinen Vater, sondern auf alle Mitglieder unserer Familie. Ich hätte „Willi“ und „Horst“ würgen, prügeln, anschreien können. Aber ich saß nur sprachlos auf dem Sofa und blickte raus, auf das Springer-Hochhaus.

Mein Vater jedenfalls fasste diesen kleinen Vortrag sofort als eine Drohung auf: „Ob nun 3 Jahre Knast im Westen oder 3 Jahre in der DDR – eingesperrt werde ich auf jeden Fall. Nur in einem neutralen Land, z.B. in Österreich, würde mir nichts passieren."

„Die BRD würde einen Weg finden, dich aus Österreich in ihr Hoheitsgebiet zu bringen." Immer sagen sie „BRD", nie „Bundesrepublik" oder „Deutschland"! Wie der Schnitzler im Fernsehen, wie die Aktuelle Kamera, wie die Lehrer. Meine Kollegen und Schulkameraden sprechen immer nur vom „Westen". Allein, wie sie es aussprachen, darin lag so viel Verheißung, aber auch Unwissen. Für mich geht es um meine Heimat.

„Das ist ja wohl lächerlich. So eine große Bedeutung habe ich nicht. Meine Familie wird sich nie damit abfinden, hier weiterhin leben zu müssen.", erwiderte mein Vater auf den Versuch, ihm die Hoffnung Österreich auszureden.

Er war inzwischen verzweifelt, weil er spürte, dass er gegen Gummiwände anrannte. Man merkte, dass er diese Situation nicht im Griff hatte. Er fühlte sich in die Enge getrieben. Einerseits von uns, weil das Ausharren in der DDR für uns die Katastrophe war. Andererseits stand er unter dem Druck der Stasi, der Betreuer, die ihrerseits keinerlei Kompromisse einzugehen bereit waren und zudem von meinem Vater erwarteten, dass er auch noch „positiv" auf uns einwirken sollte. Wobei er innerlich auf unserer Seite war. Dieser Zwiespalt machte ihn nervös und aggressiv – wie ein gehetztes Tier. Das führte auch dazu, dass mit der Zeit seine Vorsicht und Diplomatie gegenüber der Stasi immer mehr nachließen, wenn er mit ihnen sprach.

Er machte ja auch etwas sehr Gewagtes: Er zeichnete solche Gespräche auch manchmal auf, heimlich, ohne dass die Stasi, die Betreuer, etwas mitgekriegt haben. Was für ein Risiko!

Warum hat er es auf sich genommen? Mit dem Wissen von heute vermute ich: Um die Stasi auf Versprechungen hinzuweisen, die sie später leugnen würden. Oder, um im Westen – wenn er denn jemals dahin käme – nachweisen zu können, dass er zwar Stasi-Spion gewesen war, dass sich seine Haltung jedoch inzwischen geändert hatte.

Einen Monat später, am 6. Juni 1980, traf mein Vater die beiden „Willi" und „Horst" wieder, allerdings diesmal außerhalb unserer Wohnung in einem konspirativen Treffpunkt, (im Objekt „Alfred", sagt heute die Stasi-Akte).

„Hast Du mit Deiner Familie gesprochen?

„Ich bin kein Stück weiter gekommen. Im Gegenteil. Meine Frau hat mir eine Erklärung mitgegeben mit der Bitte um Weiterleitung an die zuständigen Stellen."

Mein Vater hatte seine Familie wirklich nicht mehr so im Griff, wie die Stasi das von ihm erwartete. Das wurde ihm später immer wieder vorgehalten.

„Berlin, den 5.6.1980
Charlotte Raufeisen
1080 Berlin
Leipziger Str. 48

An
Das Ministerium
Für Staatssicherheit

Erklärung
Sie haben meinen Mann und mich vor 23 Jahren aus unserem Lebensbereich ohne meine Zustimmung und ohne mein Wissen über den wahren Grund herausgerissen. Mir war also die Entscheidungsfreiheit sowohl zu Beginn als auch am Ende unseres Lebens in der BRD genommen. ... Erst nach einigen

Jahren konnten wir unter diesen für uns beide sehr schweren Verhältnissen ein normales Leben in der Isolation von unseren Verwandten beginnen.

Nach der Geburt unserer beiden Kinder (1960 und 1962) waren wir weiterhin gezwungen, ohne persönliche Kontakte zu unseren Verwandten, das ich für selbstverständlich gehalten hätte für ein Familienleben, ohne Kenntnis über die wahren Ursachen für die Situation, mit denen ich nie einverstanden gewesen wäre, in Hannover für uns und unsere Kinder eine neue Heimat aufzubauen, was uns dann dank des beruflichen Erfolges meines Mannes auch bald gelang. Der Beruf meines Mannes ist Geophysiker und nicht, wie man mir weismachen will, Offizier der Staatssicherheit der DDR, denn wir haben unser Familieneinkommen aus seiner Tätigkeit als Geophysiker bestritten und nicht von den Zuwendungen die er für seinen Auftrag aus der DDR erhielt, der für die Existenz unserer Familie eine ungeheuerliche Gefahr darstellte und sich jetzt auch als solche erwiesen hat.

Nun bietet man uns nach 23 Jahren, nachdem unsere Familie durch Verrat ihre Heimat verloren hat, der Auseinanderfall begonnen hat und weitergehen wird, nach Verlust aller Freunde, Bekannten und einer normalen Existenz, Gefährdung der Berufschancen durch Verlust eines Jahres in der Berufsausbildung bei unserem Sohn Michael und der Vernichtung des Lebenszieles von Thomas, hier ein Leben an, das mich an die Nachkriegsjahre erinnert. ... Viele Lebensmittel, die für uns als selbstverständlich galten, sind hier nie erhältlich.

Das für uns Unerträglichste ist das Verbot, Urlaubsreisen zu unternehmen, die mit unseren Interessen übereinstimmen.

Ich weigere mich anzuerkennen, dass unsere Familie ohne unsere Zustimmung in eine Situation versetzt wird, die weder mit unseren persönlichen Bedürfnissen noch mit unseren bisherigen jahrzehntelangen Lebensgewohnheiten im Einklang stehen. Es entspricht unserer Lebensauffassung, selbst über unsere weitere Lebensgestaltung bestimmen zu können. ... Ich finde es ungeheuerlich, dass wir dafür auf so unmenschliche Weise von einem Staat bestraft werden, für den mein Mann fast 22 Jahre gearbeitet hat. ...

Hinzu kommt noch als besondere Ungeheuerlichkeit, dass wir uns, trotz anfänglicher Versprechungen auf Beibehaltung der bisherigen Lebenshaltung, nun hier praktisch als Gefangene ohne rechtlichen Schutz für uns sehen. ... Es gibt für uns also kein Recht auf Durchsetzung der Rentenansprüche, die schwer erarbeitet wurden und unser persönliches Eigentum sind. Hat die DDR das Recht, uns dieses Eigentum zu nehmen? ...

Wenn wir jetzt die Ausreise nach Österreich beantragt haben, so ist das die Folge der Vernachlässigung der Lebensinteressen unserer Familie und für uns die z.Z. einzige uns noch verbleibende Möglichkeit, unser Recht auf Selbstbestimmung zur Wiederherstellung unserer Familie zu verwirklichen, die nicht durch unsere Schuld zerbrochen ist.

...

Charlotte Raufeisen“

Beim heutigen Lesen fällt auf, wie selbstbewusst meine Mutter argumentierte. Sie, die als Hausfrau ja immer hinter meinem Vater zurückgestanden hatte, die kaum je öffentlich auftrat, bittet nicht, wie es damals z.B. die Bürgerrechtler in der DDR in ihren Petitionen und offenen Briefen taten, sondern sie fordert. Sie war nach 23 Jahren wirklich im Westen angekommen gewesen.

Ob ihr Schreiben tatsächlich die richtigen Stellen erreicht hat, entzieht sich meiner Kenntnis. Aus einem internen Treffbericht, den ich aus den Stasi-Unterlagen habe, kann man entnehmen, was sie meinem Vater (dem „IM“) mitgeteilt haben:

„Dem IM wurde folgendes mitgeteilt:

1. Als Offizier des MfS bekommt der keine Ausreisegenehmigung. Es ist erforderlich, dass seine Frau und sein Sohn sich engagieren.

2. Jede Maßnahme von ihm als Offizier des MfS in Richtung Ausreise wird disziplinarisch geahndet und landet beim Militärstaatsanwalt.

   Wir sind dann nicht mehr in der Lage und auch nicht gewillt, ihn zu schützen.

3. Sein Sohn Michael hat Verbindungen zu Stellen in der BRD (wahrscheinlich BND und BfV) aufgenommen, um ohne Auftrag durch den IM die Ausreise der Familie des IM in die Republik Österreich betreiben. Das sind unfreundliche Akte. Aus diesem Grunde erhält er Einreiseverbot der DDR."

Die Drohungen wurden immer schärfer. Zum Glück wurde das Einreiseverbot meines Bruders relativ schnell aufgehoben, nachdem er zugesichert hatte, keine weiteren Kontakte zu westdeutschen Geheimdienststellen herzustellen.

Konfrontation und Hoffnung

Im Frühjahr 1980 führten „Willi" und „Horst" auch mit mir ein besonderes Gespräch. Es ging nicht um meine Ausreise oder um meine Ausbildung. „Willi" sagte zu mir:

„Thomas, du wirst doch in diesem Sommer 18 Jahre alt?"

„Ja, warum fragt Ihr?"

„Nun, alle jungen Männer, die in diesem Jahr 18 Jahre alt werden, werden aufgefordert, wegen der Musterung zum zuständigen Wehrkreiskommando zu gehen. Du musst also auch dahin, selbst wenn du, wie wir wissen, dort gar nicht registriert bist."

„Gut, wenn ich nicht registriert bin, vermisst mich dort auch keiner." Ich hatte überhaupt keine Lust, mich mustern zu lassen.

„Ja, aber es ist doch gesetzlich vorgeschrieben, also ist das deine Pflicht."

„Ach, da gelten jetzt plötzlich die DDR-Gesetze für mich? Nur, wenn es um Pflichten geht, gelten die also? Ich werde dort bestimmt nicht hingehen!"

„Wir versprechen dir, wenn du nicht zur Nationalen Volksarmee gehen willst, können wir dafür sorgen, dass du nicht eingezogen wirst."

„Wenn ich sowieso nicht eingezogen werde, brauche ich doch gar nicht erst zur Musterung zu gehen, besonders dann, wenn ich nicht einmal vermisst werde."

So ging das eine Weile weiter, der Ton wurde mit der Zeit immer schärfer und gipfelte in der Ansage:

„Wenn du nicht freiwillig hingehst, werden wir dafür sorgen, dass du unter Umständen von der Polizei dort vorgeführt wirst."

Jetzt reichte es mir, ich gab jetzt eine Gegendrohung ab:

„Macht es nur, wenn Ihr wollt, dass mein Bruder das im Westen an die Öffentlichkeit bringt, bitte!“

„Du bist allein für die Konsequenzen, die sich für dich und deine Familie daraus ergeben, verantwortlich.“ Mit diesen Worten zogen sie ab.

Meine Gegendrohung mit der westdeutschen Öffentlichkeit hatte wohl Wirkung gezeigt: Ich hörte niemals wieder ein Wort zu diesem Thema, ich wurde auch nie von der Polizei zur Musterung abgeholt. Aber warum hatten sie unbedingt darauf bestanden, dass ich zur Musterung gehe? Wahrscheinlich ging es um eine festere Bindung zur DDR. Ich habe von der ersten Sekunde an meine ablehnende Haltung gegenüber der DDR zum Ausdruck gebracht, verbunden mit der immerwährenden Forderung, nach Hannover zurückzukehren. Wäre ich gemustert worden, wäre eine Ausreise beziehungsweise ein Fluchtversuch gleichzeitig auch eine Fahnenflucht gewesen mit vermutlich noch ungleich härteren Konsequenzen. Glücklicherweise konnte ich das vermeiden. Etwas später, zu Beginn des zweiten Lehrjahres, stand nun auch noch die jährlich stattfindende vormilitärische Ausbildung an. Mein Lehrmeister kam davor zu mir und sagte:

„Thomas, du weißt, in drei Wochen ist die vormilitärische Ausbildung.“

„Ja, ich weiß, ich werde nicht daran teilnehmen!“

„Das steht aber im Lehrplan, es ist verpflichtend.“

„Das ist mir egal. Ich werde nicht teilnehmen. Sie können das so weitergeben.“

Im Westen hatte ich vorgehabt, den Wehrdienst zu verweigern, Zivildienst zu machen. Da werde ich doch nicht im Osten schießend durch den Wald rennen! Nichts passierte. Auch da wurde es letztendlich akzeptiert. Ich bin nicht auf die Sturmbahn und den Schießstand gegangen, sondern in den Betrieb zur Arbeit. Immerhin konnte ich mir wegen meiner

Herkunft noch ein paar kleine Freiheiten mehr herausnehmen als die Kollegen. Das ganze Militärische war mir von Anfang an zuwider.

Mein Vater hatte längst selbst eine ganze Reihe weiterer Aktivitäten begonnen, die uns helfen sollten, die DDR zu verlassen. Er hielt bewusst meine Mutter und mich soweit es ging dabei heraus, bis es konkret werden würde. So, meinte er, würde uns die Stasi im Falle des Falles, wenn etwas schief gehen würde, in Ruhe lassen. Noch so ein Irrtum.

Nach unserer glücklosen Rückkehr aus Budapest war mein Vater ständig in Berlin unterwegs, Möglichkeiten zu suchen, aus der DDR herauszukommen. Wie wir in Ungarn erfahren mussten, war das Interesse des westdeutschen Geheimdienstes, uns zu helfen, nur sehr mager ausgeprägt. Deswegen hatte mein Vater die Idee, es bei den Alliierten zu versuchen. Berlin als Nahtstelle des Kalten Krieges war voll von Militärangehörigen der USA, Großbritanniens und Frankreichs. Die Angehörigen der Besatzungsmächte durften sich ja innerhalb ganz Berlins frei bewegen. Man sah in Ost-Berlin ständig Militärbusse der West-Alliierten; so nah und einfach war es nirgends für sie, sich mal in einem Teil des Ostblocks umzusehen. Sie waren auch deshalb gut zu erkennen, weil sie in Ihren Ausgeh-Uniformen unterwegs waren. Mein Vater wollte sich an die britischen und amerikanischen Militärs wenden, da er gut englisch sprach. Französisch beherrschte er nicht. Die Franzosen hielt er darüber hinaus auch nicht unbedingt für so risikofreudig, dass sie ein so heißes Eisen anfassen würden. Er bereitete also englischsprachige Nachrichten vor, die er auf kleine unscheinbare Zettel notierte. Dort stand drauf, dass er um ein Gespräch mit einem Mitarbeiter des britischen MI6 beziehungsweise des amerikanischen CIA bat. Es ginge um sicherheitspolitisch wichtige Angelegenheiten. Als Treffpunkt wählte er das Restaurant „Sofia“ in der Leipziger Straße, das sich genau gegenüber unserer Wohnung befand. Eine Woche später würde er dort warten, mit einer Berliner Zeitung auf dem Tisch.

Aber wie sollte er an die Soldaten herankommen? In so einer überwachten Stadt, wo die an ihren Uniformen gut erkennbaren westlichen Militärangehörigen natürlich besonders intensiv überwacht wurden? Mein Vater konnte ja schlecht zu einem Bus gehen oder einem Uniformierten direkt so einen Zettel überreichen. Die günstige Gelegenheit ergab sich im „Centrum“-Warenhaus am Alexanderplatz. Der Alexanderplatz war die erste Anlaufstelle für die Alliierten, um von dort aus eine kleine Sightseeing-Tour zu unternehmen. „Touristen“ kaufen natürlich Souvenirs. Besonders beliebt war bei den Soldaten aber nicht der übliche Touristen-Nepp. Sie kauften häufig Fahnen. Wo erhielten sie schon sonst eine original DDR-Fahne, schwarz-rot-gold mit Hammer und Zirkel im Ährenkranz? Das war das beliebteste Mitbringsel und entsprechend voll war es an dem Stand im Warenhaus, wo diese Sachen verkauft wurden. Im Gedränge gelang es meinem Vater, so einen Zettel einem Offizier der amerikanischen Armee mit einem etwas höheren Dienstgrad zuzustecken. Der reagierte auch geistesgegenwärtig, ließ sich nichts anmerken, und nahm den Zettel unauffällig an sich. Nun hieß es warten und hoffen, dass eine Reaktion erfolgt, beziehungsweise, dass tatsächlich jemand zum vorgeschlagenen Treffpunkt erscheint. Wieder dieses Warten. Es zermürbte, mein Magen rebellierte in solchen Situationen immer ganz besonders.

Aber diesmal klappte es! Als mein Vater eine Woche später, am 4. Juli 1980 im Restaurant „Sofia“ saß, erschien ein Amerikaner, der sich „Mark“ nannte und fast akzentfrei deutsch sprach. Er kam in zivil und entpuppte sich tatsächlich als Mitarbeiter des CIA. Sie sprachen nur kurz ab, sich zwei Stunden später unter konspirativen Bedingungen im „Lindencorso", einem Hotel an der Ecke Friedrichstraße/Unter den Linden, zu treffen. Dann verließen beide getrennt das „Sofia". Pünktlich zwei Stunden später sahen sie sich im „Lindencorso" wieder. Mein Vater stellte sich vor und erzählte kurz, dass er zum Ministerium für Staatssicherheit gehöre, als Spion in West-Deutschland eingesetzt gewesen war und nun mit seiner Familie wieder zurück in den Westen wolle. Um überhaupt Interesse zu wecken, uns zu helfen, bot er natürlich Informationen über seine Tätigkeit als Spion an. Ein paar Häppchen gab er preis, damit die Amerikaner seine Glaubwürdigkeit überprüfen konnten. Aber bloß nicht zu viel, ehe wir nicht im Westen sein würden! Das Interesse der Amerikaner war tatsächlich sehr groß. „Mark" versprach, den Fall mit seinen Vorgesetzten zu klären. Aber er bremste auch die Hoffnung meines Vaters: Damit eine Ausschleusung erfolgen könne, müsse grünes Licht von ganz oben, aus der CIA-Zentrale in Langley kommen. Mit dieser dennoch sehr hoffnungsvollen Nachricht kehrte mein Vater nach Hause zurück.

Einen Monat später, am 5. August, erfolgte das zweite Treffen mit „Mark", diesmal im Treptower Park. In diesem Park steht ein monumentales sowjetisches Ehrenmal mit einem riesigen Sowjetsoldaten, der ein Kind schützend auf dem Arm trägt. Dort war es immer sehr einsam, es gab kaum Spaziergänger, eine Bewachung der Anlage hielt die DDR auch nicht für nötig. Es gab dort zwar ein paar Nischen, aber insgesamt war es doch sehr übersichtlich, so dass man sehr gut sehen konnte, wenn sich Leute näherten. „Mark" war nicht allein gekommen. Ein Kollege von ihm sicherte das Treffen ab; er sollte sofort warnen, wenn sich irgendwelche anderen Leute nähern. Alles wirkte sehr professionell auf meinen Vater. Und „Mark" brachte gute Nachrichten mit: Es wäre alles geklärt, wir würden aus der DDR herausgeholt. Dazu würden wir

Diplomatenpässe erhalten, um am Checkpoint Charlie, dem Ausländerübergang an der Friedrichstraße, die Grenze zu passieren. Unser Auto würde dazu passende Diplomatenkennzeichen erhalten. Unser großes neues Auto aus westlicher Produktion wäre eine gute Tarnung. Alles wäre geregelt. Sogar eine vorläufige Unterkunft in Berlin-Wedding sei vorbereitet, in der Scharnweberstraße. Dort sollten wir die ersten Tage verbringen. Die Papiere und Autokennzeichen sollten wir bei einem weiteren Treffen zwei Wochen später erhalten, dann sollte es sofort losgehen. Euphorisch brachte uns mein Vater die grandiosen Nachrichten. Sollte es jetzt wirklich soweit sein? So einfach? Kein Umweg über Ungarn, einfach so durch die Mauer? Wir trauten uns dennoch nicht zu feiern. Die Anspannung war zu groß.

„Mark“ kam nicht. Zum entscheidenden Treffen erschien der CIA-Mann nicht. Unbegreiflich! Fast panisch ging mein Vater tagelang zur selben Zeit zum vereinbarten Treffpunkt, vielleicht hatte er sich ja im Tag geirrt. Dann steckte er einem amerikanischen Soldaten noch einmal einen Zettel zu, wo er um Wiederherstellung des Kontaktes mit „Mark“ bat. Nichts. Es gab einfach keinen Kontakt mehr. Warum? Es war doch alles konkret geplant gewesen, aus welchen Gründen ist es im letzten Moment gescheitert? Wir hatten keine Erklärung dafür. Warum haben sie uns plötzlich fallen gelassen?

Diese Frage stellten sich bei den späteren Ermittlungen auch die Untersuchungsorgane der Stasi, wie ich der Akte viele Jahre später entnehmen konnte. Die dort beschriebene Erklärung klingt plausibel: Genau in der Zeit wurde damals von der Stasi ein CIA-Agent entdeckt und verhaftet. Dabei handelte es sich zufällig um den einen der beiden, mit denen mein Vater in Kontakt getreten war. Es hatte nichts mit unserem Fall zu tun, es fiel nur zufällig zeitlich zusammen. Die Amerikaner vermuteten aber wahrscheinlich einen Zusammenhang. Sie dachten wohl, mein Vater wäre ein Lockvogel gewesen, er hätte im Auftrag der Stasi diesen Kontakt gesucht. Nicht verwunderlich, dass dieser Kontakt sofort abgebrochen wurde. Durch solch einen dämlichen Zufall scheiterte dieser vielversprechende Versuch, auf den wir so gesetzt hatten.

Unsere Nerven lagen blank. Mein Vater wurde immer nervöser, trank häufig viel zu viel Weinbrand und Bier, er musste aufpassen, dass er die Kontrolle nicht verlor. Meine Eltern hatten beide immer mehr mit Bluthochdruck zu kämpfen. Ich selbst wurde immer verzweifelter. Ich war inzwischen 18 Jahre alt geworden und die Hoffnung, dann gleich in den Westen zu kommen, hatte sich zerschlagen. Ich hatte ständig Probleme mit meinem Magen, bekam ein Magengeschwür. Zur Arbeit schleppte ich mich nur mit dem größten Widerwillen. Dazu kam, dass ich niemandem etwas erzählen konnte. Ich war zwar ohnehin nur mit Peter befreundet, aber auch er durfte von unseren Plänen, von meiner Verzweiflung nichts erfahren. Ihm gegenüber die Fassade zu bewahren, wenn er gutgelaunt vorschlug, ins Kino oder schwimmen zu gehen, während für mich gerade eine riesige Hoffnung gescheitert war, war eine wahrhaft schwere Übung. Noch einmal Herbst in Ostberlin, Weihnachten, Silvester. Die Raketen flogen kreuz und quer über die Mauer – wie mir zum Hohn. Auf der Straße stießen die Nachbarn mit Rotkäppchen-Sekt an. Und mir war einfach nur zum kotzen.

Mit der gescheiterten CIA-Connection hatten sich erst einmal alle Pläne zerschlagen. Dazu hatte mein Vater immer wieder unangenehme Gespräche mit dem Stasi-„Betreuer" „Willi". Als der ihm endgültig mitteilte, dass aus der Ausreise nichts würde, unterschrieb mein Vater völlig entnervt die Austrittserklärung aus der SED, der Gewerkschaft FDGB und der DSF *(Deutsch-Sowjetische Freundschaft)*. Die Mitgliedsbücher drückte er „Willi" in die Hand. Er solle damit machen, was er wolle. Auch seine Orden wollte er zurückgeben – ein erheblicher Affront gegenüber der SED. Außerdem übergab meine Mutter eine neue von ihr verfasste Erklärung:

„Berlin, den 24.2.1981
Charlotte Raufeisen
1080 Berlin
Leipziger Str. 48

An
das Ministerium
für Staatssicherheit
Berlin

Betr.: Erklärung zu unserem Antrag, die uns erteilte Staatsbürgerschaft zurückzunehmen.

Ich erkläre mit allem Nachdruck, dass ich die Staatsbürgerschaft der DDR für meine Familie nicht anerkenne, da die Anträge im Februar 1979 nur unter schwerem seelischen Schock und auch unter Zusage falscher Versprechen vorgelegt wurden.

...

Aus dem bisherigen Verhalten uns gegenüber habe ich den Eindruck, dass man glaubt, mit der Zurverfügungstellung einer Wohnung und der Befriedigung des Grundbedarfs müssten die Bedingungen für ein zufriedenes und glückliches Leben erfüllt sein. Das entspricht nicht unserer Auffassung vom Sinn des Lebens. Wir akzeptieren nicht, lebenslänglich eingesperrt zu sein und zusehen zu müssen, dass Leute mit Privilegien (z.B. Reisen ins Ausland) sich Bedingungen schaffen, die man unseren Kindern, die in einer Welt aufwuchsen, in der diese zu den wichtigen selbstverständlichen Bestandteilen des Lebens gehörten, verweigert, dass man ihnen alles nimmt, was ihrer Auffassung vom Lebensinhalt entspricht und die Stirn hat, ihnen selbst die Schuld an diesen Bedingungen zu geben. ...

Unsere Kinder sind nun einmal nicht in der DDR aufgewachsen, sie können hier nicht leben aus ganz objektiven Gründen, die wir wiederholt dargelegt haben. Wenn man das nicht verstehen kann oder will, können wir das sicher nicht ändern, aber die Grundrechte eines Bürgers können auch dann nicht eingeschränkt werden, wenn die Sicherheit eines Landes es angeblich gebietet. Wir sind doch nicht verantwortlich für die entstandene Situation. Wollen Sie etwa die Folgen allein von unserer Familie tragen lassen? ...

Ich wiederhole hiermit den bereits mündlich abgegebenen Antrag auf Entlassung aus der Staatsbürgerschaft der DDR für die gesamte Familie. Jede weitere Verzögerung muss ich als zusätzliche Schädigung unserer Lebensinteressen betrachten.

Charlotte Raufeisen“

Spätestens jetzt erfolgte laut Stasi-Akten das ganze Programm an operativen Maßnahmen, also Abhören, Postkontrolle, Bespitzelung auf der Arbeitsstelle, wobei unser Telefon vermutlich schon kurz nach unserem Einzug abgehört worden war.

Mein Vater suchte weiterhin nach Kontakten, ging häufig in Kneipen und Restaurants. Er war so verzweifelt auf der Suche, dass er auch merkwürdigsten Bekanntschaften daraufhin auslotete, ob sie uns helfen konnten.

Ein zufälliger Kontakt ergab im Frühjahr 1981 eine weitere Hilfemöglichkeit. Er war mal wieder im Restaurant „Sofia“ bei uns direkt gegenüber. Es war übrigens ein sehr gutes Restaurant, in dem es unter anderem auch bulgarische Küche gab. Eines Tages erkannte mein Vater an einem Nebentisch den damaligen Korrespondenten der ARD in der DDR, Fritz Pleitgen. Er sprach ihn an, aber Pleitgen lehnte es ab, seine Korrespondenten-Stelle und staatliche Verwicklungen zu riskieren. Wer weiß, wie viele Menschen sich mit ähnlich seltsamen Geschichten an ihn gewandt haben.

Auch mit dem ZDF-Korrespondenten Joachim Jauer traf sich mein Vater im Juni 19'81 – ohne Erfolg.

Noch eine Idee hatten wir: Unser geplanter Osterurlaub 1979 in Mexiko war ja durch die Flucht meines Vaters ins Wasser gefallen. Wir überlegten, ob wir nicht einen Ersatz beantragen könnten. Kuba lag ja in der Karibik, das wäre doch etwas Ähnliches ... Natürlich war uns im Stillen klar, dass es keinen Direktflug nach Kuba gab. Wir wussten, dass die Maschinen in Gander in Kanada zwischenlanden mussten. Da könnten wir ja irgendwie rauskommen ... Das war die Idee. Die Reise wurde uns aber nicht erlaubt. Argumentiert haben sie damit, dass der Westen ja ein Interesse hätte, irgendwas gegen uns zu tun, dass wir also gefährdet wären.

Die Lage spitzt sich zu

Eines Tages in diesem Juni 1981 wurde mein Vater von Willi abgeholt, damit ihm ein „Fachmann“ ins Gewissen reden konnte. Die Stasi wusste zwar nichts genaues, aber sie sahen die Gefahr, dass ihr ehemaliger Agent unbedachte Dinge tun könnte, die strafrechtliche Konsequenzen nach sich ziehen würden. Das sollte ihm jetzt ein Richter unmissverständlich klarmachen. Er wurde zu einem ernsten Gespräch in die Nähe der Stasi-Hauptzentrale gefahren. Der Richter erklärte ihm in seinem Büro, dass er weiterhin Offizier der Staatssicherheit sei, dass aus Sicherheitsgründen eine Ausreise für ihn und seine Familie auf keinen Fall in Frage käme. Er solle den Bogen nicht überspannen. Feinde der DDR würden harte Strafen zu erwarten haben. Zum Abschluss dieses Ausfluges zeigte der Richter meinem Vater noch den Ort, wo die Feinde der DDR landeten, wenn man ihrer habhaft würde. Es war die Untersuchungshaft des Ministeriums für Staatssicherheit in der Magdalenenstraße, die „Magdalene“.

Diese Aktion war also als dicke Warnung für meinen Vater anzusehen. Im Mittelalter hat der Folterknecht dem zu Verhörenden auch erst mal die „Instrumente“ gezeigt. Oft hat das genügt. Für mich hatten sie sich auch noch etwas Besonderes ausgedacht. Es war vielleicht zwei Wochen später, Anfang Juli 1981, ich war wie immer bei der Arbeit in der Werkstatt des VEB AutoTrans Berlin. Um 10 Uhr vormittags erschien plötzlich mein Lehrmeister am Arbeitsplatz.

„Thomas, komm mal bitte mit. Da sind zwei Herren, die dich sprechen wollen.“

Ich schaute meine Arbeitskollegen an, zuckte mit den Schultern und ging mit ihm in Richtung Umkleideraum. Dort warteten zwei auffällig unauffällige Herren auf mich. Stasi.

„Wie ist Ihr Name?"
„Thomas Raufeisen.
„Ziehen Sie sich bitte um. Sie müssen mitkommen, zur Klärung eines Sachverhaltes!"

Tausend Dinge gingen mir in diesem Moment durch den Kopf. Auch, wenn sie es nicht direkt gesagt hatten: Das war eine Festnahme! Ist es jetzt soweit? Ist alles herausgekommen? Was erwartet mich jetzt? Muss ich jetzt jede Hoffnung begraben? Was ist mit meinen Eltern? Sind die auch schon festgenommen?

Ich sagte: „Ich muss doch arbeiten."

„Das braucht Sie jetzt nicht zu interessieren!"

Ich wusch mich ausgiebig und zog meine Sachen an, dann wurde ich zu einem Lada geführt, der direkt neben der Werkhalle stand. Die beiden Stasi-Männer nahmen mich auf der Rückbank in die Mitte. Sie fuhren mit mir zum Polizeipräsidium an der Keibelstraße, ganz in der Nähe vom Alexanderplatz. In diesem riesigen Gebäude führten sie mich erst einmal in einen fensterlosen Raum, nur ein Tisch und ein Stuhl standen dort. Und dann hieß es warten. Endlos, wie mir schien. Nach einer ganzen Weile wurde ich geholt und in ein Büro, einen Verhörraum, gebracht.

„Sie wissen, warum Sie hier sind?"

„Keine Ahnung. Was wollen Sie von mir?" Was wissen die? Was soll ich bloß machen?

„Die Fragen stellen wir! Sie wissen doch ganz genau, warum Sie hier sind! Sagen Sie es!"

„Ich weiß es nicht, was soll das hier?"

So ging es eine ganze Weile weiter.

„Sie wurden gesehen. Wir haben Zeugen. Sie brauchen gar nicht zu leugnen. Es gibt hundertprozentige Beweise." Jetzt bloß nichts Falsches sagen. Aufpassen. AUFPASSEN!

Ich musste natürlich ständig daran denken, dass uns die

Stasi nun auf die Schliche gekommen war. Nach allem, was bisher vorgefallen war, wäre das eigentlich kein Wunder gewesen. Aber sie sagten gar nichts über meine Eltern. Komisch. Was wird hier gespielt? Was für ein Film läuft denn hier schon wieder ab? Nimmt denn der Horror überhaupt kein Ende?

Irgendwann wurde der Vernehmer konkreter.

„Sie sind gesehen worden. Auf dem Balkon in Ihrer Wohnung in der Leipziger Straße. Dort haben Sie Flugblätter verteilt.“ *Ich habe Flugblätter verteilt? Wie kommen die denn darauf?*

„Ich habe nie Flugblätter verteilt. Was für Flugblätter denn? Von unserem Balkon?“

„Sie brauchen gar nicht zu leugnen. Wir haben Zeugen?“ *Haben die sich im Stockwerk geirrt?*

Er zeigte mir dann ein „Beweisstück“. Es war ein Zettel, der etwa 10 mal 10 Zentimeter groß war. Auf ihm war ein Hakenkreuz aufgemalt.

„Wir haben eine ganze Menge solcher Zettel, die Sie von ihrer Wohnung aus auf die Straße geworfen haben.“

„Das habe ich nicht. Ich würde niemals solche Hakenkreuzschmierereien anfertigen.“

„Leugnen Sie nicht, Sie sind überführt!“

Was haben die sich jetzt schon wieder ausgedacht? Ich sollte Flugblätter mit Hakenkreuzen bemalt und vom Balkon geworfen haben? Ja, spinnen die denn? So etwas Absurdes liegt mir so unglaublich fern. Außerdem wäre so eine Tat nicht unbedingt förderlich bei unserem Vorhaben, die DDR illegal zu verlassen. Aber das konnte ich ihnen ja schlecht auf die Nase binden. Haben die mich doch verwechselt? In der angeblich so antifaschistischen DDR habe ich damals tatsächlich hin und wieder Hakenkreuze gesehen. In den Fahrstühlen unseres Hochhauses waren öfter welche in die Wand eingeritzt. Und das in einem Haus mit so „vorbildlichen“, staatsnahen Bewohnern. Aber mir würde niemals einfallen, so einen Schwachsinn zu machen. Und die waren überzeugt davon, dass ich so etwas tue? Da war doch etwas faul.

„Wir werden Sie heute hierbehalten."

Ich machte das erste Mal in meinem Leben Bekanntschaft mit einem Gefängnis. Sie führten mich in eine Zelle; die Wände dunkelgrün, Tisch und Hocker am Boden festgeschraubt, die Pritsche fest mit der Wand verbunden. Darauf lag eine Matratze. Es roch muffig. Ich erhielt noch eine alte Pferdedecke. Es gab kein Fenster. Da war nur ein Blech mit schmalen Schlitzen, dahinter schien Tageslicht zu sein. Da das durch die Schlitze einfallende Licht nicht ausreichte, war noch eine Neonröhre angeschaltet. Ewiges Brummen. Die folgende Nacht habe ich kein Auge zugetan. Was wird aus mir? Wie wird es weitergehen? Was haben sie meinen Eltern gesagt? Wussten sie, wo ich war? Was würden sie denken? Was müssen die sich für Sorgen machen?

Nach der bis zu jenem Zeitpunkt furchtbarsten Nacht meines Lebens wurde ich morgens wieder zum Vernehmer in dessen Büro gebracht. Dort saß nicht nur der Vernehmer des vorigen Tages, sondern auch, welche Überraschung!, „Willi".

„Was hast du bloß für unerfreuliche Sachen gemacht!"

„Ich habe gar nichts getan!"

„Es gibt überhaupt keinen Zweifel, was du gemacht hast! Aber du hast ganz großes Glück! Wir werden noch einmal Gnade vor Recht ergehen lassen! Wir bringen dich gleich zu deinen Eltern. Mit Ihnen werden wir ein Wörtchen reden müssen. Sie sollten besser auf dich aufpassen!"

Ich war sprachlos. Was wurde hier für ein bösartiges Spiel gespielt?

„Willi" und „Christian" fuhren mich danach in die Leipziger Straße zu unserer Wohnung. Auf die Minute genau 24 Stunden lang hatten sie mir einfach mal so gezeigt, wie ein

Gefängnis von innen aussieht. Meinten sie tatsächlich, mich mit so einer Aktion vom real existierenden Sozialismus in der DDR doch noch zu überzeugen? Nein, es war die Drohung, mich damit abzufinden, im „großen Gefängnis“ DDR leben zu müssen, sonst würde ich nochmals in verschärfter Form eingesperrt.

In der Wohnung warteten meine Eltern schon ungeduldig auf mich. Die Stasi-Männer hatten schon vorher mit ihnen gesprochen und wollten in meinem Beisein noch einmal mir und meinen Eltern ins Gewissen reden, dass ich bloß keine Nazipropaganda verbreiten solle.

„Wir kennen bei Nazi-Symbolen keinen Spaß. Bei uns in der DDR wird so etwas auf keinen Fall geduldet, sondern im Gegenteil aufs Schärfste geahndet. Euer Sohn hat großes Glück gehabt, dass wir davon frühzeitig erfahren haben und die schlimmsten Konsequenzen für ihn gerade noch verhindern konnten. Das ist aber das allerletzte Mal, dass wir die Hand schützend über euch legen konnten. Noch so ein Ding und wir können leider nichts mehr tun! Ihr müsst auf euren Sohn einwirken, dass so etwas in Zukunft absolut ausgeschlossen ist.“

Mein Vater schaute mich an: „Wie konntest du so etwas tun?“

Ich schwieg, ich wollte kein Wort zu diesem Schwachsinn sagen, bevor diese Arschlöcher nicht unsere Wohnung verlassen hatten. Glaubte mein Vater ihnen wirklich?

Nachdem sie meinen Eltern eingebläut hatten, auf mich aufzupassen, verließen sie die Wohnung. Ich brach sofort mein Schweigen.

„Habt Ihr tatsächlich geglaubt, ich würde so einen Blödsinn veranstalten und uns in so eine Gefahr bringen? Nichts, aber auch gar nichts, ist wahr von dem, was sie sagen! Es ist alles erstunken und erlogen. Die wollten mich nur spüren lassen, wie sich ein Gefängnis anfühlt.“

Meine Eltern glaubten mir natürlich mehr als der Stasi, gerade nach dem, was sonst schon so passiert war. Klar war: Es war unmissverständlich die schärfste und letzte Warnung, nichts gegen die DDR zu unternehmen. Bei uns kroch langsam die Panik hoch. Wir mussten so schnell wie möglich weg; die Stasi war offensichtlich nah dran.

Meine Verhaftung war nicht verborgen geblieben, es ging im Betrieb wie ein Lauffeuer um. Als ich am nächsten Morgen wieder in der Werkstatt erschien, gab es ein großes Hallo. Mein Ansehen stieg extrem: Wer von der Stasi verhaftet wurde, konnte kein Schwein sein! Denn in weiten Kreisen der Bevölkerung war die Stasi nicht besonders gut angesehen. Sie kamen natürlich alle und fragten mich aus, was denn los gewesen sei. Jetzt hatte ich genug von dem Versteckspiel, ich hielt es nicht mehr aus. Ich erzählte die Wahrheit und wie es mir damit ging, in der Fremde festgehalten zu werden, dass ich so schnell wie möglich wieder in den Westen zurück wolle. Ab diesem Zeitpunkt fiel mir die Arbeit dort sogar leichter. Das ewige Lügen und das damit verbundene Misstrauen hatten mich einfach fertig gemacht. Auch die Kollegen gingen nun anders mit mir um, offener, freundschaftlicher.

In unserer Familie wuchs die Verzweiflung aber immer mehr. Meine Verhaftung und auch die Aktion mit meinem Vater zeigten uns: Die Einschläge kommen näher! Lange haben wir nicht Zeit, uns davonzumachen. Die möglichen Fluchtvarianten schmolzen immer mehr zusammen, wurden immer abenteuerlicher. Mein Bruder sollte nun versuchen, zu Fluchthelfern Kontakt aufzunehmen. Wir kannten aus der Zeitung solche Unternehmen wie „ARAMCO“ oder auch „Schütz“, die kommerziell, also gegen Geld, Leute aus der DDR ausschleusten. Es war aber auch bekannt, dass solche Unternehmen von der Stasi massiv unterwandert wurden, was ein besonderes Risiko bedeutete, sich denen anzuvertrauen. Ganz abgesehen von den Schulden, die man im Westen gleich hatte.

Da kam dann doch noch ein kleiner Hoffnungsschimmer. Über meinen Bruder erhielten wir deutliche Hinweise, dass uns jetzt wiederum in Ungarn tatsächlich Hilfe von westdeutscher Seite erwartete. Wir beantragten also für den 10. September 1981 die „Anlagen für den visafreien Reiseverkehr" nach Ungarn. Egal was passierte, wir wollten aus Ungarn nicht mehr in die DDR zurückkehren! Wenn nicht mit, dann eben ohne Hilfe vom Westen. Das heißt, wir waren bereit, zu versuchen, die grüne Grenze nach Österreich zu überwinden. Wir besorgten Landkarten, um das Grenzgebiet zu Österreich zu erkunden. Die Gegend um den Neusiedler See, durch den die Grenze führte, erschien uns geeignet. Außer Kartenmaterial besorgte mein Vater noch Seitenschneider, um eventuell Zäune durchschneiden zu können.

Aber so groß die Hoffnungen wieder wuchsen: Die Stasi verbot uns drei Tage vor Abfahrt die geplante Reise. Sie begründeten es damit, es würde „irgendetwas gegen uns vorbereitet". Der westdeutsche Bundesnachrichtendienst hätte etwas gegen uns vor, wollte uns angeblich wegfangen oder ähnliches. Zu unserer eigenen Sicherheit könnten sie es leider nicht erlauben, nach Ungarn zu fahren.

Eigentlich war jetzt klar: Wenn nicht ganz, ganz schnell etwas klappt, holt uns die Stasi. Das wollten wir in dem Moment nicht wahrhaben, im Grunde war es uns aber klar. Uns oder vielmehr meinem Vater blieb nur noch eine Variante: die Ostsee. Er wollte als allerletzte Möglichkeit versuchen, über die Ostsee nach Schleswig-Holstein zu schwimmen. Dafür kaufte er noch schnell eine Taucherbrille, Luftmatratze und irgendwelches Teppich-Material, um sich daraus so eine Art Neopren-Anzug zu basteln. Ein Verzweiflungsakt, ein Himmelfahrtskommando! Er wollte dieses Risiko auf sich nehmen, obwohl er fast 53 Jahre alt, invalidisiert und alles andere als sportlich war. Aber ihm war mittlerweile alles egal. Meine Mutter und ich sollten zur gleichen Zeit in die bundesdeutsche Vertretung in Ostberlin flüchten und dort so lange bleiben, bis wir direkt in den Westen raus gelassen würden. Wir hätten uns dann nicht wieder rauswerfen lassen wie ein Jahr zuvor in Budapest. Wir sollten uns dort festsetzen und auf keine Diskussionen und Kompromisse einlassen. Mein Vater meinte, er selbst könnte nicht in die Ständige Vertretung flüchten, ihn als Stasi-Offizier würden sie niemals raus lassen; aber für meine Mutter und mich wäre das die letzte Chance; uns beide würden sie nicht länger festhalten. Wir waren ja nur der „Beifang". Deshalb wolle er alleine über die Ostsee. Wie verzweifelt muss man sein, wenn man sich auf so einen Plan einlässt!?

Am 12. September 1981 fuhren meine Eltern mit dem Auto an die Ostsee. Sie wollten in Boltenhagen erkunden, wo eine günstige Stelle für eine Flucht liegt. Dort befindet sich die Lübecker Bucht, die Strecke in den Westen ist vergleichsweise kurz, außerdem gibt es regen Schiffsverkehr, so dass mein Vater hoffen konnte, aufgefischt zu werden.

Ich hatte keine Lust mitzufahren. Meine Eltern wollten am späten Abend oder in der Nacht wieder zu Hause sein. Ich blieb in der Wohnung allein zurück.

Untersuchungshaft I

12. September 1981, Samstagabend, halb 8. Ich hatte gerade Abendbrot gegessen. In einer dreiviertel Stunde würde „Einer wird gewinnen“ mit Hans-Joachim Kulenkampff anfangen. Unterhaltung für die ganze Familie. Ein Stückchen Heimat. Familie, Heimat – die Begriffe bekommen eine ganz andere Bedeutung, wenn sie so fern, so unwirklich, so unerreichbar werden, selbst für einen 19-jährigen. Klar, hatte ich meine Eltern noch; aber mein Bruder war weg, konnte uns nicht mehr besuchen, und meine Eltern waren auch in einem Zustand, der den Begriff „normal“ im Zusammenhang mit „Familienleben“ vollständig ausschloss. Normal war hier gar nichts mehr.

„Einer wird gewinnen“ also. Meine Eltern waren ja noch an der Ostsee unterwegs, sie würden erst sehr spät wiederkommen. Es klingelte an der Tür. Wer könnte das jetzt noch sein? Kaum hatte ich die Klinke der Tür auch nur wenige Zentimeter nach unten gedrückt, wurde sie mir regelrecht aus der Hand gerissen. Im gleichen Moment wurde ich von fünf fremden Männern zurückgestoßen. Zwei der Männer drängten sofort an mir vorbei in die Wohnung.

„Was soll das? Wer sind Sie?“

„Die Fragen stellen wir! Sind Sie Thomas Raufeisen? Weisen Sie sich aus!“ Jetzt war es also so weit. Die DDR, die Stasi machte ernst mit uns. Oder war es ein letzter Einschüchterungsversuch?

Ich war so überrascht, dass ich nicht nach ihren Ausweisen fragte. Sie trugen keine Uniformen. Stasi-Mitarbeiter trugen ja selten Uniformen, aber man erkannte diese Leute. An ihrer Körpersprache, an ihrer kalten Neugier. Ich suchte meinen Ausweis aus meinem Portemonnaie, einer der Männer schnappte ihn sich, schaute rein und sagte:

„Sie werden jetzt mitkommen, zur Klärung eines Sachverhaltes!"

„Heißt das, ich bin verhaftet?"

„Ja."

„Wo sind Ihre Eltern?"

„Unterwegs."

„Wo?"

„Keine Ahnung!"

Ich hatte gerade noch Zeit, den Fernseher auszuschalten und mir eine Jacke anzuziehen, da packten sie mich schon. Ich bekam zwar keine Handschellen angelegt, dafür aber eine Knebelkette um das linke Handgelenk. Eine Drehung würde reichen, mir das Handgelenk zu brechen. Damit konnten sie mich sehr dezent abführen. Zwei der Männer gingen mit mir, die anderen blieben in der Wohnung, wohl, um auf meine Eltern zu warten oder gleich die Wohnung zu durchsuchen. Vor der Haustür wartete ein „Lada". So ähnlich hatte ich das ja ein paar Wochen vorher schon mal erlebt, ich spürte aber: Diesmal war es anders, diesmal würde es anders ausgehen. Das war keine Warnung mehr.

Erst viele Jahre später erfuhr ich, auf welche Weise meine Eltern verhaftet wurden. Es lief ab wie in einem Krimi. Sie waren auf dem Rückweg von der Ostsee. Auf der Autobahn in Richtung Berlin wurden sie plötzlich von drei „Ladas" der Stasi eingekreist. In diesem Moment hat mein Vater wohl noch daran gedacht, einfach Gas zu geben; gegen unseren „Audi" hätten die zunächst einmal keine Chance gehabt. Aber wo sollten sie denn hin in diesem großen Gefängnis? Die „Lada"-Insassen machten unmissverständlich klar, dass mein Vater anhalten sollte. Der hintere Wagen fuhr mit Absicht ins Heck unseres Autos. Als alle standen, wurden meine Eltern aus dem Auto gezerrt, getrennt und jeder in einen anderen „Lada" gesetzt. Einer der Stasi-Mitarbeiter übernahm das Steuer des „Audi“, und so ging es im Konvoi nach Berlin. Unser Auto haben wir nie wieder gesehen.

Meine Fahrt ging nach Lichtenberg. Magdalenenstraße, Untersuchungshaftanstalt der Stasi. Vom Hof wurde ich in das Gebäude geführt. Warten auf einem Sofa. Inzwischen war es um 8. Kulenkampff würde gleich ohne mich anfangen. Das folgende Verhör sollte dann dreizehn Stunden dauern.

„Sie wissen, warum Sie hier sind?“

„Das müssen Sie mir schon sagen. Ich weiß nicht, was Sie von mir wollen.“ Diesmal würde es nicht so glimpflich ausgehen wie ein paar Wochen zuvor. Ich fragte mich nicht nur in diesem Moment, sondern in all den folgenden Tagen, Wochen, Monaten und Jahren, was das Ganze sollte? Warum bin ich denn hier? Nur, weil ich zurück in meine Heimat wollte! Ich wollte doch nur nach Hause! Das ist doch mein Recht! Es kann doch nicht sein, dass sie mich deswegen einsperren! Was soll ich hier? Ich fühlte mich völlig fehl am Platz; aber eigentlich ging mir das ja schon über zweieinhalb Jahre so. Der schlechte Film ging immer weiter. Ein neuer Tiefpunkt war jetzt erreicht, *der* Tiefpunkt schlechthin. Was würde mich und auch meine Eltern in der Zukunft erwarten? Gab es für uns überhaupt noch eine Zukunft? Ich war 19!

„Sie wissen ganz genau, warum Sie hier sind! Sagen Sie es uns doch! Wir wissen, dass Sie uns etwas zu sagen haben! Meinen Sie, wir haben Sie ohne Grund hierher geholt?“

Auf diese Art ging es immer weiter, stundenlang. Es waren drei Vernehmer, die sich immer mal wieder abwechselten, um sich selbst gelegentlich eine Pause zu gönnen. Ich habe in den dreizehn Stunden des Verhörs keine einzige Pause bekommen. Ich hatte keinen Ersatzmann. Irgendwann in der Nacht sagten sie mir auch, dass meine Eltern ebenfalls in Untersuchungshaft wären.

„Ihre Eltern haben schon erzählt. Wenn Sie nun die Wahrheit sagen, bestätigen Sie nur die Aussagen Ihrer Eltern!"

Der alte Trick. Aber wenn man selbst Teil des Spiels ist, ist die Sache komplizierter. Sollte ich das glauben? War das die Wahrheit oder logen sie mich nur an? Wenn meine Eltern wirklich unsere Fluchtpläne gestanden haben sollten, dann könnte ich mir ja das stunden, tage- oder vielleicht auch wochenlange Leugnen sparen. Dann hätte ich es einfacher.

„Wir haben in Ihrer Wohnung Beweise für Ihre Aktivitäten gefunden! Es hat überhaupt keinen Sinn zu leugnen."

„Was für Aktivitäten meinen Sie?"

Im Verlauf des stundenlangen Verhörs, ohne Pause, ohne die Möglichkeit, zur Ruhe zu kommen, wurde ich immer unkonzentrierter. Meine Müdigkeit besetzte Zelle für Zelle in mir. Außerdem war ich so eingeschüchtert, wie man es sich nicht vorstellen kann, wenn man so eine Situation nicht kennt. Die Angst vor der Stasi, vor dem Gefängnis, vor der jetzt noch ungewisser werdenden Zukunft schnürte mir alles zu. Ab jetzt war ich allein; meine Eltern konnten mir keine Hilfe mehr sein. Ich fühlte mich dieser mir fremden Macht vollkommen ausgeliefert. Ich wurde immer verzweifelter.

Irgendwann war ich soweit. Es muss morgens gegen 5 gewesen sein. Ich war körperlich, aber auch psychisch am Ende. Ich gab zu, dass wir in den Westen flüchten wollten. Sie erweckten immer den Eindruck, dass sie mehr wüssten. Zu dritt hatten wir sowieso keine Chance, unsere Fluchtpläne zu verheimlichen. Dafür waren die Vernehmer zu ausgekocht. Um 9 Uhr am Morgen war das erste Verhör beendet. Es sollten noch sehr viele folgen. Glücklicherweise wusste ich das aber noch nicht. Wer weiß, was ich sonst getan hätte, wenn ich gewusst hätte, was die nächsten Jahre bringen würden.

„Sie werden jetzt woandershin gebracht."

Der Weg führte wieder auf den Hof, wo ich aus dem „Lada"

gestiegen war. Diesmal stand dort ein „Barkas B 1000“ mit einem Kastenaufbau. Das war ein Kleinbus aus DDR-Produktion mit Wartburg-Motor, etwa im Format eines VW-Busses. Auf dem hellgrau gestrichenen Kastenaufsatz konnte ich eine Werbeaufschrift der Firma „Rewatex“ sehen, das war eine Großwäscherei in der DDR. Soll ich etwa in einem Wäschereifahrzeug irgendwo andershin gefahren werden? Die Werbung war reine Tarnung. Innen waren fünf einzelne kleine Zellen eingebaut, jede nicht größer als eine kleine Besenkammer. Keine Fenster, kein Licht, jeweils ein kleiner Sitz. Zuerst legten mir die Wärter Handschellen um. Handschellen! Wie einem richtigen Verbrecher!

„Bei einem Fluchtversuch machen wir von der Schusswaffe Gebrauch!“ Man kennt ja noch die Geschichten aus der Nazi-Zeit: „auf der Flucht erschossen ...“ Ob es so etwas auch in der DDR gibt?

Meine Knie stießen an die gegenüber liegende Wand, so eng war es. Die Tür knallte zu, es war stockdunkel. Außer mir stiegen noch zwei weitere Gefangene zu. Ich konnte sie einsteigen hören, spürte das Absenken des Wagens zur Seite; aber ich konnte die anderen nicht sehen. Ob das meine Eltern waren? Ich traute mich nicht, laut zu fragen. Die Fahrt ging los. Ich konnte nicht sehen, wohin. Der Wagen rumpelte hin und wieder über Kopfsteinpflaster oder auch Straßenbahnschienen. Irgendwann hielt das Auto, aber nur kurz. Ich konnte hören, wie ein Tor geöffnet wurde, durch das wir durchfuhren. Das wiederholte sich in kurzen Abständen noch ein paar Mal. Wir befanden uns auf irgendeinem eingegrenzten Gelände. Ein paar kleine Kurven wurden genommen. Das Auto hielt an, der Motor verstummte. Wir waren angekommen. Standen in einer kleinen Halle. Das hörte man. Ein Tor schloss sich geräuschvoll. Militärisch klingende Befehle wurden gerufen.

Erst sehr viele Jahre später, in den neunziger Jahren, erfuhr ich, wo ich damals hingebracht worden war. Es war das zentrale Untersuchungsgefängnis des Ministeriums für Staatssicherheit in Berlin-Hohenschönhausen.

Plötzlich wackelte das Auto, die kleine Tür wurde aufgerissen. Ein Wärter in Stasi-Uniform nahm mir meine Handschellen ab.

„Komm'se!"

Ich quetschte mich aus der kleinen Besenkammer heraus und war erst einmal geblendet. Der Raum, einer großen Garage ähnlich, war mit sehr vielen Neonröhren extrem hell ausgeleuchtet. Ich kam aus der finsteren Mini-Zelle und sah erst mal gar nichts.

„Gehn'se!! Hopp, hopp, schneller!!!"

Wie ein Verbrecher wurde ich ein paar Stufen hoch in einen langen Gang gescheucht. Überall brannten rote Lampen. Ich sah nur einige uniformierte Wärter, keine anderen Gefangenen. War ich etwa der einzige Gefangene hier?

Am Ende eines langen Ganges musste ich durch eine dicke Stahltür gehen. Dahinter konnte ich schon die typischen Zellentüren eines Gefängnisses erkennen. Gleich links hinter der Tür ging es in eine Zelle mit einem Tresen. Dort folgte ein entwürdigendes Ritual:

„Ausziehen!" Ich zog mich bis auf die Unterwäsche aus.

„Alles ausziehen! Bücken!"

Sie schauten in alle Körperöffnungen. Alle persönlichen Sachen wurden mir abgenommen, Uhr, Portemonnaie, alles. Statt meiner eigenen Sachen musste ich nun Anstaltskleidung anziehen. Einen blauen Trainingsanzug, eine blau-weiß gestreifte Unterhose, eine ebenso gestreiftes Hemd (es sah fast aus wie ein modisches Fischerhemd), ein paar verfilzte dunkelgraue Socken und braun-gelb karierte Filzpantoffeln. Nichts passte richtig, ich sah komplett lächerlich aus. Während ich diese Sachen anzog, listete einer der Wärter all meine Sachen akribisch in einer sogenannten Effektenaufstellung auf.

„Effektenaufstellung:

Von dem Beschuldigten RAUFEISEN, Thomas, geb. 16.07.1962, wurden bei seiner Einlieferung in die Haftanstalt folgende Effekten in Verwahrung genommen.

1 Rauhlederjacke, braun

1 Jeanshose, blau mit Ledergürtel

1 Oberhemd, schwarz

...

29. 1 Geldbetrag von 0,01 DM/DBB

30. 1 Geldbetrag von 330,32 M"

Nachdem ich diese Liste unterschrieben hatte, gaben sie mir noch zwei alte dunkelgraue kratzige Decken, blau-weiß karierte Bettwäsche, einen Schlafanzug, Waschzeug sowie Teller, Messer und Löffel aus Plastik. Keinen Blechnapf?!

„Mitkommen!"

Weiter ging es in den Zellentrakt. Nur einige Türen weiter zeigte der Wärter auf eine offene Zelle.

„Da rein!"

Die Tür fiel krachend ins Schloss, ich war allein. Seit über zweieinhalb Jahren erlebte ich diese unfassbare Geschichte, die nun einen weiteren Tiefpunkt erreicht hatte. Was konnte noch kommen? Diese absurde Geschichte kann doch gar nicht wahr sein. Das ist nicht die Wirklichkeit. Was soll ich hier? Ich gehöre nicht hierher, bin gegen meinen Willen verschleppt worden! Was nahmen diese Verbrecher sich heraus? Wut und abgrundtiefe Verzweiflung stieg in mir hoch.

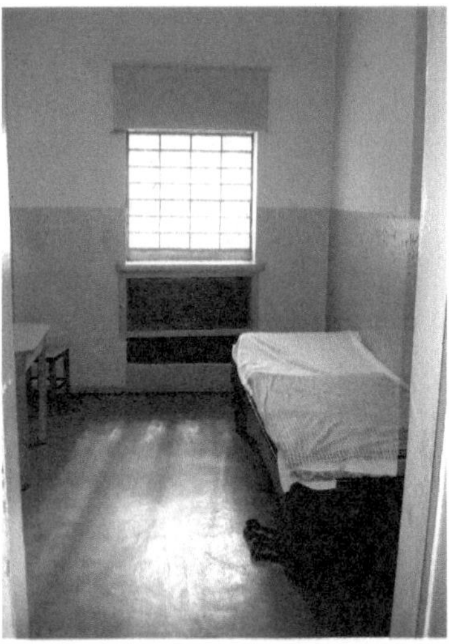

In der Zelle befanden sich eine Holzpritsche mit einer dreiteiligen Seegrasmatratze, ein kleiner Tisch und ein Hocker. Gleich neben der Tür das Klobecken, daneben ein Waschbecken mit einem Wasserhahn. Kalt. Ein kleiner Spiegel, direkt in die Kacheln eingelassen. Die Wände waren grau, das Fenster bestand nur aus Glasbausteinen. Man konnte nicht hindurchsehen, nur Tag und Nacht waren zu unterscheiden, man erkannte nicht einmal, ob es regnete. Es war stickig, ich wollte irgendwie frische Luft hereinlassen.

Im „Fenster“ war nur eine Lüftungsklappe Ich kippte sie an; die Wirkung war gleich Null. In der Tür in Kopfhöhe ein Guckloch, das von außen mit einer kleinen Klappe verschlossen war. Hinaussehen ging also nicht. In Bauchhöhe eine Klappe für das Essen. Über der Tür eine Glühbirne hinter Plexiglas. So sieht also eine richtige Gefängniszelle aus. Sehen ist das eine, Verstehen das andere. Das ist kein Film, keine Reportage, keine Besichtigung! Ich bin der Zelleninsasse!

Ich warf mich auf die Pritsche, heulte. Das war das Ende. War das das Ende? Wie sollte es weitergehen? Wie ging es meinen Eltern? Was wird aus uns werden? Wie ging es meinem Bruder? Wie sollte er erfahren, wo ich bin? Das war‘s jetzt, das Leben. Das wird sich nie mehr ändern. Das endet überhaupt nicht mehr. Und selbst, wenn ich hier wieder raus kommen würde: Müsste ich nicht früher oder später wieder hier landen, weil ich mit dem Leben draußen in der DDR nicht klarkam?

Die Klappe ging auf. Eine Hand legte ein Heft hin. Die Haftordnung. Lauter Vorschriften. Gab es auch Rechte? Sah nicht so aus. Lesen. Warten. Stille. Dann wieder Geräusche. Wenn man nur ganz wenig zu sehen hat, wenn sich die Sinne langweilen, dann hört man plötzlich jedes Geräusch. Schritte kommen näher, entfernten sich wieder. Schlüssel klappern. Hin und wieder quietschen ein paar Riegel, Gitter werden zugeknallt. Ich war wohl doch nicht der Einzige in diesem Gefängnis. Aus dem Augenwinkel sah ich eine kleine Bewegung. Ein Auge erschien im Spion. Nur kurz. Das wiederholte sich. Alle paar Minuten. Sonst geschah gar nichts. Zwischendurch Stille.

Nach Stunden, gegen Abend, wurde knallend die Tür aufgerissen.

„122, kommse!“

„Da lang!“

000029

Der Generalstaatsanwalt
der Deutschen Demokratischen Republik
– Militär-Oberstaatsanwalt –

Berlin, den 23. 9. 1981

Akz.: IA 2000-54/81 S

~~Militärobergericht~~
Militärgericht

Berlin

mit dem Antrag, gemäß § 124 StPO

gegen ~~den~~/die Lehrling R A U F E I S E N , Thomas

geboren am 16. 07. 1962 in Hannover

Wohnort/~~Dienststelle~~ 1080 Berlin, Leipziger Straße 40

Haftbefehl

zu erlassen.

Gründe:

Der Beschuldigte Thomas RAUFEISEN ist dringend verdächtig, seit mehreren Monaten im Zusammenhang mit seinem, in einem besonderen Verpflichtungsverhältnis zum Ministerium für Staatssicherheit stehenden Vater Armin RAUFEISEN die Verbindungsaufnahme zu ausländischen Organisationen sowie deren Helfer mit dem Ziel des ungesetzlichen Grenzübertritts und der Schädigung der Interessen der DDR vorbereitet zu haben.

Die Handlungen des Beschuldigten begründen den Tatverdacht eines Verbrechens beziehungsweise Vergehens gemäß §§ 100 Absatz 1 und 2, 213 Absatz 1 und 4 StGB.

Gemäß § 122 Absatz 1 Ziffer 1 und 2 StPO ist der Erlaß des Haftbefehls gesetzlich begründet. Der Fluchtverdacht gemäß § 122 Absatz 2 Ziffer 1 StPO ergibt sich aus dem Charakter der Straftat selbst. Zur Durchführung des Strafverfahrens ist die Anordnung der Untersuchungshaft gemäß § 123 StPO unumgänglich.

Bock
Militärstaatsanwalt

NVA 07 601 (79) Ag 117 XV/1/68 1

Es ging lange Gänge entlang. Kurz vor der Ecke musste ich stehen bleiben: „Gesicht zur Wand!" Der „Läufer" schaute um die Ecke, ob die Luft rein war. Immer wieder machte er rotes Licht dort an, wo er mich entlangführte. Erst nach ein paar Tagen hatte ich begriffen, dass diese seltsamen Rituale nur einem Zweck dienten: Kein Häftling sollte je einen anderen zu Gesicht bekommen. Am Ende des Zellenganges öffnete sich eine Stahltür, dahinter ein Zimmer, in dem nur ein Tisch und ein Stuhl standen. Hinter einer vergitterten Luke, im Nachbarzimmer, saß ein Mann, der sich als der Haftrichter vorstellte und mir mitteilte, dass er Haftbefehl gegen mich erlassen habe. Durch das Gitter hindurch!

„Der Beschuldigte Thomas RAUFEISEN ist dringend verdächtig, seit mehreren Monaten im Zusammenhang mit seinem, in einem besonderen Verpflichtungsverhältnis stehenden, Vater Armin RAUFEISEN die Verbindungsaufnahme zu ausländischen Organisationen sowie deren Helfer mit dem Ziel des ungesetzlichen Grenzübertritts und der Schädigung der Interessen der DDR vorbereitet zu haben."

Der Haftbefehl war vom Militär-Obergericht erlassen worden. Was hatte ich mit dem Militär zu tun? Ich, ein 19-Jähriger aus Hannover, der nach Hause wollte? Falls ich noch eine letzte Hoffnung gehabt haben sollte, dass es sich nur um einen Irrtum handeln würde, dann war auch die nun verflogen. „Militär-Obergericht" klang nicht nach Irrtum oder bloßer Einschüchterung. Danach ging es zur „erkennungsdienstlichen Erfassung". Die bekannten „Verbrecherfotos" wurden gemacht: von vorn, im Profil und im Halbprofil, danach meine Fingerabdrücke genommen.

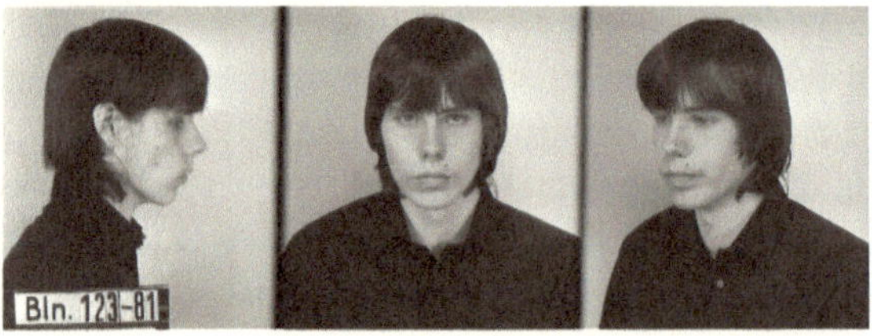

Die Nachtruhe wurde durch die Klingel angekündigt. Jeder Häftling musste sich bettfertig machen. Irgendwann erschien das Auge im Spion, das Licht in der Zelle verlosch. Es wurde noch stiller. An schlafen war nicht zu denken. Ich deckte mich zu und rollte mich zusammen. Es dauerte nicht lange und das Licht über der Tür ging wieder an.

„Schlafhaltung einnehmen!"

Auf dem Rücken liegen, die Hände sichtbar auf der Decke. Wie sollte ich so schlafen? Immer wieder, alle paar Minuten, erschien das Auge, das Licht über der Tür flammte jeweils für drei bis vier Sekunden auf.

Irgendwann war die Nacht dann doch rum. Licht an. Klingeln. Aufstehen. Bett machen. Abwarten. Ich hörte immer näher kommende Geräusche. Die Klappen in den Türen wurden geöffnet und nach einer kleinen Weile wieder geschlossen. Dann wusste ich: Bald würde sich auch meine Klappe öffnen. „Becher, Teller!" Ein eklig riechendes braunes Gebräu wurde aus einer großen Blechkanne in den von mir hinaus gereichten Becher gegossen. „Muckefuck", Malzkaffee, hatte ich noch nie gemocht, schon gar nicht in der hier sehr zweifelhaften Qualität. Auf dem Teller landeten zwei Scheiben Brot, Margarine, Marmelade. Ich hatte keinen Appetit. Nach einer halben Stunde ging die Klappe wieder auf, ich musste alle Reste rausgeben. Dann wartete ich und wartete, hörte darauf, ob woanders aufgeschlossen würde, hoffte vor Langeweile sogar, dass ich vielleicht selbst zum Verhör geführt würde. *Und das schon am zweiten Tag: Die Sehnsucht nach dem Vernehmer, nach einem Menschen, der mit mir spricht!*

Riegel krachten. „Freigang! Raustreten!"

Durch den langen Flur ging es nach draußen. In meinem unförmigen blauen Trainingsanzug und den Filzpantoffeln. *Werde ich jetzt noch andere Häftlinge sehen?* Mir gingen Bilder aus amerikanischen Knastfilmen durch den Kopf. Hier war es anders. Durch eine Tür betrat ich einen etwa 6 Meter langen und 3 Meter breiten Hof. Grauer Betonboden. Grau verputzte Betonwände. Ca. 3 bis 4 Meter hoch. Oben offen. Nicht ganz: Ein Maschendraht war über den Raum gespannt. Endlich frische Luft! Aber nur ein Stückchen Himmel war zu sehen. Wollten die verhindern, dass ich wegfliege? Auf einem Laufgang oben patrouillierte eine Uniform mit Reiterhose und schwarzen, glänzenden Stiefeln mit langem Schaft, bewaffnet.

Eine halbe Stunde. Im Kreis laufen, wenden, ein paar Kreise in die andere Richtung. Kniebeugen, ein paar Mal hochhüpfen, wenn die Uniform gerade nicht über mir stand. Man kommt sich albern vor, wie ein Insekt im Glas, das Hampelmann macht.

Nach dem Freigang ging das Warten weiter; Warten auf das Klappern, wenn das Mittagessen kam. Ein zähes Stück Fleisch, Kartoffeln, Soße. Als Besteck besaß ich nur einen Plastiklöffel und ein Plastikmesser. Fleisch schneiden. Erster Versuch: Knack, der Löffel brach. Den Knopf neben der Tür drücken, draußen leuchtete dann ein Licht über der Tür. Klappe. Neuer Löffel. Zweiter Versuch: Knack. Das Gleiche nochmal. Dritter Versuch: Knack. Das Gleiche nochmal. Langsam klappte es irgendwie. Nach einer Weile öffnete sich die Klappe wieder. Essenreste rausgeben. Klappe zu. Wieder warten und warten. Gegen Abend Klappe wieder auf. Abendessen. Zwei Scheiben Brot, ein Klecks Margarine, eine Scheibe Wurst. Dazu ein Becher undefinierbaren Tees. Klappe zu. Klappe wieder auf. Reste abgeben. Klappe zu. Warten. Die Klingel. Das Bett vorbereiten, umziehen, auf die Pritsche legen. Leise Schritte kamen näher. Das Licht wurde endlich ausgemacht, das war dann die Nachtruhe. Kontroll-Licht an, Kontroll-Licht aus. So sah der Alltag aus. Das Essen war für DDR- und Knastverhältnisse vergleichsweise gut. Es gab Sachen, die man draußen nicht bekam. So viele Brotsorten habe ich draußen jedenfalls nie gesehen. Vollkornbrot, Mischbrot, Weißbrot, verschiedene Sorten Knäckebrot.

Alltag heißt im Knast wirklich „alle Tage“. Es gab keine Variationen, keinen Tag frei, keine Abwechslung – außer der Vernehmung. In den ersten Wochen wurde ich mehrmals pro Woche verhört. Allerdings nicht mehr nachts, nur noch am Tage. An einem Vernehmungstag wurde ich nach dem Frühstück von einem sogenannten „Läufer“ aus der Zelle geholt. Wieder ging es lange Gänge entlang durch den Zellentrakt. Eine Treppe hoch. Hinter einer Stahltür ein weiterer Gang mit vielen Türen. Der Läufer stoppte an einer Tür, klopfte und öffnete. Sie waren von innen gepolstert. Dahinter befand sich noch eine gepolsterte Tür, die dann ins Zimmer führte. Bei diesen Doppeltüren konnte kein Geräusch nach innen und nach außen dringen. Welche Geräusche will man da einsperren? Schreie?

Ich hatte mit mehreren Vernehmern zu tun, die offensichtlich verschiedene Aufgaben hatten. Mein Hauptvernehmer war nicht viel älter als ich. Ich war damals 19 und schätzte ihn auf Mitte 20. 28 war er, las ich später in der Stasi-Akte. Er war Leutnant, trug aber zivil. Er hatte die Aufgabe des netten, freundlichen Vernehmers. Wie im Film: good cop/bad cop. Dunkle, glatt am Kopf anliegende Haare. Ich war noch ein Jugendlicher, mehr mit Fußball vertraut als mit Mädchen – so wie viele in meinem Alter. Prompt war mein Vernehmer ein großer Fußballfan. Zur Auflockerung unterhielt er sich immer mal über die neusten Fußballereignisse mit mir. War er wirklich Fußballfan oder tat er nur so? Mein Misstrauen war groß. Auf jeden Fall hing an der Wand ein Wimpel seines Lieblingsvereins – BFC Dynamo. Bekannt als Stasi-Verein, unbeliebt im Volk. War das alles ein Zufall? Wollte er sich einschmeicheln bei mir und so meine Zunge lösen? Schwer zu sagen.

Der andere Vernehmer war ein ganz anderes Kaliber. Ein Hauptmann, älter natürlich, stechender Blick. Er hatte wohl die Aufgabe, mir meine ausweglose Situation klarzumachen.

„Wenn Sie nicht bereit sind, mitzuhelfen, die Wahrheit, und zwar die ganze Wahrheit hier auf den Tisch zu legen: Wir haben Zeit, wir haben alle Zeit der Welt!"

Während der monatelangen Verhöre hatte ich tatsächlich häufiger das Gefühl, es würde bis an mein Lebensende so weiter gehen. Eine Schreckensvision: Lebendig begraben im Stasi-Knast!

Meistens hatte ich aber den jungen Leutnant vor mir. In den ersten Verhören versuchte ich noch möglichst wenig zu erzählen. Sehr schnell wurde mir aber auch klar: Sie hatten ja auch meine Eltern. Wir sind hier also zu dritt, die spielen uns sowieso gegenseitig aus. Alles, was wir gemacht hatten, würde rauskommen. Wirklich alles. Außerdem war unsere Wohnung viermal durchsucht worden, wo sie natürlich auch ein paar Kleinigkeiten über unsere Fluchtpläne finden konnten.

Aber sollten das Verbrechen sein? Sollten sie doch meinen Vater bestrafen, aber nicht mich! Ich will nur mein Recht. Die behandeln mich wie einen Verbrecher, obwohl ich nur nach Hause will, in meine Heimat. Dass ich auch Bürger und Behörden meiner Heimat um Hilfe gebeten hatte, empfand ich als das Normalste der Welt. In der DDR war ja niemand bereit, mir zu helfen, im Gegenteil, sie sperrten mich dafür ein. Natürlich ging der junge Vernehmer psychologisch auch sehr geschickt vor. Da hatte ich als unbedarfter Jugendlicher keine Chance. Einmal war er aber sehr plump, schon in einem der ersten Verhöre.

„Möchten Sie einmal mit Ihrem Bruder telefonieren?"

Was soll das denn jetzt?

„Klar, das würde ich gerne tun."

„Wenn Sie mit ihm sprechen, müssen Sie ihm sagen, er solle doch mal hierher kommen, damit wir die ganze Wahrheit über diese Geschichte hören können!"

Der will doch tatsächlich, dass ich meinen Bruder in den Osten locke, damit er auch verhaftet werden kann. Für wie blöd hält er mich eigentlich?

Wie erging es meinen Eltern? Ende September, zwei Wochen nach meiner Inhaftierung, erhielt ich erste Briefe von ihnen. Darin versuchten sie, mir Mut zu machen und baten mich, durchzuhalten; alles würde nach dieser schweren Zeit wieder gut werden. Mein Vater riet mir und meiner Mutter, uns an das Anwaltsbüro von Wolfgang Vogel zu wenden. Der übernahm dann auch unser aller Mandate. In weiteren Briefen meiner Eltern wurde deutlich, dass sie sich besonders um mich Sorgen machten. Mein Vater schrieb unter anderem am 12. Oktober 1984:

„Inzwischen erhielt ich einen zweiten Brief von Mama, in dem sie mir ihre großen Sorgen besonders um Dich und Deine Zukunft klagte. Lieber Thomas, ich kann Dir hierzu nur sagen, dass ich mir hier auch darüber große Sorgen mache, aber ich kann Dir auch versichern, dass ich alles tun werde, was ich vermag um in der Beziehung noch alles zum Guten zu wenden."

Was sollte er denn noch tun können? Das hätte er sich vielleicht schon mal früher überlegen sollen!

„Ich habe die Hoffnung, dass, trotz allem, was vorher

geschehen ist, man uns und besonders Dir, lieber Thomas, die notwendige Hilfe nicht versagen wird."

Wer sollte „man" sein? „Man" hatte uns eingesperrt! Das waren alles Durchhalteparolen, die mich nicht trösten können!

„Nun habe ich eine dringende Bitte an Dich, lieber Thomas. Ich bitte Dich dringend, alles, aber auch wirklich alles offenzulegen, was Dir bekannt ist. Ich bin zu der festen Überzeugung gekommen, dass mit dem Zurückhalten von der Wahrheit mir nicht zu helfen ist. Aber Du kannst Dir selbst und Mama damit den größten Dienst erweisen. Sei bitte nicht so erschrocken darüber. Ich schreibe dies wirklich aus freien Stücken und unbeeinflusst. Es gibt keinen Grund für Dich, an meinen Worten zu zweifeln!"

Wahrscheinlich hatte er recht, aber hatte er dies wirklich nicht unter Druck geschrieben? Zweifel blieben. Zweifel, die genügend Zeit hatten, sich in mir festzusetzen. Wenn ich keine Vernehmung hatte, blieben meinen Zweifeln gut 17 Stunden pro Tag, an mir zu nagen.

Es war schwierig, in den Briefen etwas halbwegs Vernünftiges zu schreiben. Vier Briefe im Monat waren erlaubt, je eine DIN A4-Seite, einseitig beschrieben. Das klingt erst einmal nicht viel. Mir war das viel zu viel! Und es wurde mit den Monaten immer schwieriger für mich, diese Seite zu füllen. Es war verboten, etwas über die Haft zu schreiben und auch über unsere „Straftaten". Da bleibt nicht viel übrig. Die Themen waren eingegrenzt auf Durchhalteparolen, Gesundheit, Arzt, Treffen und Bücher, die wir zu lesen bekamen. Wie lange würde ich meine Eltern wohl nicht mehr wiedersehen?

Am 16. Oktober 1981 begingen (feiern kann man das wahrlich nicht nennen) sie ihre Silberne Hochzeit. Aus diesem Anlass konnten die beiden sich das erste Mal in Haft wiedersehen, natürlich im Vernehmerzimmer und nur im trauten Kreis ihrer Vernehmer. Ich durfte ihnen immerhin eine Glückwunschkarte schicken, die mir mein Vernehmer väterlich in die Hand gedrückt hatte. Kurz darauf durfte ich meine Mutter einmal allein treffen.

Mitte November dann sah ich meine Eltern zusammen. Sie hatten sich extrem verändert. Die letzten grauen Haare von beiden waren weiß geworden. Sie trugen genauso wie ich schlabbrige blaue Trainingsanzüge. Darin wirkt jeder wie ein Penner. Meinem Vater merkte man seine vielen gesundheitlichen Probleme an, er sah sehr schlecht aus, war nervös. Trotzdem versuchte er, Optimismus auszustrahlen. Es gelang ihm nicht. Es war fürchterlich, trotzdem es gut tat, sich endlich wieder zu sehen. Eine halbe Stunde dauerte das Wiedersehen, in der wir Rouladen und Rotkohl aßen, die für uns skurrilerweise auf dem Tisch standen, und Banalitäten austauschten. Eine halbe Stunde, dann war ich wieder allein. Noch erfüllt von dem Treffen mit meinen Eltern, aber dadurch auch noch einsamer als zuvor.

Viele von diesen Treffen sollte es aber nicht geben. Die Geburtstage, vor Weihnachten, Ostern – das war's. Vier Mal sah ich beide in einem Jahr, meine Mutter einmal mehr.

Anfang Dezember 1981 erhielt ich Besuch von meinem Anwalt – das erste Mal nach einem viertel Jahr im Knast! Dafür wurde ich mit dem Barkas B1000 wieder in die „Magdalenenstraße" gefahren. Vor dem Treffen mit Dieter Starkulla vom Anwaltsbüro Wolfgang Vogel erhielt ich eine interessante Anweisung des Vernehmers. Ich durfte mit meinem Anwalt nicht über „zur Sache Gehöriges" sprechen! War das ein Witz? Was sollte das Ganze hier? Es war kafkaesk! Mein Anwalt darf nichts über den Grund erfahren, dessentwegen ich ihm mein Mandat übertragen habe!?

Das Gespräch blieb dann auch sehr kurz. Starkulla wollte sich nur vorstellen. „Werden sie korrekt behandelt? Brauchen Sie Geld? Soll ich jemanden in Ihrem Namen benachrichtigen?" Das war alles. Höchstens 10 Minuten dauerte dieser Besuch. So sah also die Anwaltsarbeit hier aus. Es war aber trotzdem wichtig, gerade das Anwaltsbüro Vogel zu beauftragen, in der Hoffnung, auf eine Liste für einen Häftlingsfreikauf gesetzt zu werden. Details über den Fall erhielt der Anwalt wohl nur direkt vor der Gerichtsverhandlung. Wie sollte er mich und meine Interessen da vertreten? Die Staatsanwaltschaft wollte mir „Landesverräterische Agententätigkeit" und „versuchte Republikflucht" nachweisen – und ich wollte darauf aufmerksam machen, dass ich vor über zwei Jahren verschleppt und seitdem rechtswidrig festgehalten wurde!

Das richtige Leben im falschen

Trotz all der Verhöre hat man im Knast viel Zeit zum Nachdenken. Zu viel Zeit. Alles zieht noch einmal an einem vorbei. Vor allem natürlich die Frage, was man falsch gemacht haben könnte, so dass unsere Fluchtabsichten aufgeflogen sind. Aber wie ich es auch wendete: Es war eher ein Wunder, dass sie uns nicht früher verhaftet haben – so auffällig und so verzweifelt, wie wir uns verhalten haben. Also denkt man weiter über seinen Alltag nach. Was habe ich eigentlich gemacht, was habe ich erlebt in den Jahren der „Freiheit" in der DDR – abseits von verkorksten Ausbildungs- und Fluchtversuchen? Was war eigentlich „normal" in der Unnormalität? Gab es ein Stückchen „richtiges Leben im falschen"? Was hatte ich gemacht in meiner Freizeit, an den Wochenenden, im Urlaub? Wofür interessiert man sich mit 18? Für Musik, Autos und Mädchen. War das bei mir auch so? War alles normal?

Ich war oft, sicher mehr als für das Alter üblich, mit meinen Eltern unterwegs. Sie waren die sicheren, vertrauten und vertrauenswürdigen Bezugspersonen. Wir haben immer mal wieder Ausflüge in die Umgebung Berlins unternommen. Einmal fuhren wir nach Lübbenau, in den Spreewald. Eine sehr schöne Gegend mit vielen kleinen verzweigten Flussläufen und nur wenigen Straßen. Von Lübbenau aus kann man mit Spreewaldkähnen fahren – lange, flache Boote mit vielen Sitzreihen. Der Bootsführer steht im Heck und stakt das Boot mit einem langen Stab vorwärts. Als wir an der Anlegestelle ankamen, erlebten wir eine unangenehme Überraschung: Es gab keine Plätze für uns. Alle waren reserviert. Als Einzelreisende hatten wir keine Chance, nur angemeldete Gruppen erhielten Plätze. Und die Gruppen, die wir dort sahen, kamen alle aus dem Westen. Wir erkannten es an den parkenden Bussen. Wir mussten uns wohl oder übel damit begnügen, einen Spaziergang an Land zu unternehmen. Auch das Essengehen wurde uns verwehrt; überall waren West-Reisegruppen. Es war doppelt ärgerlich: Wenn die DDR ihre eigenen Bürger schlecht behandeln wollten – ok; aber ich gehörte doch nicht dazu!

Was habe ich sonst in meiner Freizeit gemacht? Musik gehört. Die Schallplattensammlungen von meinem Bruder und mir waren beständig gewachsen, bis wir in der DDR gelandet waren. Das Angebot an Schallplatten des DDR-Plattenlabels „Amiga" war leider sehr überschaubar. Nur wenige Bands, deren Platten man dort kaufen konnte, waren interessant. Höchstens Gruppen wie „Puhdys", „City", „Karat" oder „Stern-Combo Meißen". Ich besaß sogar von einem früheren DDR-Besuch eine Platte der „Klaus-Renft-Combo", die 1975 verboten wurde. Westliche Rockgruppen wurden, wie ich gehört hatte, auch manchmal von Amiga herausgebracht, aber in einer so kleinen Auflage, so dass sie nur über Beziehungen oder mit großem Glück zu bekommen waren. Ich habe nie welche im Centrum-Warenhaus am Alex gesehen.

Mit Rock-Konzerten sah es ebenso schlecht aus: Wenn westliche Bands im Osten auftraten, dann meist vor handverlesenem Publikum. Manchmal gab es aber doch Gelegenheit, ein bisschen Live-Musik mitzuerleben. Im Sommer 1980 sollten „Barclay James Harvest" direkt vor dem Reichstag spielen – gratis, als Dank an die Berliner Fans. Die ganze Stadt war schon tagelang vorher wie elektrisiert, in West wie Ost. Der RIAS übertrug dieses Konzert live, allerdings immer wieder vermischt mit Interviews und Stimmungsberichten. Nichts zum Aufnehmen. Aber drei Tage später wurde ein Mitschnitt gesendet, der sogar noch eine halbe Stunde länger war als das später veröffentlichte Live-Album. Ca. 175.000 Fans sollen an diesem Abend vor dem Reichstag gestanden haben. Es war ein quälerischer Genuss, die Musik von unserem Balkon in der

Leipziger Straße aus zu hören. Ich wollte näher heran, möglichst zum Brandenburger Tor. Meine Mutter fuhr mich. Einige hundert Meter vor dem Brandenburger Tor war Schluss, es ging nicht weiter. Wir Rockfans sahen uns einer undurchdringlichen Menschenkette gegenüber, die das Brandenburger Tor weiträumig absperrte. Viele FDJ-Hemden und Betriebskampfgruppen, ein martialischer Auftritt, gruselig. „Barclay James Harvest" waren trotzdem zu hören. Der schwere, satte, pathetische Sound ließ mich wenigstens in Gedanken über die Mauer träumen.

Im Sommer 1981 konnte ich endlich meinen PKW-Führerschein machen. In der DDR hieß er „Fahrerlaubnis". Wie bei so vielem gab es Wartezeiten – Jahre, wenn man nicht gerade die Gelegenheit hatte, im Betrieb oder bei der „GST" fahren zu lernen. „Gesellschaft für Sport und Technik" klang erst mal harmlos, dahinter verbarg sich aber eine paramilitärische Jugendorganisation, die die vormilitärische Ausbildung an Schulen, Universitäten und in Betrieben organisierte. Das kam für mich nicht in Frage. Mein Vater meldete mich in einer privaten Fahrschule an und investierte dabei etwas von unserem Westgeld, so konnte das Verfahren erheblich beschleunigt werden. Ich konnte gleich anfangen. Schon Anfang August bestand ich die Prüfung.

Mein Vater schaute sich meine Fahrkünste einmal an, dann ließ er mich mit unserem Audi 100 alleine losziehen. Das war natürlich etwas besonderes, in der DDR so ein Fahrzeug zu fahren! Als Jugendlicher probiert man ja so einiges. Auf der Autobahn in der DDR war überall nur Tempo 100 erlaubt, der „Audi" schaffte um die 200. Einmal habe ich es ausgekostet auf dem Berliner Ring. Bis auf der linken Spur ein Hindernis auftauchte: Ein Tatra, eine „Bonzenkiste", fuhr mit 160, schneller konnte er wohl nicht. Er war mir zu langsam. Blinker links. Zunächst keine Reaktion. Erst nach 5 Minuten bequemte er sich auf die rechte Spur. Ich sah die versteinerten grauen Gesichter, als ich locker vorbeizog.

„Audi" fahren war auch immer ein Stück Heimat, laut Barclay James Harvest dazu, so konnte ich das Elend zumindest ein klein wenig vergessen. Das Auto fiel natürlich immer auf. Häufig wurden wir von der Polizei angehalten, gerade im Randbereich von Berlin. Sie dachten wohl, wir wären verirrte West-Besucher mit Tagesticket, die ja Ost-Berlin nicht verlassen durften.

Im September 1981 sollte ich sogar noch ein Motorrad bekommen, eine nagelneue MZ ETZ 250, ein Sondermodell von der Leipziger Messe: silberne Lackierung, verchromte Schutzbleche, Scheibenbremsen! Am Morgen des 11. Septembers konnte ich sie schon mal in einer Stasi-Garage besichtigen, irgendetwas sollte noch montiert werden, eine Woche später sollte sie vor unserem Haus stehen. Der Führerschein wäre sicher auch wieder kein Problem gewesen. Aber am Abend des 11. Septembers hatte dann ja die Stasi bei mir Sturm geklingelt ...

Mit Musik und Autos sah es also noch ganz gut aus – gemessen an den Möglichkeiten. Mädchen habe ich eher selten kennengelernt. Ich lebte zurückgezogen, wurde immer misstrauischer, fühlte mich einsam in dieser fremden unangenehmen Welt. Außer zu Peter und seiner Schwester Grit hatte ich kaum Kontakte außerhalb der Familie. Grit war nur eine gute Freundin. Als ich in der Ausbildung wegen meiner fast schon chronischen Magenkrankheit eine Zeit lang auf einen Schonplatz gesetzt wurde, in der Rechnungslegung, arbeitete dort auch ein Mädchen. Sehr attraktiv und auch interessiert an mir – aber ich habe mich wieder einmal lieber nicht darauf eingelassen. Einerseits wegen meines latenten Misstrauens, andererseits fürchtete ich Probleme, die sich aus unserer geplanten Flucht für eine Beziehung ergeben würden.

Untersuchungshaft II

Die Verhöre in Hohenschönhausen liefen immer nach dem gleichen Schema ab. Morgens nach dem Frühstück wurde ich von einem Läufer aus der Zelle geholt und zum Vernehmerzimmer gebracht. Das Verhör dauert den ganzen Vormittag, dabei lief ein Tonbandgerät mit; ich hatte ein Mikrofon vor der Nase und der Vernehmer machte sich zusätzlich handschriftliche Notizen. Wochen- und monatelang ging das so. Zunächst häufiger, dann bald nur noch mittwochs. Sechs Tage in der Woche hatte ich „frei", am Mittwoch wurde ich dann zur Vernehmung geholt.

Die gut geschulten Stasi-Männer fanden natürlich alles heraus, wollten darüber hinaus aber auch alles über mein Leben wissen. Jedes Detail, auch aus Hannover. Zum Beispiel, warum wir so konsumorientiert wären, vom Westen so überzeugt sind, warum mich mein Vater nicht auf den richtigen Weg bringen konnte. Absurde Dinge! Ich hatte das Gefühl, es würde nie aufhören, auch wenn ich alles erzähle, was sie wissen wollten. Bei den Wohnungsdurchsuchungen hatten sie ja vieles gefunden, woran sie anknüpften: Zeitungsausschnitte meines Vaters aus dem SPIEGEL. Erstaunlicherweise eine ganze Menge auch über die DDR. Auch Artikel über Gefängnisse, über Bautzen II und politische Strafjustiz. Ich fand es schon erstaunlich, dass mein Vater da nicht schon vorher mal ein paar Sachen begriffen und eine gewisse Sicherung für sich selbst eingebaut hatte. Denn er hatte ja offensichtlich doch mit offenen Augen geschaut. Oder hatte er das alles als Propaganda abgetan? Solche Fragen beschäftigten mich auch während dieser Zeit. Diese Zeitungsausschnitte legten sie mir nun während der Vernehmungen vor. Da hatte ich zwischendurch wenigstens etwas zu lesen. Ich fragte immer nur: „Was hat das jetzt hier mit meiner Haft zu tun? Das muss ich mir erst mal genauer angucken!" Die kleinen Freuden eines 19-jährigen, der das Gefühl hatte, seinen Vernehmer auszutricksen, wenn er im Stasi-Knast SPIEGEL-Artikel las. Aber natürlich konnte ich sie nicht austricksen. Sie wussten zu viel, als dass ich irgendetwas hätte verbergen können. Woher sie ihre Hinweise hatten, war mir oft nicht klar: Von meinen Eltern, von Aufzeichnungen aus unserer Wohnung; waren wir etwa ständig observiert worden? Es gab Protokolle, wann wir die Grenze nach Ungarn überfahren hatten, wann wir die Bundesdeutsche Botschaft betreten und verlassen hatten. Woher kam das alles? Sicher habe ich auch zu viel erzählt; aber das Problem war ja, dass sie uns drei förmlich im Kreis jagen konnten. Wenn man sich nicht abstimmen kann, erfahren sie letztlich doch alles.

Zum Mittagessen ging es wieder in die Zelle, danach wieder zurück. Nachmittags schrieb der Vernehmer das Protokoll, das ich danach lesen musste. Während er das Protokoll schrieb, durfte ich hin und wieder einen Extra-Brief an meinen Vater oder meine Mutter schreiben. Ich versuchte immer wieder, meinen Eltern meine Verzweiflung nicht anmerken zu lassen. Jeder spielte jedem etwas vor. Diese Ungewissheit, diese Ohnmacht! Wie soll es mit uns bloß weitergehen? Ich hatte das Gefühl, mein Leben wäre zerstört, obwohl es noch gar nicht richtig begonnen hatte. Ohne mein Zutun bin ich in so eine verzweifelte Lage hineingeraten. Wofür sollte ich eigentlich bestraft werden? Meine Eltern waren genauso hilflos und darüber auch sehr verzweifelt. Mir gegenüber gaben sie sich immer optimistisch. Aus den vielen Briefen, die sie untereinander schrieben und die ich erst heute lesen kann, ist zu erahnen, wie schlecht es ihnen ging.

Besonders Ende Mai/Anfang Juni 1982, kurz vor Ende der Ermittlungen, gab es mehrere heftige Nackenschläge für meinen Vater. Während des gesamten Untersuchungsverfahrens wurde die Vorwürfe immer umfangreicher. Nicht nur, dass er wegen versuchter DDR-Flucht und illegaler Verbindungsaufnahme belangt werden sollte, im Mai kam als Höhepunkt noch Spionage dazu. Ihm wurde sogar unterstellt, er hätte geheime Informationen nur dafür gesammelt, um sie an „Vertreter fremder Mächte" zu verraten. Spionage konnte damals auch noch mit der Todesstrafe geahndet werden. Und tatsächlich hatte er vorhandenes Wissen weitergegeben, möglichst wenig zwar, damit noch ausreichend Interesse bestand, uns da herauszuhelfen, aber immerhin.

Bei meinem zweiten Anwalts-„Sprecher" in der Magdalenenstraße bekam ich auch Dr. Vogel zu sehen, der ja unsere Mandate übernommen hatte. Ich war etwas überrascht, dass Vogel selbst kam. Ihn kannte ich bis dahin nur vom Namen. Es war weiterhin so, dass ich nichts über meinen Fall sagen durfte, da die Untersuchungen noch liefen. Vogel sagte mir dann auch, dass er auch noch meine Eltern jeweils einzeln sprechen würde. Irgendwie hatte ich den Eindruck, dass er da doch schon Näheres wusste. Er sprach sehr ernst darüber, dass es wirklich ein sehr ernstes Problem mit uns sei und dass man auch sehen müsse, wie es nach dem Urteil weiterginge. Nichts Konkretes also. Auch später nicht. Ich fragte mich danach schon, was das Ganze überhaupt sollte. Es kam höchstens zur Sprache, ob ich denn gut behandelt würde, ob ich Geld bräuchte. Auf jeden Fall erhielt ich noch ein paar Mark, so dass ich in U-Haft einkaufen konnte, Kaffee und Tee zum Beispiel. Aber das war im Prinzip alles. Ich war schon enttäuscht, denn ich hatte gedacht, dass der einflussreiche, mythenumrankte Dr. Vogel Entscheidenderes mitzuteilen hätte. Er war ja derjenige, der Ostdeutschen in den Westen verhalf, der den Häftlingsfreikauf organisierte und den Agentenaustausch. Aber da kam gar nichts. Dennoch war es gut, Vogel zu treffen.

Man hatte zum ersten Mal seit Monaten das Gefühl, in diesem feindlichen Umfeld einem freien Menschen gegenüber zu stehen.

Am Ende der Ermittlungen, im Frühjahr 1982, wurden meinem Vater und einige Zeit später auch meiner Mutter zwei Entscheide der Zollverwaltung der DDR vorgelegt. Der eine war ein Einziehungsentscheid über 48.500,- Mark der DDR und 7.400,- DM, die sie bei uns zu Hause gefunden hatten. Unser Geld wurde also komplett beschlagnahmt, weil wir es bei unserem Fluchtversuch über Ungarn bei uns gehabt hatten. Nun waren wir komplett mittellos. Und nicht nur das. Sie wollten auch das Geld, das wir schon ausgegeben bzw. meinem Bruder mitgegeben hatten, also 51.500 DDR-Mark und 2.600 D-Mark, einziehen! Eine Frechheit! Damit waren wir für DDR-Verhältnisse extrem hoch verschuldet. Wie sollten wir das jemals zurückzahlen, noch dazu, wo wir hohe Freiheitsstrafen zu erwarten hatten?

Diese Dinge spiegelten sich auch im Briefwechsel meiner Eltern wieder, wobei sie sehr vorsichtig formulieren mussten, damit die Briefe überhaupt ankamen. In Wirklichkeit war es wahrscheinlich noch schlimmer. Meine Mutter schrieb an meinen Vater:

„Ich sehe für uns keine Zukunft mehr, aber für Thomas muss es doch weitergehen. Bei unseren Treffen nehme ich mich sehr zusammen; ich will nicht, dass Thomas ganz den Mut verliert. Wir können unseren Kindern nicht einmal das Selbstverständlichste bieten, nämlich ein Elternhaus; darüber werde ich nie hinwegkommen."

Es ist so bitter, dies nun 30 Jahre später zu lesen. Zu lesen, wie jeder von uns versucht hat, die eigene Verzweiflung vor dem Anderen zu verbergen.

Ende Juni des Jahres 1982 wurde uns mitgeteilt, die Untersuchung wäre jetzt bald beendet und dann würden die

Termine der Gerichtsverhandlungen festgelegt werden. Mein Vater schrieb zu dieser Zeit eine Art Bilanz seines Lebens:

Berlin, 29.6.1982
Abschlusserklärung
... Aus meiner jahrzehntelangen Tätigkeit für den Aufbau der DDR war für meine nächsten Angehörigen und für mich eine Katastrophe erwachsen, die die schwärzesten Vorstellungen aller übertrafen und nun das genaue Gegenteil von dem waren, was ich mir nach Beendigung meiner Tätigkeit in der BRD vorstellen musste. Der entstandene Zwiespalt zwischen früherer Vorstellung über unsere Zukunft und der sich dann entwickelnden Gegenwart war meines Erachtens nicht zu überbrücken. Ich war mit der Tatsache konfrontiert, schuld daran zu sein, meinen Kindern die Heimat genommen zu haben, schuld daran zu sein, ihre berufliche Entwicklung und ihre Vorstellung von der Zukunft zerstört zu haben und nicht zuletzt auch schuld daran zu sein, an der unaufhaltsam beginnenden Auflösung der Familie nichts mehr ändern zu können. Eine Vorstellung, die schier unerträglich geworden war und die dann auch folgerichtig zu dem geführt hat, nämlich Handlungen zu begehen, die aus meiner Sicht alleine noch Aussicht auf Veränderung der Lage versprachen, aber auch folgerichtig zu einem Ergebnis geführt haben, das wir alle jetzt vor uns sehen. ... Es musste unter allen Umständen verhindert werden, dass meinen Kindern und meiner Frau als Unbeteiligte ein Leben in der Zukunft bereitet wurde, welches sie nicht hinnehmen wollten und wozu ich sie auch nicht zwingen konnte und wollte. Meine anfänglichen Versuche, sie von der unabdingbaren Notwendigkeit des Lebens in der DDR zu überzeugen, mussten daher fehlschlagen. Sie mussten auch deshalb fehlschlagen, weil sie sich hintergangen fühlten, und zwar hintergangen in Dingen, die ihr eigenes Leben betrafen, da sie nun

akzeptieren sollten, was sie nicht selbst verschuldet hatten und sie nun zu Außenseitern der Gesellschaft machten, die nicht mehr selbst über ihre Zukunft und ihr eigenes Leben entscheiden durften. ...

Ich musste es geradezu als meine Pflicht ansehen, alles in meinen Kräften Stehende zu tun, den Schaden, den jedes Familienmitglied erlitten hatte, zu mindern oder wenn möglich rückgängig zu machen.

Die Motive meiner Handlungsweise entsprangen einzig und allein dem Bestreben, meiner Familie zu helfen, die sich durch meine Schuld in einer aussichtslosen Lage befand. Andere Motive hat es nicht gegeben. Dass meine Handlungen objektiv die Interessen der DDR verletzten, will und kann ich nicht in Abrede stellen. Die Güterabwägung, die ich bei beziehungsweise vor den jeweiligen hier im Untersuchungsverfahren untersuchten Handlungen anstellte oder auch nicht anstellte, sind meinerseits immer im Hinblick auf die Interessenlage der Familie entschieden worden, das heißt die Interessen der Familie standen bei mir immer an oberster Stelle.

gez. Armin Raufeisen

Ein bitteres Dokument des Scheiterns, das uns mein Vater da hinterlassen hat! Neun Monate lang waren wir nun schon in der Untersuchungshaft, das Ermittlungsverfahren wurde zum Abschluss gebracht. Was würde uns nun erwarten? Zunächst einmal ein besonderer Geburtstag.

Ich war mit 19 Jahren verhaftet worden, nun rückte mein 20. Geburtstag im Juli immer näher. Eigentlich hatte ich mir die Party an diesem Tag ganz anders vorgestellt. Aber zum Feiern war mir unter den Umständen überhaupt nicht zumute. An diesem 16. Juli passierte anfangs nichts Besonderes. Kein Verhör; das Verfahren war sowieso gerade abgeschlossen worden. Die Stasi hatte sich aber noch eine besondere Überraschung für mich ausgedacht. Nachmittags wurde ich plötzlich von einem Läufer zum Vernehmerzimmer gebracht. Als ich dort eintrat, erwartete mich eine völlig skurrile Situation. Meine Eltern warteten schon dort; bis dahin hatte ich sie während unserer Haft nur dreimal zu sehen bekommen, jeweils eine halbe Stunde lang. Der Tisch war festlich gedeckt, mit Kaffee, Eis und Kuchen; sogar ein Blumenstrauß stand in der Mitte. Was sollte ich jetzt davon halten? Meine Eltern erhoben sich und gratulierten zum Geburtstag, mein Vater wollte mich trösten, er sagte: „Deinen nächsten Geburtstag werden wir dann bestimmt zusammen im Weserbergland feiern können." Er hat selbst nicht daran geglaubt. Ich auch nicht. Die Stimmung war sehr gedrückt. Wollten die uns vorführen, wie schön wir hätten feiern können, wenn wir nicht diese „Verbrechen" begangen hätten? Etwas anderes konnte ich mir nicht vorstellen. Wir hatten ja schon einige Erfahrungen mit diesen Leuten gemacht. Eine halbe Stunde dauerte dieser Spuk, dann ging es in die Zellen zurück. Mein 20. Geburtstag war der schrecklichste meines Lebens.

Mithäftlinge

Inzwischen war ich auch nicht mehr alleine. Nach ein bis zwei Wochen hatte es plötzlich „Sachen packen!" geheißen. Ich versuchte, die paar Habseligkeiten – Seife, Zahnbürste, ein Buch, Wechselwäsche, Schlafanzug, Handtuch, ein Kamm – irgendwie in eine der Decken einzupacken und zuzuschnüren. Ein paar Minuten später wurde ich geholt und in den dritten Stock gebracht. Eine Tür, die genauso aussah wie meine vorherige, öffnete sich; ich kam in eine etwas größere Zelle, die zwei „Fenster" hatte. Es empfingen mich zwei ebenfalls in blaue Trainingsanzüge gekleidete Häftlinge. Ab jetzt war ich nur noch selten, und wenn, dann nur kurz, in Einzelhaft.

Plötzlich gab es auch wieder andere Menschen. Es war eine gewisse Erleichterung. Das ist natürlich immer eine zweischneidige Sache. Wer weiß, mit wem man zusammenkommt?

Der eine der beiden Häftlinge hieß ebenfalls Thomas und erzählte ziemlich freimütig, dass er in den Westen flüchten wollte und dabei erwischt worden war. Außerdem erfuhr ich von ihm, er wäre wohl sozusagen das „schwarze Schaf" der Familie, alle anderen wären wohl sehr linientreu. Genaueres hatte er aber nicht erzählt, ich habe auch nicht groß nachgefragt. Der andere, Uli, sagte nur, er hätte „Scheiße gebaut"; es war wohl irgendetwas mit Brandstiftung.

Das war alles in allem schon sehr vage, mich beschlich sofort das Gefühl, dass es wohl besser sei, nicht zu viel zu erzählen. Vielleicht haben die Wände Ohren, wer weiß? Und wer weiß, was Thomas und Uli ihren Vernehmern von dem berichten, was ich ihnen erzählt hatte? Wem konnte man trauen? Wie hoch war der Preis für einen Verrat? Ein richtiger Bohnenkaffee beim Verhör, einmal Besuch der Freundin außer der Reihe? Das Versprechen, dass die Strafe geringer ausfallen würde? In der gesamten Zeit in Untersuchungshaft habe ich immer erzählt, dass ich alleine im Knast wäre und versucht hätte, in den Westen zu flüchten. Dass meine Eltern ebenfalls hier waren, habe ich lieber verschwiegen. Natürlich konnte ich nicht leugnen, woher ich ursprünglich stammte. Das war immer so bei Unterhaltungen mit DDR-Bürgern, dass sehr schnell klar wurde, dass ich aus dem Westen gekommen war, schon wegen der Kenntnisse über den Westen, wegen der völlig anders gearteten Sozialisation.

Wieder mit Menschen, die (hoffentlich) nicht für die Stasi arbeiteten, reden zu können, war aber auf jeden Fall eine große Erleichterung. Nach der tage- und wochenlangen Einsamkeit konnte ich mich jetzt wenigstens etwas ablenken. Dafür ergab sich ein neues Problem. Der Toilettengang. Die Toilette befand sich in der Zelle in einer Ecke ohne Abtrennung. Auf Toilette zu gehen mit Zuschauern klappte zuerst überhaupt nicht. Aber irgendwann muss man ja. Die letzten Bereiche der Intimsphäre wurden so zerstört.

Ab jetzt hatte ich auch etwas zu lesen. Jeden Tag, fast jeden Tag, wurde eine Tageszeitung durch die Klappe gereicht: das „Neue Deutschland“. Das war zwar nur das „Zentralorgan der Sozialistischen Einheitspartei Deutschlands“, aber immerhin. Meistens lasen wir die weißen Zwischenräume auf der Suche nach irgendwelchen Hinweisen, die sich auf unsere Lage beziehen konnten. Also Amnestien, Freikäufe oder Ähnliches. Das war natürlich Quatsch. Wenn ausgerechnet in dieser Zeitung so etwas drin gestanden hätte, wäre es garantiert nicht in unserer Zelle gelandet, die Zeitung wäre rein zufällig dieses Mal nicht gekommen. Ansonsten war der Informationsgehalt der DDR-Zeitungen äußerst dürftig, aber sie waren besser als nichts. Am Interessantesten waren die ganz klein gedruckten spärlichen Informationen über die Ergebnisse der

Fußball-Bundesliga, ein kleiner Gruß aus der fernen, vertrauten, unerreichbar scheinenden Welt. Eine Bibliothek gab es auch im Knast und darin – mein Erstaunen war groß! – nicht nur streng linientreue Literatur, sondern alles, was es im DDR-Buchhandel gab. Im Verlauf der weiteren Monate habe ich sehr viele Bücher gelesen, so viele wie nie zuvor und auch später nicht mehr in meinem Leben. Immer freitags war Büchertausch – so wie wöchentlich die Wäsche gewechselt wurde. Ein Wärter schob dann im Flur einen Wagen entlang, öffnete die Klappe, man reichte ihm die gelesenen Bücher raus und empfing dafür neue – per Zufallsprinzip. Ich habe oft Reisebeschreibungen erhalten, so z.B. von Alexander von Humboldt oder auch von Mark Twain „Die Arglosen im Ausland“ und „Bummel durch Europa“.

Ein besonderer Schatz waren Spiele, da diese nicht jede Woche weitergegeben wurden. Jeder Gefangene, der ein Spiel bekommen hatte, hütete es wie einen Schatz. Ich habe allerdings in meiner ganzen Haftzeit nur drei Spiele gehabt: Schach, Halma und Dame. Kartenspiele und Würfelspiele gab es nicht; meine Mitgefangenen erzählten, dies wäre verboten, da Gefangene ansonsten sofort anfangen würden, um Geld zu spielen. Um welches Geld? Wie konnte man nun in den „Besitz“ solch eines Spiels kommen? Ganz einfach dann, wenn der Mitgefangene nach Verurteilung in den Strafvollzug verlegt wurde und man ihn „beerben“ konnte. Manchen Gefangenen reichte das Spieleangebot nicht, sie bastelten sich ein Kartenspiel aus Zigarettenschachtel-Pappe. Die roten Zeichen wurden mit den Köpfen von Streichhölzern gemalt, die schwarzen mit dem Ruß der abgebrannten Streichhölzer. Die Streichholz-Schachteln wiederum waren gut für ein weiteres Spiel, das sogenannte „Schachteln“. Eine Streichholz-Schachtel wurde mit der Rückseite nach oben an die Tischkante gelegt, ein Teil überragend, und dann mit einem Finger nach oben geschnippt. Je nachdem, wie sie auf dem Tisch landete, gab es Punkte. Die meisten Punkte gab es, wenn sie hochkant auf der schmalsten Seite stehen blieb.

Eine Streichholz-Schachtel erhielt man nun nicht so einfach von den Wachleuten geschenkt. Aber wenn man Raucher war und etwas kaufen durfte, war es einfach. Ich war eigentlich die ganze Zeit der Untersuchungshaft immer nur mit starken Rauchern in der Zelle. Ob das ein Zufall war? Für mich als Nichtraucher war es eine manchmal fast unerträgliche Belastung in diesen sehr schlecht belüfteten Zellen. Wenn man die Erlaubnis hatte, etwas zu kaufen, wurde alle zwei Wochen ein leerer Zettel und ein Bleistift hereingereicht, auf den man seine Wünsche schrieb; es kam dann vielleicht oder auch nicht. Das musste man natürlich bezahlen. Ich hatte bei meiner Verhaftung über 300 Mark in meinem Portemonnaie gehabt. Eine Menge Geld für DDR-Verhältnisse, fast 3 Lehrlings-Monatsgehälter. Mein Vater war sehr freigiebig mit seinem aufgesparten Agentenlohn gewesen. Es waren wohl das schlechte Gewissen und auch die Hoffnung, dass wir uns mit dem Geld wenigstens ein paar Freuden kaufen konnten, die ihn dazu veranlasst hatten. Außerdem wollten wir ja ohnehin weg aus der DDR. Dann hätten uns die 100.000 DDR-Mark auch nichts mehr genützt.

Die 300 Mark aus meinem Portemonnaie wurden also registriert, der Einkauf entsprechend abgezogen. Ich habe mein Geld meistens in Schokolade und andere Süßigkeiten angelegt. Im Knast schmeckte sogar die pappige DDR-Schokolade, auch, wenn man eher Milka, Ritter Sport oder Sarotti gewöhnt war.

Thomas, der sympathischere meiner beiden Mitgefangenen, blieb leider nicht lange; er wurde nach ein paar Wochen verlegt. Es hieß einfach nur „2, Sachen packen!“, es blieb kaum Zeit zum Verabschieden, und schon war er weg. Im Verlaufe der 14monatigen Untersuchungshaft lernte ich einige mehr oder weniger merkwürdige Gestalten kennen. Horst war schon etwas älterer, vielleicht Mitte 40. Er wurde mir sehr schnell sehr unsympathisch und verdächtig. Gärtner sei er von Beruf, erzählte er, und habe in irgendeinem Ministerium gearbeitet und etwas in Richtung „Wirtschaftsverbrechen" gemacht. Er machte sehr auf vertraut, ließ den Vater-Ersatz raushängen; das war mir gleich suspekt. Immer wieder versuchte er, mich auszufragen über mich und was ich denn so genau ausgefressen habe. Ein Spitzel? Dann gab es noch einen Horst. Er war ein Armee-Offizier und erzählte erst so gut wie gar nichts darüber, weswegen er in Haft war. Später ließ er durchblicken, dass er Frau und Kind ermordet habe. Frau und Kind. Nette Gesellschaft. Er war zwar ein sehr ruhiger, aber trotzdem neugieriger Mitgefangener. In der Gesellschaft dieser beiden Typen beschränkte ich mich, was den Grund meiner Haft anging, auf das Mindeste. Sicher ist sicher. Sehr lange war ich mit den beiden zusammen, so etwa drei bis vier Monate.

Ganz plötzlich wurde unsere Gemeinschaft gesprengt, und zwar durch ein paar neue oder auch nicht ganz so neue Mitbewohner. Wir hatten uns gerade bettfertig gemacht und hingelegt, der Wärter ging herum und löschte nach und nach das Licht in den Zellen. Wenige Minuten später, als ich schon fast am Einschlafen war, sah ich einen kleinen Schatten ganz dicht an meinem Auge vorbeihuschen. Schlagartig wurde mir bewusst, was das war. Hin und wieder hatte ich schon mal die eine oder andere Kakerlake durch die Zelle huschen sehen und gehofft, sie würden da bleiben, wo sie sind, im Dunkeln. Nun war es in der ganzen Zelle dunkel und sie kamen aus ihren Löchern und auch noch auf meine Pritsche. Eine Horrorvorstellung! Der Ekel schüttelte mich. Die Nacht war für mich gelaufen, kein Auge konnte ich schließen. Was, wenn sie immer wieder kommt, über mich vielleicht sogar rüber läuft!?

War es nur eine oder doch ein paar mehr? Das Licht anmachen konnten wir ja nicht, um nachzuschauen, wo sie hergekommen war. Der Lichtschalter lag außen. Ich wurde panisch. In Abständen von wenigen Minuten ging zwar immer wieder die Kontrollleuchte über der Tür an. Aber in diesen kurzen Momenten war nichts zu sehen. Es wurde eine sehr lange Nacht. Am nächsten Tag suchten wir die Fußleisten ab, die Toilettenecke: Nichts zu sehen. Wo versteckten sich diese Biester bloß? Dann plötzlich hatte ich einen bösen Verdacht: Die Pritsche! Bettzeug und Matratze runter, die Pritsche umgedreht. Zu Hunderten saßen sie in den Ritzen. Ein schwarzbraun glänzendes Gewimmel. Die waren bestimmt nicht erst gestern dort eingezogen. Ich hatte direkt auf ihnen gelegen. Ein unbeschreiblicher Ekel stieg in mir hoch. Keine weitere Nacht in dieser Bude! Horst drückte sofort auf den Knopf, mit dem draußen ein kleines Signallicht eingeschaltet wurde. Dem Wärter, der die Klappe öffnete, machten wir sofort klar, dass wir keine weitere Nacht hier drin verbringen würden, sonst würden wir erheblichen Rabatz machen. Konsequenzen wären uns egal. Nacheinander wurden wir aus der Zelle herausgeholt. Ich wurde in eine Einzelzelle gebracht, die beiden sah ich in der U-Haft nicht wieder.

Zwei Wochen etwa musste ich in der Einzelhaft verbringen, das war gar nicht so schlimm. Die Luft war besser, keine Raucher. Und keine merkwürdigen Fragen, auch deswegen konnte ich etwas durchatmen.

Mein nächster Mitgefangener hieß Wolfgang und wirkte auf mich sehr harmlos, er war eher ein Netter. Erzählte sehr viel von sich, wollte wohl was loswerden, hatte aber auch eine interessante Geschichte. Er hatte in den Westen flüchten wollen. Von Beruf war er Klempnermeister und besaß ein eigenes Geschäft, was in der DDR ein Privileg war. Wegen der widrigen Umstände seiner Existenz als selbständiger Unternehmer wollte er aber dennoch weg und im Westen was Neues aufbauen. Ständig wurde er gegängelt, die Preise waren so festgelegt, dass er seine Kosten kaum decken konnten, Material erhielt er nur unter größten Schwierigkeiten, weil die großen staatlichen Betriebe bevorzugt beliefert wurden.

Im Juni 1982, nach einem dreiviertel Jahr Untersuchungshaft, teilte mir der junge Vernehmer mit, dass das Untersuchungsverfahren nun abgeschlossen wäre, demnächst würde der Termin der Gerichtsverhandlung festgelegt werden. In dieser Zeit erhielt ich einen neuen Mitgefangenen. Wolfgang war weg, nun erschien Lutz. Ich war zunächst ganz erfreut, da er in meinem Alter war. Die Freude legte sich aber bald. Lutz war ein Schäfer aus Thüringen, der gerade seinen Wehrdienst bei der „Fahne", der Nationalen Volksarmee der DDR, abgeleistet hatte. Nach einer Schießübung hatte er beim Waffenreinigen ein kleines Detail vergessen. Im Lauf seiner Kalaschnikow steckte noch eine Patrone. Dummerweise löste sich ein Schuss und ausgerechnet sein Vorgesetzter, ein Unteroffizier, stand in der Schusslinie. Er war sofort tot. Fahrlässige Tötung. Das Problem bei Lutz war, das er so unglaublich linientreu war. Sollte er noch ein bisschen Psychoterror mir gegenüber verbreiten? Es war fast unerträglich, wie er die DDR in den Himmel hob. Ständig wollte er mir erklären, wie schlimm der Westen sei; ich solle es mir doch genau überlegen, ob ich dort wieder hin wolle. Dort würden noch die Faschisten regieren und ähnlich dummes Zeug. Es war furchtbar. Mein Hinweis, ich hätte doch schon im Westen gelebt und wüsste im Gegensatz zu ihm sehr wohl, wie es dort sei, ignorierte er ganz einfach. Ich wäre ja verblendet und hätte nie die Wahrheit erkannt. Ich behandelte ihn dann ein wenig herablassend, auch zu meinem eigenen Schutz. So ein kleiner Schäfer aus der tiefsten thüringischen Provinz wollte mir die Welt erklären? War sein Verhalten von der Stasi beeinflusst? Sollte er mich terrorisieren? Ich hielt, soweit es ging, innerlich Abstand zu ihm. Wer weiß, was er noch so für Aufträge hatte! Dieses Misstrauen, das man jedem gegenüber haben muss, ist eine schlimme Erfahrung aus dem Knast. Sich nicht einlassen können, nicht vertrauen können, nirgendwo sicheres Ufer zu finden ist auf Dauer schwer erträglich und zermürbt einen.

Nach einigen Wochen waren wir zu dritt. Der Neue, Peter, hatte fast das gleiche Delikt wie Lutz. Auch er war bei der Armee gewesen. Der kleine Unterschied bestand darin, dass sein Opfer es gerade noch überlebt hatte. Das Schlimme bei diesem Typen war: Er war ebenso linientreu wie Lutz und versuchte auch, mich zu agitieren. *Wollte die Stasi mir hier den Rest geben?* Eine vernünftige Diskussion war mit den beiden unmöglich, ich beschränkte mich auf das Notwendigste, Alltägliche. Ansonsten hieß es, in innere Isolation zu gehen wie schon bei den anderen viel zu neugierigen Mitgefangenen. *Warum musste ich gerade im Knast die Linientreuesten treffen? Gab es hier nur so schräge Vögel oder war das vielleicht alles Absicht?*

Lutz war der einzige, bei dem ich später erfahren habe, welche Strafe er bekommen hat. Wegen fahrlässiger Tötung wurde er zu drei Jahren Gefängnis verurteilt.

Die Prozesse

Nun begann das Warten auf den Prozess. Mir war vom Vernehmer schon mitgeteilt worden, dass ich im Oktober 1982 gemeinsam mit meiner Mutter vor das Militärobergericht gestellt werden würde.

Der Prozess gegen meinen Vater wurde aus Geheimhaltungsgründen von unserem abgetrennt. Viele Dinge aus seiner Spionagetätigkeit für die DDR würden dort angesprochen werden, die wir nicht wissen durften. Unser Rechtsanwalt Dr. Vogel teilte uns den Termin am 17. August anlässlich eines Besuches mit. Angesetzt wurden der 14. bis 16. September 1982. Drei Tage sollte es also dauern, ganz schön lange. Rechtsanwalt Vogel sagte außerdem, dass mein Vater eine sehr hohe Strafe zu erwarten hätte, da sollten wir uns keiner Illusion hingeben „bei diesem Kaliber des Falles".

In der Stasi-Akte habe ich später ein aufschlussreiches Dokument gefunden, das etwa eine Woche vor dem Prozess meines Vaters verfasst worden ist:

einverstanden. Mielke

Hauptabteilung IX/5
Berlin, 6. September 1982
Information

In der Zeit vom 14. bis 16.9.1982 findet vor dem 1. Strafsenat des Militärobergerichtes Berlin die Hauptverhandlung gegen den ehemaligen Mitarbeiter der HV A
RAUFEISEN, Armin (53)
1956 bis 1967 IM der HV A

1967 bis 1981 Mitarbeiter des MfS/HV A
letzter Dienstgrad: Oberleutnant, aberkannt mit Wirkung vom 15.10.1981
unter Vorsitz des Militäroberrichters Gen. Oberstleutnant Warnatzsch statt.
RAUFEISEN ist der Spionage im besonders schweren Fall, der landesverräterischen Agententätigkeit und des vorbereiteten und versuchten ungesetzlichen Grenzübertritts im schweren Fall ... angeklagt.

RAUFEISEN befand sich von 1957 bis 1979 als Kundschafter in der BRD im Einsatz und arbeitete auf dem Gebiet der Geologie/Geophysik. Im Januar 1979 wurde er aus Sicherheitsgründen zurückberufen und nahm Wohnsitz in der DDR.

Die Voruntersuchung ergab, dass es sich bei RAUFEISEN um einen geworbenen Agenten des BND und des amerikanischen Geheimdienstes handelt, der im Zeitraum von Ende 1979 bis Anfang 1981 umfassende Einzelheiten seiner Dienstzugehörigkeit zum MfS, insbesondere 7 ihm bekannte Kundschafter und Kuriere sowie Arbeitsmethoden der HVA verriet.

Weiterhin offenbarte RAUFEISEN Ende April 1980 in den Botschaften der BRD und der Republik Österreich in der Ungarischen Volksrepublik sowie im Februar 1981 beziehungsweise Mai 1981 gegenüber dem ARD-Korrespondenten PLEITGEN und dem ZDF-Korrespondenten JAUER in der DDR seine Zugehörigkeit zum MfS und Tatsachen aus seinem Einsatz als Kundschafter.

Darüber hinaus bereitete RAUFEISEN durch eine Vielzahl von Handlungen seinen beabsichtigten ungesetzlichen Grenzübertritt vor.

Die genannten Straftaten, die RAUFEISEN teilweise gemeinsam mit seiner Ehefrau

R A U F E I S E N , Charlotte (52)
geb. am 24.1.1930 in Ahlbeck

und seinem Sohn

R A U F E I S E N , Thomas (20)
geb. am 16.7.1962 in Hannover

die in gesonderten Verfahren bearbeitet wurden, beging, sind umfassend bewiesen.

...

Seitens der Anklagevertretung ist vorgesehen, für RAUFEISEN eine lebenslängliche Freiheitsstrafe zu beantragen.

...

Für RAUFEISEN, Charlotte ist ein Strafantrag von 7 Jahren und für RAUFEISEN, Thomas von 3 Jahren und 6 Monaten Freiheitsentzug beabsichtigt.

In Übereinstimmung mit der Hauptabteilung II und der HVA ist vorgesehen, RAUFEISEN und seine Familienangehörigen zum gegebenen Zeitpunkt in zentrale Maßnahmen des Gen. Oberst Volpert einzubeziehen.

Nach Mitteilung der HVA besteht für die von RAUFEISEN dem Gegner offenbarten Kundschafter und Kuriere keine Gefahr. Er verfügt auch über keinerlei weitere geheimzuhaltende Tatsachen und Kenntnisse als jene, die durch ihn bereits verraten wurden.

Leistner
Hauptmann

Verteiler
1. Ex. Genosse Minister
2. Ex. Gen. Generaloberst Wolf
..."

Jeweils ein Exemplar für den Genossen Minister, also Erich Mielke persönlich, und auch den Genossen Generaloberst Markus Wolf. Die höchsten Stellen befassten sich also mit unserem Fall. Die Entscheidungen über Schuld oder Unschuld und über die zu verhängenden Freiheitsstrafen würden also kaum vom zuständigen Richter gefällt; sie waren vorher festgelegt. Erich Mielke fügte auf der ersten Seite handschriftlich ein „Einverstanden" und seine Unterschrift hinzu. Damit war das Urteil Wochen vor dem Prozess gefällt.

Die beiden letzten Absätze sind besonders interessant. Wenn man in „zentrale Maßnahmen des Gen. Oberst Volpert" einbezogen wurde, hieß das nichts anderes, als dass wir für den Freikauf in den Westen freigegeben waren. Oberst Volpert war der Verbindungsmann zwischen der Führung der DDR und Wolfgang Vogel, der dann die Häftlinge auf seiner Liste hatte. Auch das Wissen meines Vaters stellte offensichtlich keine Gefahr mehr für aktuelle Agenten dar, so dass er ebenso wie meine Mutter und ich auf die Freikaufliste kommen sollten. Warum wurden wir dann aber nie freigekauft? Es ist bitter, dies heute zu lesen.

Zu der Zeit wusste ich natürlich noch nicht, welche Strafen für uns vorgesehen waren, nur die vage Andeutung des Anwaltes gab es. Ich saß an diesen Tagen in meiner Zelle und dachte daran, wie es meinem Vater wohl gerade ergehen würde. Er hatte mit dem Schlimmsten zu rechnen.

Ein paar Tage später wurde ich zu meinem Vernehmer geholt, der mir das Urteil gegen meinen Vater mitteilte. Lebenslänglich. Mein Erschrecken stand mir wohl ins Gesicht geschrieben. Da versuchte er mir noch damit Mut zu machen, dass mein Vater ja noch Glück gehabt hätte: Nur aufgrund seiner großen Verdienste als „Kundschafter des Friedens" wäre er mit einer Haftstrafe davongekommen; er sei ganz knapp an der Todesstrafe vorbeigeschrammt. Und dann fügte er noch sinnierend hinzu: Jeder liebe den Verrat, aber keiner den Verräter ...

Er wollte diesen Keulenschlag ein klein wenig abmildern. Er sagte mir, dass „lebenslänglich" heutzutage ja nicht „bis ans Lebensende" heißen müsste. Nach einer bestimmten Zeit könnte er durch Gnadengesuch auch wieder freikommen. Gerüchteweise hieß es später unter Gefangenen, sowas könnte frühestens nach 15 Jahren klappen. Für mich hieß lebenslänglich in diesem Moment allerdings ewig. Es wird nie mehr aufhören. Und was würde meine Mutter und mich in unserem Prozess erwarten? Was hatten die sich für uns ausgedacht? Warten. Ungewissheit. Warten. Ungewissheit.

Etwa einen Monat später war dann unser Prozess angesetzt, für den 19. und 20. Oktober 1982. Eine Woche vorher mussten wir aber noch einen weiteren Schlag verkraften: Uns erreichte die Nachricht vom Tod meines Opas in Ahlbeck, dem Vater meiner Mutter. Ausgerechnet in dieser Zeit. Wir hatten zwar damit gerechnet, aber wenn die Nachricht dann kommt, ist es doch etwas anderes. Meine Oma hatte ihn schon fast ein Jahr lang pflegen müssen. Wir konnten sie die ganze Zeit nicht unterstützen, auch in dieser schweren Stunde nicht bei ihr sein. Jetzt war sie allein, ihre Tochter, ihr Schwiegersohn und ihr jüngster Enkel im Gefängnis. Das Strafmaß gegen ihren Schwiegersohn ließ nichts Gutes für ihre Tochter und den Enkel erwarten. Was hält der Mensch aus? Das fragte ich mich oft in dieser Zeit.

Unser Prozesstermin rückte näher. An dem Tag durfte ich wieder meine Zivilkleidung anziehen. Seltsam, nach über einem Jahr Schlabber-Look wieder eine Jeans zu tragen, eine Jeans mit Gürtel, dazu mein schwarzes Hemd.

Den Barkas-Transporter kannte ich ja inzwischen. Rein in die winzige Sitzbox, Handschellen um. Noch jemand stieg zu. Ein Hüsteln. Meine Mutter. Ich hustete zurück. Wir wurden wieder eine ganze Weile herumgefahren. Der Wagen stoppte. Wir stiegen aus, beide in Handschellen. Seit Juli hatte ich meine Mutter nicht mehr gesehen, fast ein halbes Jahr. Wir haben uns nur wortlos angeblickt.

Das Militär-Obergericht. Die Verhandlung fand unter Ausschluss der Öffentlichkeit statt; die Zeit der Schauprozesse war lange vorbei. Das hieß aber nicht, dass der Gerichtssaal leer gewesen wäre. Im Zuschauerraum saßen etwa 20-30 Männer, alles Stasi-Leute, die sich das Schauspiel ansehen mussten, die meisten in Uniform. Meine Vernehmer waren auch unter ihnen. Es war wirklich nur ein Schauspiel. Vom Staatsanwalt wurden wir als die übelsten Verbrecher bezeichnet. Meistens musste meine Mutter als Hauptangeklagte die Fragen des Gerichts beantworten. Ihr wurde hauptsächlich vorgeworfen, Mitwisser meines Vaters und seiner Pläne gewesen zu sein. Sie ertrug die ganze Verhandlung ziemlich gefasst; aber ich habe auch gespürt, wie viel Kraft sie das kostete. Meine Mutter versuchte ja auch noch, mich ein bisschen mit Blicken zu beruhigen, oder mal mit einem Wort, soweit es ging. Denn ich war schon extrem nervös.

Ich musste nur hin und wieder etwas dazu sagen oder bestätigen. Warum ich so verblendet sei und warum ich mich im Betrieb bei meiner Ausbildung nicht mehr engagiert hätte. Auch hier wieder erschien mir alles unwirklich. Ein Film. Ein böser Traum. Zwei Tage lang. Der Richter ließ nie einen Zweifel daran, dass er uns für schuldig hielt. Vogels Beauftragter, Anwalt Starkulla, hatte wenig zu diesem Prozess beizutragen. Er bat nur um Milde für uns, da wir ja nicht die Hauptprotagonisten bei diesem „Verbrechen“ waren, sondern eher „Verführte“. Bei mir solle das Gericht doch mein jugendliches Alter in die Entscheidung mit einbeziehen. Viel bewirkt hat das aber nicht. Urteil und Urteilsbegründung stimmten fast exakt mit der Anklageschrift des Militär-Staatsanwaltes überein – inklusive der Strafhöhe.

Militärobergericht Berlin
- 1. Militärstrafsenat –

I m N a m e n d e s V o l k e s !
In der Strafsache

gegen
1. die Hausfrau
R a u f e i s e n , Charlotte geborene Krüger

2. den Kfz-Schlosserlehrling
R a u f e i s e n , Thomas

hat der 1. Militärstrafsenat des Militärobergerichts Berlin in der Hauptverhandlung vom 19. und 20. Oktober 1982
...
für Recht erkannt:

1. Die Angeklagte R a u f e i s e n , Charlotte wird wegen Spionage, vollendeter und versuchter landesverräterischer Agententätigkeit und wegen versuchten und vorbereiteten ungesetzlichen Grenzübertritts im schweren Fall .. zu einer Freiheitsstrafe von

   7 Jahren

   verurteilt.
2. Der Angeklagte R a u f e i s e n , Thomas wird wegen vollendeter und versuchter landesverräterischer Agententätigkeit und wegen versuchten und vorbereiteten ungesetzlichen Grenzübertritt im schweren Fall ... zu einer Freiheitsstrafe von

   3 Jahren

   verurteilt.

…

Drei Jahre. Was hätte ich in der Bundesrepublik tun müssen, um eine solche Strafe zu bekommen? Vielleicht einen Menschen erschlagen? Mir fällt gleich mein „Zellengenosse" ein, der Armee-Angehörige, der wegen fahrlässiger Tötung ebenfalls drei Jahre bekommen hatte. Er hatte einen Menschen auf dem Gewissen. Und ich?

Drei Jahre. Es hämmerte in meinem Kopf. drei Jahre sind, von heute aus betrachtet, eine nicht allzu lange Spanne. Drei Jahre waren für mich, den damals 20-jährigen, eine Ewigkeit. Also noch mal zwei Jahre Gefängnis. Sie hatten mir doch schon über zwei Jahre meines Lebens gestohlen, ein Jahr in Untersuchungshaft, anderthalb Jahre draußen, im großen Gefängnis DDR. In zwei Jahren würde ich 22 sein, eine abgebrochene Lehre hinter mir haben, noch nie Sex gehabt haben, draußen ohne Eltern dastehen und vermutlich bald wieder im Gefängnis landen. Jeder Tag davon würde die Ewigkeit sein. War ich in einem Kafka-Roman gelandet? Warum hörte der Alptraum nicht auf?

Sie drehten das Recht, wie sie wollten. Damals, 1979, als es um die Staatsbürgerschaft der DDR ging, wurde ich nicht gefragt, ob ich meine Zustimmung dazu geben wollte. Im Gegenteil, ich habe zu jeder Sekunde deutlich gemacht, dass ich diese Staatsbürgerschaft ablehne und immer ablehnen würde. Das interessierte in dem Moment allerdings nicht.

Der ganze Prozess hätte niemals stattfinden dürfen. Mal abgesehen davon, dass das Verfahren mit rechtsstaatlichen Grundsätzen unvereinbar war, hätte es auch nach DDR-Recht so nicht stattfinden dürfen. Ich wurde sogar nach DDR-Recht unrechtmäßig zum DDR-Bürger gemacht – also war ich auch nie einer. Sie hielten mich unrechtmäßig in ihrem Machtbereich fest und versagten mir jegliche Hilfe. Das, was sie als Hilfe bezeichneten, wurde mir nur aufgezwungen und hätte nie zu einem normalen Leben geführt. Da ich gar kein DDR-Bürger war, hätte ich auch nach deren Recht nicht in diesem Verfahren verurteilt werden dürfen. Dass ich Hilfe von meinen Landsleuten erbeten hatte, mir aus dieser prekären Situation herauszuhelfen, ist doch das Natürlichste der Welt. Nach Meinung des Gerichts und der Machthaber der DDR habe ich dadurch, dass ich nichts mit der Stasi zu tun haben wollte und nur zurück in meine vertrauten Verhältnisse wollte, „Verbrechen von erheblicher Gesellschaftsgefährlichkeit begangen". Ich wollte doch nur nach Hause! An wen hätte ich mich denn sonst wenden sollen? Nur dafür wurde ich verurteilt.

Andererseits hatten wir jetzt nach all den Monaten der Ungewissheit, wie lange wir in dieser Situation leben müssten, erst einmal konkrete Zahlen. Wer „eine Zahl hat", wie es im Knast-Jargon heißt, ist immer am Rechnen: Wie lange würden wir in Haft bleiben müssen? Der Vernehmer meinte, dass kaum ein Verurteilter seine volle Zeit absitzen müsste. Nach seiner Meinung würden wir also früher rauskommen? Nur wann? Nach der Hälfte der Zeit? Nach zwei Dritteln? Würden wir freigekauft werden? Leider hat man im Knast zu viel Zeit, sich über solche Fragen den Kopf zu zerbrechen.

Drei Wochen später, am 10. November 1982, hieß es dann: „Sachen packen!" Auch dieser Termin eine neue Schikane: drei Tage später hatte mein Vater Geburtstag, da wäre das erste Familientreffen seit Juli dran gewesen! Ich musste also wieder meine Zivilsachen anziehen und zum Gefangentransporter gehen. Mir war kalt in der dünnen Sommerjacke, als ich in den Barkas stieg. Diesmal stand kein Besuch vom Anwalt oder von meinem Onkel an. „Rein da!" Hinten rechts war eine kleine Zellentür offen, wieder mal musste ich rückwärts fahren. Ich hoffte, die Fahrt würde nicht lange dauern. Ohne Fenster, im Dunkeln, rückwärts, ich weiß heute nicht mehr wie ich das die ganze Strecke ausgehalten habe, ohne mich zu übergeben. Nach mir stiegen noch drei Gefangene zu. Natürlich sah ich niemanden von ihnen, aber ein Räuspern verriet, dass meine Mutter ebenfalls dabei war. Die Fahrt dauerte stundenlang. Durch die Stadt, über Landstraßen, über die Autobahn. Dann nur noch holprige Landstraßen. Nach ein paar Stunden wurde ein belegtes Brötchen und etwas zu trinken rein gereicht. Und weiter. Aber auch diese Fahrt endete irgendwann. Ich spürte und hörte, dass wir einige Tore passierten, der Motor ging aus.

Militärobergericht Berlin
- 1.Militärstrafsenat -
Az.: BS-1-10/82 MOG-Be
Str. IA-63/82 S

Ausfertigung

I m N a m e n d e s V o l k e s !

In der Strafsache

gegen den Invalidenrentner
R a u f e i s e n , Armin
PKZ: 13 11 28 4 3025 8
geboren in Endrejen
wohnhaft: 1080 Berlin, Leipziger Straße 48/11-4
in Untersuchungshaft seit dem 13.09.1981 in
der UHA des MfS Berlin

hat der 1. Militärstrafsenat des Militärobergerichts Berlin in der Hauptverhandlung vom 14., 15. und 16. September 1982, an der teilgenommen haben:

Militäroberrichter Oberstleutnant Warnatzsch
als Vorsitzender,

Major Heinig
Major Jentsch
als Militärschöffen,

Militärstaatsanwalt Fregattenkapitän Krüger
als Vertreter des Militäroberstaatsanwalts,

Herr Rechtsanwalt Starkulla
als Verteidiger,

Oberfeldwebel Gehring
als Protokollführer,

für Recht erkannt:

-2-

1. Der Angeklagte wird wegen vollendeter und versuchter Spionage im besonders schweren Fall - Verbrechen gemäß §§ 98, 97 Abs. 1 und 2, 110 Ziffer 1 StGB -, versuchter landesverräterischer Agententätigkeit - Verbrechen gemäß § 100 Abs. 1 und 2 StGB - und versuchtem und vorbereitetem ungesetzlichen Grenzübertritt im schweren Fall - Verbrechen gemäß § 213 Abs. 1, 2 und 3 Ziffer 4 und 5 Abs. 4 StGB - zu

   lebenslänglicher Freiheitsstrafe

   verurteilt.

2. Gemäß § 56 Abs. 1 StGB werden die im Protokoll vom 03.06.1982 Band I der Akte, Blatt 101 - 106 unter der laufenden Nummer 1, 5, 6, 10, 18 und 21 aufgeführten Gegenstände

   e i n g e z o g e n .

3. Die Auslagen des Verfahrens hat der Angeklagte zu tragen.

G r ü n d e :

Der Angeklagte ist der Sohn eines Volksschullehrers. Aus familiären Gründen mußte er den Besuch einer Oberschule im Jahre 1946 beenden. Danach verrichtete er verschiedene Tätigkeiten, arbeitete ab Mai 1949 als Hauer bei der SDAG Wismut und qualifizierte sich zum Reviergeologen und Steiger. Für seine guten Leistungen wurde der Angeklagte mit dem Ehrentitel "Jungaktivist" und"Aktivist" geehrt. Überzeugt von der Notwendigkeit alle Kraft für die Stärkung der DDR einzusetzen, erklärte sich der Angeklagte im Jahre 1956 auf freiwilliger Basis bereit mit dem MfS zusammenzuarbeiten, und verpflichtete sich mündlich und

Militärobergericht Berlin
- 1. Militärstrafsenat -
Az.: BS -1- 11/82 MOG-Be
Str. IA - 64/82 S

I m N a m e n d e s V o l k e s !
In der Strafsache

gegen 1. die Hausfrau
R a u f e i s e n , Charlotte geborene Krüger
PKZ: 24 01 30 5 30 170
geboren in Ahlbeck,
wohnhaft: 1080 Berlin, Leipziger Str. 48
in Untersuchungshaft seit 12.09.1981 in der
UHA - MfS Berlin

2. den Kfz-Schlosserlehrling
R a u f e i s e n , Thomas
PKZ: 16 07 62 4 30 282
geboren in Hannover,
wohnhaft: 1080 Berlin, Leipziger Str. 48
in Untersuchungshaft seit 12.09.1981 in der
UHA - MfS Berlin

hat der 1. Militärstrafsenat des Militärobergerichts Berlin in der Hauptverhandlung vom 19. und 20. Oktober 1982, an der teilgenommen haben:

Militärrichter Oberstleutnant
Osterloh als Vorsitzender,

Major Heinig,
Major Jentsch,
als Militärschöffen,

Militärstaatsanwalt Fregattenkapitän
Krüger als Vertr.d. Militäroberstaatsanwalts,

Herr RA. Starkulla als Verteidiger,

Stabsfeldwebel Leiter
als Protokollführer,

-2-

67

für Recht erkannt:

1. Die Angeklagte R a u f e i s e n , Charlotte wird wegen Spionage, vollendeter und versuchter landesverräterischer Agententätigkeit und wegen versuchten und vorbereiteten ungesetzlichen Grenzübertritt im schweren Fall (Verbrechen gemäß §§ 97 Abs. 1, 100 Abs. 1 und 2, 213 Abs. 1, 2 und 3 Ziff. 4 und 5, Abs. 4 StGB) zu einer Freiheitsstrafe von

   7 - sieben - Jahren

   verurteilt.
2. Der Angeklagte R a u f e i s e n , Thomas wird wegen vollendeter und versuchter landesverräterischer Agententätigkeit und versuchten und vorbereiteten ungesetzlichen Grenzübertritt im schweren Fall(Verbrechen gemäß §§ 100 Abs. 1 und 2, 213 Abs. 1, 2 und 3 Ziff. 4 und 5, Abs. 4 StGB) zu einer Freiheitsstrafe von

   3 - drei - Jahren

   verurteilt.
3. Die Angeklagten haben die Auslagen des Verfahrens als Gesamtschuldner zu tragen.

G r ü n d e :

Die Angeklagte Raufeisen besuchte zunächst vier Jahre die Volksschule und anschließend fünf Jahre eine Oberschule. Von 1945 bis 1948 erlernte sie den Beruf einer Sprechstundenhilfe. Danach war sie als Sprechstundenhilfe und Hilfsfürsorgerin und von 1949 bis 1956 als Schulsekretärin tätig.

Am 16.10.1956 heiratete sie den in einem anderen Verfahren angeklagten Armin Raufeisen, der Anfang Mai 1957 in die BRD übersiedelte. Ende August des gleichen Jahres folgte ihm die Angeklagte nach Hannover.

Bautzen II

Plötzlich Licht, Bewegung. Die Augen schmerzten, die Knie. Einer der Wärter nahm mir die Handschellen ab. Wir standen in einem verwinkelten Innenhof, hinter uns ein großes Stahltor. Ich sah ein großes fünfstöckiges Haus aus der Zeit der Jahrhundertwende, grau wie die ganze DDR. Zwei Wärter übernahmen – einer rechts, einer links. Sie trugen blaue Uniformen. Also war ich nicht mehr bei der Stasi? Deren Uniform war ja grau. Blau war der normale Strafvollzug, Ministerium des Innern.

Rein ins Gebäude. Alles war älter, gammliger als in Berlin. Gleich hinter dem Eingang war eine Gedenkecke. Fast wie ein Altar. In der Mitte ein Relief. Ein Männerkopf. „Julius Fučik“ stand darunter. Später erfuhr ich, dass er ein tschechischer Widerstandskämpfer gegen die Nazis gewesen war und auch mal in Bautzen gesessen hatte.

Durch enge Gänge ging es sehr zügig weiter, mal nach links, mal nach rechts. Ein paar Treppen hinunter in den Keller. Ein muffiger Geruch stieg mir entgegen. In einem Raum waren Wäscheberge aufgetürmt. Dort stand ein Häftling, der Kalfaktor, der mir meine Häftlingsbekleidung aushändigen sollte. Völlig verwaschene Klamotten. Auf dem Rücken, an den Ärmeln und den Seiten der Hosen gelbe Streifen. So würde ich also die nächsten zwei Jahre rumlaufen müssen. Der Kalfaktor und ein anderer Häftling, der noch dazukam, waren sehr neugierig auf den Neuankömmling.

„Na was haben sie dir denn aufgebrummt?"

„Drei Jahre."

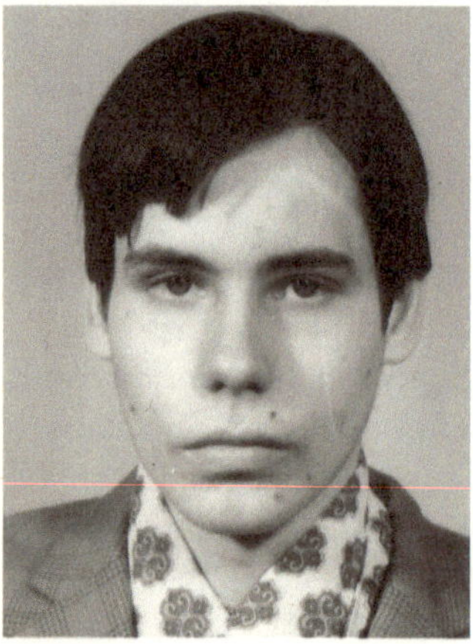

„Da brauchst du doch gar nicht erst auspacken, die kurze Zeit kannst du hier in der Wäschekammer verbringen!"

Drei Jahre sollen kurz sein? Wo bin ich denn hier schon wieder rein geraten? Der Kalfaktor hatte 15 Jahre wegen Spionage und der andere Häftling 12. Sie erzählen mir noch, dass wir im Gefängnis Bautzen II wären, dass sich im Haus etwa 120 Häftlinge befänden, nicht sehr viele. Fast ausschließlich politische Gefangene, einige Wirtschaftsstraftäter und vereinzelte sonstige Kriminelle. Auch Frauen und Westdeutsche seien hier. Das mit den Frauen wusste ich ja schon, da meine Mutter mit mir im Transporter gefahren war. Westdeutsche Gefangene waren wegen Fluchthilfe, Spionage und manche wegen Drogen hier in diesem Gefängnis.

Nach etwa einer viertel Stunde kam ein älterer Wärter. „Kommen Sie mit!" Ich folgte ihm durch eine Blechtüre in ein

Treppenhaus mit vielen ausgetretenen Stufen. Im vierten Stock schloss er eine Gittertür auf, die das Treppenhaus vom Flur trennte. Rechts war wiederum eine Stahltür, weiß gestrichen; in großen Buchstaben stand „Krankenrevier“ darauf. Der Wärter sagte: „Gehen Sie da ruhig rein, Sie werden nicht lange dort bleiben müssen.“ Das Krankenrevier diene gelegentlich als Eingangszelle.

Er ließ mich allein und schloss ab. Ich konnte meine neue Umgebung betrachten. Die Zellen waren kleiner als in der U-Haft. Alles sah etwas älter und heruntergekommener aus. Immerhin war das Bett keine harte Holzpritsche, sondern ein Armeebett mit Federn, die aber ziemlich ausgeleiert waren. Die Matratze hing ganz schön durch. Auch hier eine Toilette in der Ecke. An die Wand war ein Tisch angeschraubt, darüber hing eine Neonröhre an der Wand. Die Wände waren noch dicker als in der U-Haft. Das kleine Fenster an der Stirnseite war sehr weit oben, aber immerhin: Keine Glasbausteine! Ich konnte den Himmel sehen. Ein Trost. Neben der Tür hing die Hausordnung an der Wand. Wieder Gebote und Verbote. Interessant war aber, dass der Ort draufstand. „Hausordnung der StVE II Bautzen“. Ich war also wirklich in Bautzen II gelandet. Davon hatte ich schon einmal vor vielen Jahren, noch in Hannover, gelesen, im SPIEGEL. Ich wusste nicht mehr genau, was es mit diesem Gefängnis auf sich hatte; nur, dass es etwas Besonderes war.

Die Tür ging auf, der Wärter brachte eine Blechkanne und einen Teller mit zwei Scheiben Brot, einem Stück Butter und Wurst mit. Dazu Besteck aus Metall! Worüber man sich alles freuen kann! In der Kanne war aber der gleiche widerliche Muckefuck, den es schon in der U-Haft gegeben hatte. Ich brachte wie immer nur einen winzigen Schluck runter.

Nachmittags spielte plötzlich Radio. Das erste Mal seit 14 Monaten! Wo kam das her? Da, über der Tür war ein Lautsprecher mit einem kleinen Knopf. Den Sender konnte ich nicht verstellen, aber die Lautstärke. Ein Dreh am Regler und schon wurde es lauter: Getragene Trauermusik, nichts anderes. Sie hörte gar nicht auf. Was war das für ein Sender? Was war passiert? Die Nachrichten klärten mich auf: Der Staats- und Parteichef der Sowjetunion, Leonid Breschnew, war gestorben. Es war der 10. November 1982.

Der Abend kam, das Gebäude wurde von außen mit Scheinwerfern angestrahlt. Das Gitter vor dem Fenster warf seinen Schatten an meine Decke. Die Geräusche waren andere als in Berlin. Das Knallen der Riegel, das mich in Hohenschönhausen immer so erschreckt hatte, gab es hier nicht. Die Türen besaßen neben den Schlössern zur weiteren Sicherung nur kleine Haken und wurden im Allgemeinen leise auf- und zugeschlossen. Immer wieder hörte ich Schritte auf dem Flur. Allerdings schauten die Wärter hier nicht ständig durch den Spion. Draußen vor dem Fenster waren Stimmen von anderen Gefangenen zu hören. Offensichtlich konnten sie sich von Fenster zu Fenster unterhalten. Die erste Nacht verlief sehr unruhig: Unbekannte Geräusche, die Stimmen durch das Fenster und die Ungewissheit, wie hier alles werden würde, ließen mich nur schlecht einschlafen.

Morgens hörte ich in kurzen Abständen typische Schließgeräusche der Türen. Etwas später wurde der kleine Haken, der die Tür noch zuhielt, betätigt und ein Wachmann schaute kurz hinein, sagte „Guten Morgen!“ und schloss die Tür wieder. Ich war so verdutzt, dass ich nichts weiter sagen konnte als ebenfalls „Guten Morgen!“. Dann fiel mir ein, dass ich ja laut Hausordnung „Meldung machen“ sollte. Das wurde wohl hier nicht so genau genommen. Kurz nach der Zählung erschien ein Häftling, der weiße Kleidung trug, die ebenfalls mit gelben Streifen versehen waren. Er stellte sich als „Sani-Horst“ vor, brachte aber keine Medikamente, sondern das

Frühstück. Dabei schaute er sich um und stellte fest:

„Du brauchst noch ein paar Sachen als Grundausstattung. Ich werde mal sehen, was ich dir besorgen kann."

Als Sanitäter konnte er sich relativ frei im gesamten Haus bewegen. Aber auch er kam nicht überall hin. Nicht zu den Frauen und nicht in den Isolationstrakt, wo sich immer nur wenige Gefangene befanden, die von den anderen abgesondert werden sollten. Dort befand sich auch mein Vater, wie ich später erfahren sollte.

Wenig später kam Sani-Horst wieder, um die Reste vom Frühstück mitzunehmen. Bei der Gelegenheit brachte er mir eine kleine Kaffee-Kanne, eine Tasse mit Untertasse, einen Metallbecher sowie einen kleinen Tauchsieder mit. Er sagte: „Diese Sachen wirst du hier gut gebrauchen können, sie haben bis vor kurzem einem anderen Häftling gehört, der entlassen worden ist." Ein Mensch, der ganz normal mit mir redet, der mir etwas Kostbares schenkt! Im Knast, in dieser grauen Einöde aus Tagen, Wänden und Gedanken wird man empfänglich für jedes bisschen Zuwendung. Endlich Geschirr aus Porzellan! Anscheinend konnte man hier auch selbst Kaffee oder Tee kochen. Das sah alles schon ein bisschen freundlicher aus als in Hohenschönhausen. Man wird ja anspruchsloser.

Am Vormittag wurde ich dann auch in den „Freigang" geführt. Ich folgte dem Wachmann. Er ging die Treppe bis zum Erdgeschoss hinunter und in einen großen Hof hinaus. Wir überquerten ihn, und der Wärter wies mich in ein etwas kleineres ummauertes dreieckiges Gehege ein, wo ich etwa eine Stunde lang meine Kreise ziehen konnte. Immerhin war im Gegensatz zu Hohenschönhausen ein klein wenig Grün zu sehen, außerdem war er fast so groß wie alle Freihöfe Hohenschönhausens zusammen genommen. An der Spitze des Freihofs saß ein gelangweilter Wachposten in einem kleinen verglasten Turm zur Bewachung. Es war ganz schon kühl für meine etwas dünne Bekleidung, aber ich war froh, mal wieder frische Luft zu bekommen und weiter zu laufen als von der Zellentür bis zum Fenster.

Nach der Freistunde bekam ich schon wieder „Besuch“ von einem Häftling. Knut brachte einen Aktenordner mit. Er betreute die Anstalts-Bibliothek. Auf Karteikarten konnte ich Bücher bestellen. Bei der Gelegenheit erzählte er mir noch so einiges über Bautzen II. Es sei ein besonders geheimes Gefängnis mit Fällen, die nicht an die Öffentlichkeit dringen sollten. Nur im Heizhaus gäbe es „normale“ Kriminelle, die sie aus anderen Haftanstalten hergeholt hatten. In den anderen „Kommandos“, so wurden die Gefangenen-Gruppen, die zusammen arbeiteten, genannt, waren fast nur Politische, Wirtschaftskriminelle und ein paar ehemalige hohe Bonzen, die abtrünnig oder straffällig geworden waren. Kaum welche mit einfach kriminellen Delikten. Er selbst sei hier wegen Totschlags, er hätte seinen versoffenen Vater im Streit mit einer abgebrochenen Flasche erschlagen. Nette Gesellschaft. Warum war er nun gerade hier und nicht in einer anderen Haftanstalt?

„Ich war bei der Armee, im Wach-Regiment Dzierżyński! Da nehmen sie nicht jeden.“

„Dann bist du wohl kein Staatsfeind?“

„Nein, trotz allem stehe ich fest zum Sozialismus. Ich will auch nicht nach meiner Entlassung in die BRD wie die meisten, sondern in die DDR.“

Oh oh, Vorsicht ist geboten! Ein Funktionsgefangener mit dem Hintergrund – wenn das mal kein Spitzel ist! Dieses Misstrauen vergiftet im Knast jede Begegnung.

„Oh, Mecki wird mich schon suchen.“

„Wer ist Mecki, auch ein Häftling?“

„Nein, ist ein Wärter, der Alte von heute Morgen. Wir kennen die richtigen Namen der Polizisten doch nicht. Jeder hat seinen Spitznamen. Es gibt „Mecki“, den „Italiener“, den

„Huster“, „Komplexi“ und „Latschenpaule“ usw. Nicht zu vergessen den Stasi-Offizier, der „Onkel“ genannt wird.“ Die Stasi habe hier überhaupt das Sagen, auch wenn uns offiziell Strafvollzugsbeamte bewachten.

Manche Gefangenen wurden öfter zum „Onkel“ gebracht, was natürlich sehr verdächtig war. Unter den Gefangenen gab es viele Spitzel, ihre Berichte liefen über diesen Stasi-Mann. Angeblich sollte jeder einmal von ihm zu einem Gespräch geholt werden, mir ist es allerdings erspart geblieben. Vielleicht haben sie sich gedacht, dass es nichts bringt, mich als Spitzel anwerben zu wollen.

Der Erzieher „Neckermann“ war sozusagen der Betreuer der Strafgefangenen. Er verteilte die Post; ihn konnte man ansprechen, wenn man Probleme hatte. „Neckermann macht’s möglich!“ hieß es unter uns. Außerdem achtete er auf die Einhaltung der Hausordnung und sprach Disziplinarmaßnahmen aus.

Die nächsten Tage waren sehr eintönig. Morgendliche Zählung, Freistunde, Sani-Horst bringt das Essen, Mittagessen, abendliche Zählung, Nachtruhe. Jeder Tag so eintönig wie der andere. Drei Tage später, gegen Abend, musste ich alle meine Sachen zusammenpacken. „Sie kommen jetzt in das Arbeitskommando I. Ab morgen wird gearbeitet!“ Endlich passierte irgendetwas. Hauptsache, die Langeweile würde beendet werden.

Es ging zunächst ein Stockwerk höher. Gleich schräg gegenüber vom Treppenhaus stand eine Zelle offen, die Nummer 30. Beim Eintreten schlug mir dicker Qualm entgegen. Raucher! Das hat mir ja gerade noch gefehlt. Zwei Doppelstockbetten standen drin, eine Vierer-Zelle. Ich wurde mit mehr oder weniger großem Hallo empfangen. Die beiden unteren Betten waren belegt, eines der oberen könnte ich mir aussuchen. Unter mir lag Wolfgang, ein ziemlich großer Kerl, der eine Zigarre nach der anderen rauchte. Dabei redete er immer sehr laut; er war in der Zelle Wortführer und der „Stubenälteste". Er hatte acht Jahre erhalten wegen des Sammelns und Verkaufs von verbotenen Orden, Ehrenzeichen und anderen fragwürdigen Souvenirs aus dem „Dritten Reich". Die Polizei hatte bei ihm zwei Barkas B 1000 voll davon gefunden. Seine Reden passten zu seinen Geschäften. Eine tolle Gesellschaft! Der andere war auch nicht viel besser. Horst war wegen irgendwelcher undurchsichtigen Geschäfte inhaftiert. Später wurde ich vor ihm gewarnt, da er wohl öfter mal zu Besuch beim „Onkel" wäre. Aber schon vom ersten Moment kam er mir sehr verdächtig vor. Er hatte eine Sonderfunktion als Hausarbeiter, er reinigte den Flur auf unserer Etage. Deshalb war unsere Zelle immer offen, was ungewöhnlich war, denn im Allgemeinen wurden alle Zellen während der Freizeit verriegelt. Keiner sollte auf eigene Faust von einer Zelle in die andere gehen können. Horst war aber ständig unterwegs. Besonders intensiv soll er immer in der Nähe der Zellentüren geputzt haben, um alles mitzukriegen, was in der jeweiligen Zelle gesprochen wurde. Hoffentlich gibt es hier auch noch andere als diese komischen Vögel!

Jeder Gefangene hatte einen schmalen Spind, um seine persönlichen Sachen unterzubringen. In meinem war noch viel Platz. Ich staunte aber nicht schlecht, was die anderen alles so besaßen: Kaffee, Zigaretten, Schokolade und Lebensmittel stapelten sich in deren Schränken.

„Hier unten in der Kantine gibt es einen kleinen Laden. Da kann man das Nötigste einkaufen. Zahnpasta, Shampoo, Kaffee, Zigaretten, Kekse, Lebensmittel und so was."

„Verdient man denn hier genügend Geld?"

„Das kommt darauf an, wo man eingesetzt wird. Manche verdienen nur 20 oder 30 Mark, andere 150 bis 200. Das sind die, die am Leistungsband eingesetzt werden. Vielleicht kommst du auch da hin. Von dem ganzen Verdienst, den die Firma hier zahlen muss, gehen schon mal drei Viertel für Kost und Logis in diesem Luxushotel drauf. Der Rest wird noch mal aufgeteilt. Ein Teil geht in die Rücklage; das ist das Geld, das man bei der Entlassung aus der Haft bekommt. Das, was übrig bleibt, ist hier für den Eigenverbrauch bestimmt."

Abends erfolgte die letzte Zählung. Wolfgang als Stubenältester machte die Meldung exakt nach Hausordnung, er fühlte sich dabei wohl wie ein alter Landser im Feld. Dabei reichte ein „Guten Morgen" meist völlig aus; das konnte sich aber von Fall zu Fall plötzlich verändern. Um 9 Uhr wurde das Licht gelöscht. Das war sehr früh, unser Tagesablauf war aber auch zeitlich etwas verschoben.

Wenn man Frühschicht hatte, wurde man um halb 4 Uhr morgens geweckt. Aufschluss der Türen, Licht an. Man hörte schon frühzeitig das Drehen der Schlüssel immer näher kommen. Die Tür-Haken blieben noch zu. Anziehen, frühstücken, dichter Zigarrenqualm. Zur Zählung wieder die Meldung des Stubenältesten. Danach lief jemand herum, machte alle Haken der Türen auf.

„Raustreten zur Arbeit!"

Auf dem Flur versammelten sich immer mehr Gefangene mit den gleichen verwaschenen Klamotten, wie ich sie anhatte. Ein durchtrainierter Mitgefangener trat an mich ran und stellte sich kurz vor.

„Ich heiße Walter und bin hier der Brigadier. Du bist also einer der Neuen. Geh einfach mit runter, ich komme dann zu dir und zeige dir Deinen Arbeitsplatz."

Laut in die Runde sagte er: „Stellt euch alle auf, damit ich Euch zählen kann."

Ständig wurde durchgezählt. Wie sollte denn hier jemand abhandenkommen? Das Gefängnis war völlig abgeschottet, selbst zur Arbeit hat man nicht das Haus verlassen, denn die Arbeitsräume lagen im Keller.

Walter zählte und machte eine entsprechende Meldung. Der Obermeister zählte noch mal nach, ob alles stimmte. Dann ging es im Gänsemarsch viele Treppen hinunter in den Keller.

Ich folgte Walter und der Mehrheit in eine sehr große Halle. Im oberen Drittel befanden sich große Fenster zum Innenhof. Zu sehen waren draußen aber nichts als Mauern. Drin, im Keller, diverse Geräte, Materialkisten, zwei große Tische. In den Kisten lagerten viele verschiedene Teile, deren Bedeutung sich mir nicht sofort offenbarte. Plastikteile, Schrauben, Metallkontakte ... Am hinteren Tisch, der in den nächsten Monaten mein Arbeitsplatz sein sollte, waren acht Arbeitsplätze. Es war das „Leistungsband“, das Wolfgang erwähnt hatte. An vier Plätzen hingen elektrische Schrauber, die absolut vorsintflutlich aussahen. Walter schickte mich in die hintere Ecke. Ich sollte zunächst bei einem anderen Gefangenen mitmachen, um zu lernen, was zu tun war und dann dessen Platz übernehmen. Wir schraubten elektrische Schaltschütze für die Firma „VEB Oppach“ zusammen, das waren so eine Art große Relais, also elektrische Schalter. Sie wirkten ziemlich veraltet. Die anderen Tische lieferten unserem „Band“ zu. Das „Band“ waren kleine Bahnen, die durch auf den Tisch geschraubte Holzleisten gebildet wurden. Auf diesen Bahnen wurde die Schaltschütze weiter geschoben. Eine altertümliche Form des „Fließbands“ am Ende des 20. Jahrhunderts!

Inzwischen hatten alle Leute ihre Arbeitsplätze eingenommen. Als die Arbeit losging, hob ein so schrilles und lautes Kreischen an, wie ich es selbst in der Werkstatt vom „VEB AutoTrans“ nicht erlebt hatte. Die Schrauber lärmten in so hohen Frequenzen, dass es kaum auszuhalten war. Es waren die unmodernsten, lautesten und störanfälligsten Geräte, die ich je gesehen und gehört habe. Wenn man das monate- oder sogar jahrelang aushalten soll, würde das bestimmt bleibende Schäden nach sich ziehen. Arbeitsschutz? Gehörschutz? Fehlanzeige!

Ich hatte immerhin zunächst das Glück, nicht direkt an einem der lärmenden Schrauber eingesetzt zu werden. Ich musste Plastikteile mit Kontakten in Gestelle mit elektrischen Spulen einhängen. Und das in einem Höllentempo. Zuerst konnte ich mir nicht vorstellen, da mitzukommen, immer staute sich bei mir der Fluss; aber mit der Zeit ging es. Die Arbeit war so eingerichtet, dass jeder fast roboterhaft mehr oder weniger einfache Handgriffe zu erledigen hatte. Relativ schnell konnte man dann ein unglaubliches Tempo vorlegen. Mir war das recht; Hauptsache, ich hatte etwas zu tun; die Zeit verging dann schneller.

Der Brigadier Walter war ein ganz schöner Antreiber. Fast immer, wenn er in den Arbeitsraum kam, rief er allen zu: „Los, los, ran! Wackeln! Leute! Wackeln! Ihr seid nicht zu Eurem Spaß hier! Wackeln! Oppach wartet! Bewegt Euch!“ Ich weiß nicht, ob er das vielleicht ironisch meinte. Ich glaube aber eher nicht. Mir machten diese Sprüche nichts aus, ich tat meine Arbeit. Mit der Zeit wurde ich so geübt im Splinte stecken und Kappen auflegen, dass ich immer schneller war als mein Nachbar, der die Kappen festschrauben musste. Einerseits konnte ich mich so ein bisschen auspowern, es aber andererseits danach auch mal etwas ruhiger angehen lassen. Natürlich war der Lärm lästig, aber man gewöhnt sich ja an vieles.

So plötzlich, wie der Lärm losging, verstummte er auch am Ende der Schicht. In einer unglaublichen Hektik räumten wir auf, fegten, wischten. An den drei Waschbecken im Vorraum herrschte Hochbetrieb. Drei Waschbecken für ca. 40 Leute. Es gab in diesem Arbeitsbereich auch nur eine einzige Toilette für alle. Entsprechend sah sie aus. Seinen Ekel musste man irgendwie wegdrücken. Immerhin war es hier möglich, eine kleine Holztür zu schließen; man musste nicht – wie in der Zelle – in aller Öffentlichkeit auf der Toilette sitzen. Nach über einem Jahr öffentlichem Toilettengang war das eine Form von „Hafterleichterung".

Walter zählt. Dann ruft er: „Ablauf!" Im Gänsemarsch ging es los. Es war nicht weit, eine Treppe hoch ins Erdgeschoss. Hier sah ich auch einmal direkt den gesamten Zellentrakt mit Durchblick vom Erdgeschoß bis in den fünften Stock. Das hatte ich bisher nur in Knastfilmen gesehen. Genauso sah es aus. Es war nicht weit bis zur Kantine. Einige Tische und Hocker, an der Seite eine Luke, an der wir uns anstellten. Hinter der Luke stand ein Gefangener mit weißer Jacke und Mütze. Mit einer Kelle hievte er ein kleines Stück Fleisch, eine undefinierbare Soße und einen Berg Kartoffeln auf die Teller. Bald war mir klar: Das Essen hier war noch schlechter als in der Untersuchungshaft. Bloß gut, dass man die Möglichkeit hatte, etwas dazu zu kaufen. Nach dem Essen öffnete der Kiosk. Ein kleines mageres Männlein, immer etwas schüchtern und verstört wirkend, stand darin. Alle nannten ihn „Koofmich". Bei ihm gab es Kaffee, Tee, Zigaretten, Süßigkeiten, aber auch Wurst, Käse, Milch. Sogar grüne Bohnen oder Erbsen im Glas und auch eingewecktes Obst, z.B. Kirschen, konnte man bei ihm kaufen. Dazu bot er noch Briefpapier, Kugelschreiber und Ansichtskarten von Bautzen an. Letzteres fand ich schon etwas zynisch. Viele Leute behandelten den „Koofmich" etwas von oben herab. Das habe ich nicht verstanden. Ich behandelte ihn immer freundlich, was er nach einiger Zeit dadurch belohnte, dass ich hin und wieder „Bückware" unter dem Siegel der Verschwiegenheit von ihm erhielt. Er sagte dann zu mir: „Thomas, ich habe hier was für dich. Gib mir drei Mark." Ich sah in dem Moment gar nicht, was in der Papiertüte steckte; er verbarg es vor den anderen, denn wie immer gab es nicht genug von der begehrten Ware. Meistens handelte es sich um besondere Wurst, Käse oder auch um eine Speckseite.

Wieder Zählung. Ist keiner abhanden gekommen oder aus Versehen aufgegessen worden? „Ablauf!" Im Gänsemarsch hoch in den vierten Stock in die Zellen. Um 14 Uhr.

In der Zeit, als ich am Fließband arbeitete, etwa eineinhalb Jahre lang, verdiente ich im Schnitt etwa 250,- bis 300,- Mark. Ein sehr hoher Verdienst für Knastverhältnisse – und etwa ein Drittel dessen, was ein Facharbeiter damals draußen verdiente. Damit konnte ich mich gut im kleinen Kiosk mit zusätzlichen Lebensmitteln, Süßigkeiten und auch Kosmetika versorgen. Nach ein paar Wochen in Bautzen tat sich aber noch eine andere Bezugsquelle für begehrte Waren auf. Ingo, einer der Gefangenen, die für den Transport des Materials zuständig waren, war ein äußerst umtriebiger Geschäftsmann. Die Transportarbeiter kamen im ganzen Haus herum, besaßen also Kontakte zu allen Gefangenen. Eine Ausnahme bildete wieder nur der Isolations-Trakt, in dem sich unter anderem mein Vater befand. Ingo sagte zu mir:

„Wenn du mal irgendetwas Besonderes brauchst: Ich kann dir immer mal was besorgen. Kostet ein bisschen was, aber am Band verdienst du ja gut."

In der Folgezeit habe ich immer mal wieder bei ihm gekauft. Kaffee, Zahnpasta und Duschbad bzw. Shampoo bezog ich nur von ihm. Alles Westware! Eine Tube Zahnpasta, ein Duschbad oder Shampoo kosteten jeweils 10 Mark, ein Päckchen Kaffee 20 Mark. Teuer – aber eben die bessere Westware. Auch eine Colgate-Zahnpasta konnte mir ein gewisses heimatliches Gefühl vermitteln, es war etwas Vertrautes, an so kleinen Dingen hing man im Gefängnis. Woher hatte Ingo das alles? Im Gefängnis gab es auch viele Gefangene aus dem Westen. Sie waren in einem abgetrennten Arbeitskommando untergebracht, wir hatten keinen direkten Kontakt zu ihnen, aber Ingo traf sie jeden Tag. Die meisten Gefangenen rauchten eine ganze Menge, natürlich auch die im West-Kommando. Der Arbeitslohn reichte hinten und vorne nicht für die teuren Zigaretten. So haben sie viele Dinge, die sie in Westpaketen, bei Besuchen oder von der Vertretung der Bundesrepublik Deutschland erhielten, verkauft. Davon konnte ich ganz gut profitieren. Meinen Eltern, die längst nicht so viel verdienten wie ich, konnte ich auch hin und wieder mit Kaffee oder Kosmetika ein bisschen unterstützen.

Viel später, ich war schon ein Jahr in Bautzen, konnte ich meinem Vater auch einmal Zigaretten zukommen lassen. Die Lieblingsmarken meines Vaters hatte ich regelrecht bestellt bei Ingo, der sie dann nach einer gewissen Zeit tatsächlich lieferte. Ich kaufte je eine ganze Stange „Lord Extra“ und „Dunhill“ und schmuggelte sie mit Hilfe von Zellenkameraden in den Isolationstrakt. Diese Aktion hätte allen Beteiligten drei Wochen verschärften Arrest einbringen können. Aber alles Illegale ist ja auch ein kleiner Sieg über die Bewacher.

14 Uhr, die Arbeit war vorbei, das Mittagessen auch. Die Haken an den Zellentüren fielen in die Ösen. Aber nicht für lange. Nach höchstens einer halben Stunde wurde die Radiomusik aus dem Lautsprecher durch ein „Fertigmachen zur Freistunde!“ unterbrochen. Irgendjemand schob von außen der Reihe nach die Haken der Türen zurück, wir zogen uns die Mäntel an (inzwischen war Winter), nahmen die Mützen und wurden von Walter aufgefordert, uns im Flur der Reihe nach aufzustellen. Zählen. „Ablauf!“ Die Treppe runter in einen der beiden großen Höfe. Ungefähr 40 Gefangene auf einmal. Die meisten gingen im Kreis herum und unterhielten sich. Manche joggten auch. Eine Runde waren keine 100 Meter. Im hinteren Hof befanden sich noch zwei Tischtennisplatten, an denen ich oft spielte. Das war auch immer eine gute Gelegen-

heit, sich eingehender mit anderen Leuten zu unterhalten, die nicht in der eigenen Zelle saßen. Ich erfuhr von ihnen mehr über Bautzen II. Einige konnten auch noch von den „alten Zeiten“ erzählen, denn es waren sehr viele Langstrafler hier, die 10 Jahre, 15 Jahre, lebenslänglich hatten – wie mein Vater. Einige kannten Rudolf Bahro, der hier wenige Jahre zuvor noch im Isolationstrakt gesessen hatte – wie mein Vater.

In der Freizeit konnte ich neben der Freistunde viel lesen, Kaffee trinken, mich unterhalten, wobei letzteres natürlich immer von den jeweiligen Zellengenossen abhing. Es war zwar nicht mehr so riskant wie in Untersuchungshaft, aber Vorsicht war dennoch geboten. Auch in Bautzen gab es einige merkwürdige Gestalten. Ich habe dort aber anders als in Hohenschönhausen von Anfang an gesagt, dass ich nicht allein im Gefängnis bin, dass auch meine Eltern da wären. Das zu verheimlichen wäre auch unmöglich gewesen, es hätte sich sowieso herumgesprochen.

Kontakt zu meinen Eltern hielt ich in erster Linie über Briefe. Erlaubt waren drei Briefe im Monat. Ich regelte das so, dass ich jeweils einen Brief an meine Mutter, meinen Vater und meine Oma in Ahlbeck schrieb. Ein direkter Kontakt zu meinem Bruder in Hannover war immer noch nicht möglich. Die Briefe, die von meinem Onkel, meiner Tante und meiner Oma kamen, haben wir uns dann gegenseitig über die „Hauspost“ mit unseren eigenen Briefen zusammen weitergereicht.

Meine Eltern und ich konnten uns eigentlich nur zwei Mal im Jahr für eine halbe Stunde treffen. Allerdings war es nach einiger Zeit möglich, dass wir unseren Besuch von draußen gemeinsam empfangen konnten. Natürlich war die Atmosphäre dabei reichlich gedrückt; wir durften uns nicht mal umarmen; immer saß ein Wärter dabei.

Zu weiteren Freizeitaktivitäten gehörte das Fernsehen, natürlich nur DDR-Fernsehen, aber das war ich ja noch von

Hannover gewohnt ... Etwas anderes war in dem südöstlichen Zipfel der DDR sowieso nicht zu empfangen, wir befanden uns dort ja im „Tal der Ahnungslosen", in das die westlichen Sender nicht reichten. Der Fernseher musste also nicht einmal für andere Sender gesperrt werden. Am Abend ab 19.30 Uhr zur Nachrichtensendung, der „Aktuellen Kamera", durften wir in den Fernsehraum. Dann noch der 20-Uhr-Film. Danach ging es zur Nachtruhe in die Zelle. Es gab aber auch Einschränkungen: Krimis durften wir nicht sehen; dann fiel der Fernsehabend aus. Wahrscheinlich dachten sie, wir Knackis könnten uns dabei noch etwas abgucken. Gerne hätten wir auch die beste Satire-Sendung des DDR-Fernsehens gesehen, „Der schwarze Kanal" von und mit Karl-Eduard von Schnitzler. Leider haben sie das nicht erlaubt. Jeden Montag war nach dem alten deutschen Spielfilm Schluss.

Am Wochenende konnte man sich auf Antrag am Nachmittag in eine andere Zelle „umschließen" lassen, um andere Gefangene zu besuchen. Einfach offene Zellen, wie in anderen Gefängnissen üblich, gab es in Bautzen II grundsätzlich nicht. Außerdem befand sich ganz oben im Haus, im fünften Stockwerk, ein sogenannter Kulturraum, wo sich mehrere Gefangene treffen konnten, Karten spielen, klönen und so weiter.

So vergingen Wochen und Monate, selbst im Knast stellt sich eine gewisse Routine ein. Wecken, Frühstück, Aufschluss, Arbeiten, Mittag, Hofgang, Abendbrot, Nachtruhe, Wochenende. Ein langer Fluss ohne Abwechslung. Das zweite Mal Weihnachten und Silvester in Haft verging. Wie lange würde das noch dauern? Immer wieder gingen Gerüchte um, es würde bald eine Amnestie geben. Wer weiß, wer die in die Welt gesetzt hatte. Es war aber auch bekannt, dass Gefangene aus Bautzen II höchst selten zum Freikauf in den Westen freigegeben wurden. Nur die hochkarätigen Spione konnten sich Hoffnungen machen, über die Glienicker Brücke zwischen

Potsdam und Westberlin gegen Spione der gegnerischen Seite ausgetauscht zu werden. Immer wieder sagten Mitgefangene zu mir, ich müsste doch eigentlich der erste sein, den sie ziehen lassen. Und ich fühlte mich ja auch immer noch als Bundesbürger, für den die Bundesregierung eine besondere Verantwortung trug. Aber nichts geschah. Ich war ja weder für den Osten noch für den Westen wichtig. Was sollten sie schon mit einem verschreckten 20-jährigen, der keine Geheimnisse zu berichten hatte, sondern nur nach Hause wollte?

Dieses Gefängnis war schon dadurch ein besonderes, weil es sehr viele spektakuläre Fallgeschichten zu hören gab – mit einem entsprechend sehr hohen Anteil Langstrafler. Ich mit meinen drei Jahren war ja beinahe eine Ausnahme. Nur zwei, drei andere ebenso junge Gefangene hatten noch weniger als ich. Es ging – für Knastverhältnisse – recht geruhsam bei uns zu. Körperliche Gewalt spielte kaum eine Rolle – weder von den Wärtern noch unter uns Häftlingen. Die meisten wollten ihre Zeit in Ruhe rumbringen, die Revierkämpfe wurden – wenn überhaupt – dann eher mündlich ausgetragen. Wir hatten allerdings auch relativ viel Platz, uns aus dem Weg zu gehen – Bautzen II war nicht annähernd voll belegt.

Ab Frühjahr 1983 änderte sich das plötzlich, innerhalb kurzer Zeit wurde es immer voller in diesem Gefängnis. Ein großer Transport kam aus dem Strafvollzug Cottbus. Mit ihm kamen Gefangene, die eigentlich nicht nach Bautzen II passten. Zwar waren sie auch alles Politische, aber eher kleine Fische. Viele von ihnen waren auch sehr zweifelhafte Figuren, mit Tätowierungen am ganzen Körper – Kriminelle mit fünf, sechs Vorstrafen, die ganz plötzlich „politisch" wurden, in den Westen wollten, um dort mit weißer Weste neu anzufangen oder weiterzumachen. Ihre Chance, freigekauft zu werden, war sehr groß: Die DDR wurde so lästige Kriminelle los. Es war wohl auch eine kleine Täuschungsaktion, um dem

Westen auch mal Gefangene aus Bautzen II zu liefern, vielleicht auch, um noch mehr Geld an dem Menschenhandel zu verdienen.

Im Frühjahr 1984 wurden plötzlich schubweise immer wieder größere Gruppen abgeholt. Euphorie machte sich unter uns Gefangenen breit. „Transport! Bald gehen wir alle auf Transport! Jetzt ist es soweit!“, ertönte es überall. Aber keiner der „typischen“ Bautzen-II-Häftlinge war dabei. Mich beschlich das Gefühl, ich würde nie dabei sein. Ich wurde immer verzweifelter. Was haben die noch mit mir vor? Gerade unter den „normalen“ Leuten, die neu dazugekommen waren, waren einige, mit denen ich mich ein wenig angefreundet hatte. Nun sah ich sie reihenweise einer nach dem anderen gehen. Und ich?

Im Frühjahr 1984 erlebte ich die schlimmste Nacht meines Lebens. Einer meiner Zellengenossen, Hans, drehte durch. Hans war etwas einfach strukturiert, aber eigentlich ein lieber Kerl, zumindest wenn er klar im Kopf war. Auf dem Oberarm trug er eine Tätowierung: ein Scharfrichter mit Haube und Beil. Sein Gesicht war übersät mit pockigen Narben. Relativ klein war er, aber bullig. Mit einer Kraft, wie sie mir zuvor noch nie begegnet war. Auf dem Freihof spielte ich mit ihm sehr häufig Tischtennis.

Hans machte auf den ersten Blick einen harmlosen und etwas naiven Eindruck, aber seine Geschichte war schon hart. Er erzählte mir, dass er bei einer Spezialeinheit der Armee zum Fallschirmjäger ausgebildet worden war. Irgendwann war er ausgeschieden und arbeitete zuletzt als Holzfäller. Sein großer Traum war es, Holzfäller in Kanada zu sein. Diesem Traum stand die Mauer im Wege, deshalb hat er sie überwinden wollen. Er hatte sich ein ca. 50 cm langes Fleischermesser besorgt und vor einem Bürohaus in Ostberlin einen SED-Parteisekretär in seine Gewalt gebracht. Mit der Geisel und seinem Fahrer wollte er in deren Barkas B 1000 den Durchbruch nach Westberlin erzwingen. Am Grenzübergang „Bornholmer Straße" überwältigte ihn ein Spezialeinsatzkommando. 13 Jahre Haft.

In Bautzen wurde ihm immer wieder übel mitgespielt. Es waren die vielen kleinen Dinge, die Hans, den bärenstarken Mann, der sich als psychisch sehr labil herausstellte, systematisch fertigmachten. Er saß zunächst in einer Einzelzelle. Ständig wurden seine Sachen durchwühlt, wenn er bei der Arbeit oder zum Freigang unterwegs war. Persönliche Sachen fehlten dann plötzlich, auch Fotos wurden „weggefilzt". Wenn er sich beschwerte, landete er manchmal im Arrest. Einmal drehte er daraufhin durch und schlug die ganze Einrichtung seiner Zelle kaputt. Sie stellten ihn mit Spritzen ruhig; er wurde in die Krankenstation nach Bautzen I gebracht. Hans wurde immer nervöser und unberechenbarer. Ich hielt auf Arbeit und im Freihof lieber Abstand zu ihm, genauso wie Olaf, mein Zellenkollege, der sonst auch ganz gut mit ihm klargekommen war.

Ich weiß nicht, wie die Anstaltsleitung auf die Idee gekommen war: Sie dachten sich wohl, Olaf und ich hätten ganz guten Kontakt zu ihm; wir würden einen positiven Einfluss auf ihn ausüben. Hans wurde in unsere Zelle verlegt. Unglaublich, welcher Gefahr sie uns aussetzten! Hans hatte doch das lautlose Töten ohne Waffen gelernt! Wir wurden benutzt und bewusst in Gefahr gebracht, weil sie selbst nicht mehr weiterwussten. Was folgte, war absehbar gewesen. Hans wirkte am frühen Abend ganz ruhig und fast normal; wir unterhielten uns über dies und das. Nachdem wir alle bettfertig waren und die letzte Zählung durch war, wurde das Licht zur Nachtruhe gelöscht. Ich war fast eingeschlafen, da hörte ich Hans, wie er aufstand und in der Zelle hin- und herlief. Er redete dabei mit sich selbst.

„Da, am Fenster, da sitzt der Onkel. Neckermann ist auch dabei!"

Draußen vor dem Fenster saßen zwei gurrende Tauben.

„Die wollen mich holen. Ich muss vorsichtig sein."

Die Wasserrohre gluckerten. Im Waschbecken und im Klo. Nichts besonderes, das gehörte zum Nachtsound.

„Jetzt schicken sie Gas! Ich muss was dagegen tun!" Er holte Bekleidungsstücke aus seinem Schrank und stopfte sie ins Waschbecken und ins Klo.

„So, nun kann nichts passieren. Mal sehen, was ihnen noch einfällt. Ich muss gewappnet sein. Ich muss mich bewaffnen. Ich bin bereit, wenn sie kommen."

Olaf und ich waren hellwach. Aber wir stellten uns beide schlafend. Bloß nicht bewegen!

Hans ging zu seinem Schrank, holte eine Schere heraus und steckte sie in seinen Hosenbund.

„So, jetzt sollen sie ruhig kommen. Wer weiß, wer noch alles mein Feind ist. Meine Mitgefangenen? Die liegen alle so ruhig da. Ich muss vorsichtig sein. Wenn einer aufwachen sollte …!"

Spätestens in diesem Moment verspürte ich Todesangst!

Bleib ruhig, nicht bewegen, kein Geräusch! Langsam und regelmäßig atmen. Hoffentlich geht das gut! Hoffentlich überleben wir das! Hans tigerte noch eine Zeitlang in der Zelle herum, brabbelte immer weiter in dem Stil. Zum Glück legte er sich irgendwann ins Bett und schlief ein. Keine Sekunde konnte ich in dieser Nacht schlafen. Den anderen zwei ging es genauso.

Am nächsten Morgen versuchten wir alle, uns so unauffällig wie möglich zu verhalten. Wecken, Anziehen, Frühstück, Zählung. Wir bereiteten uns auf die Frühschicht vor. Nie habe ich so sehnsüchtig darauf gewartet, endlich runter zur Arbeit zu kommen. Hans konnte sich überhaupt nicht an das erinnern, was er in der Nacht zuvor gemacht hatte. Er blieb in der Zelle, weil er krankgeschrieben war. Wir anderen traten zur

Arbeit an. Unten angekommen, erzählten wir den Wachleuten sofort, was vorgefallen war. Keiner von uns war bereit, nach der Schicht in die Zelle zurückzukehren, wenn Hans noch dort sein sollte. Noch so eine Nacht – eine Horrorvorstellung!

Sie sträubten sich zunächst, aber tatsächlich wurde Hans in eine eigene Zelle verlegt. Nach einiger Zeit wurde er wieder weggebracht, vielleicht ins Krankenrevier nach Bautzen I? Ich habe nie wieder etwas von ihm gehört.

Ich hatte seit meiner Ankunft im November 1982 und das ganze Jahr 1983 am Leistungsband gearbeitet. So verging die Zeit relativ schnell, ich hatte mich eingerichtet, konnte die Arbeit gut verrichten und mir durch den Verdienst einiges leisten. Die kleinen Freuden des Strafgefangenen Raufeisen waren gezuckerte Kaffeesahne oder Erbsen im Glas vom „Koofmich" und Tschibo-Kaffee, Schampoo und Rasierwasser vom knastinternen Schwarzmarkt.

Im Frühjahr 1984 nahm meine Motivation zur Arbeit immer mehr ab. Über Monate hinweg sollten wir ständig mehr Schaltschütze montieren. Um noch mehr zu produzieren, wurden Sonderschichten am Wochenende eingelegt. Ich sollte mitmachen, aber ich weigerte mich. Nichts war aus den Hoffnungen von einem Freikauf in den Westen geworden. Nun war es wohl auch zu spät dafür. Der 11. September 1984, mein offizieller Entlassungstermin, rückte immer näher. So kurz vor der Entlassung würde ich mich nicht mehr totmachen für diesen Laden. Um die Vorgabe an solchen Wochenenden zu erreichen mussten an meinem Arbeitsplatz zwei Leute eingesetzt werden, sonst hätten sie es gar nicht geschafft. Während der normalen Arbeitszeit machte ich immer mal wieder kritische Bemerkungen zu unserem Arbeitstempo. Es dauerte nicht lange, da wurde ich von Walter eines Tages im Mai 1984 vom Band weggeholt.

Eigentlich war es mir ganz recht, in den letzten Monaten vor der Haftentlassung etwas kürzer zu treten. Ich wurde in einen kleinen Kellerraum verbannt. In dieser Kammer wurden „Unterteile“ für die Schaltschütze hergestellt. Eine mühselige Arbeit, bei der man nie die Norm schaffen konnte. Nur noch etwa 50,- Mark war dort zu verdienen, weniger als ein Viertel von dem, was ich vorher zur Verfügung gehabt hatte. Das war aber nicht so schlimm, da ich genug Geld angespart hatte.

Drei Monate vor meinem Entlassungstermin wurde ich zum Vollzugsdienstleiter geholt, der mit mir meine „Wiedereingliederung“ besprechen wollte. Ich sollte doch tatsächlich ein Formular ausfüllen, in dem ich notieren sollte, wo ich – natürlich in der DDR – wohnen wolle, welche Arbeit ich aufnehmen wolle ... Ich hätte mich fast übergeben. Sollte das schlimmste Denkbare jetzt wahr werden? Die wollen mich tatsächlich in die DDR entlassen? Soll dieser Alptraum draußen immer noch weitergehen? In der DDR leben, nun auch noch allein? Bruder im Westen, Eltern im Knast? Undenkbar! Was wollten sie überhaupt mit mir in der DDR?

Ich weigerte mich und machte klar, dass ich mich weiterhin als Bundesbürger fühlte und nach Hause wollte. Die Zeit verging, der Termin rückte näher und näher. Meinen 22. Geburtstag, den dritten im Gefängnis, musste ich auch noch dort erleben. Immerhin konnte ich mir mal etwas Besonderes leisten, eine Torte. Einer der Gefangenen aus unserem Kommando, Roman, besaß bis zu seiner Verhaftung eine Bäckerei. Für ein Glas Kirschen und 20 Mark macht er mir an meinem Geburtstag eine siebenstöckige Sahnetorte. Das war dann fast schon ein Abschiedsgeschenk – zwei Monate vor der Entlassung.

In dieser Zeit, im Juli 1984, konnte ich noch einmal meine Eltern sehen. Eine Stunde lang, wie immer nur unter Bewachung. Die Atmosphäre des Treffens war bedrückend angesichts der fortwährenden Ungewissheit über unsere Zukunft. Ich würde demnächst aus dem Gefängnis kommen. Und dann?

Meine Mutter hatte noch 4 Jahre vor sich, mein Vater würde vielleicht nie wieder raus kommen …

Viel zu früh mussten wir uns wieder voneinander verabschieden. Es sollte das letzte Mal gewesen sein, dass ich meinen Vater sah und sprach. Aber das wusste ich zu diesem Zeitpunkt noch nicht. Das letzte Bild von ihm, das ich in mir trage, ist schon verschwommen. Ein ernst schauender Mann, älter wirkend, als er war, sich aber mit viel Willen aufrecht haltend, eine dicke Brille und eine sehr breite Glatze. Er lächelte zum Abschied.

Der 11. September rückte näher. Jede Hoffnung, doch ein paar Tage oder Wochen meiner Haftzeit erlassen zu bekommen, hatte ich begraben. Von meinen Mitgefangenen verabschiedete ich mich nach und nach: „Bis später! Wir sehen uns hier bald wieder!“ Für mich war klar: Es würde nicht allzu lange dauern, bis ich mit den Gesetzen der DDR in Konflikt geraten und wieder in Bautzen auftauchen würde. Ich würde es niemals länger in diesem Staat aushalten können, also müssten sie mich wieder einsperren. Diesmal würde ich aber abgebrühter sein, das schwor ich mir.

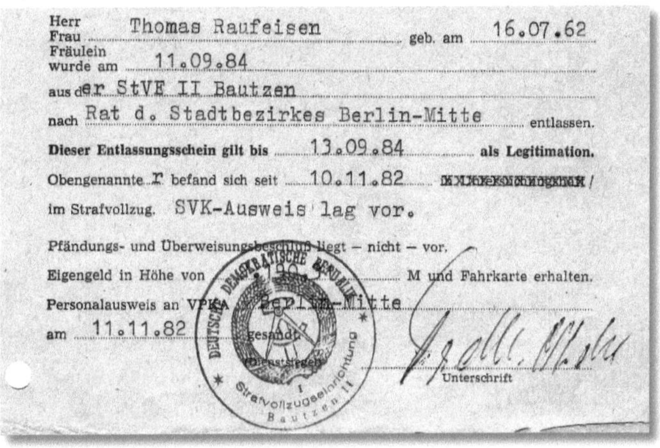

Herr / Frau / Fräulein Thomas Raufeisen geb. am 16.07.62
wurde am 11.09.84
aus der StVE II Bautzen
nach Rat d. Stadtbezirkes Berlin-Mitte entlassen.
Dieser Entlassungsschein gilt bis 13.09.84 **als Legitimation.**
Obengenannte r befand sich seit 10.11.82 / im Strafvollzug. SVK-Ausweis lag vor.
Pfändungs- und Überweisungsbeschluß liegt – nicht – vor.
Eigengeld in Höhe von ... M und Fahrkarte erhalten.
Personalausweis an VPKA Berlin-Mitte
am 11.11.82 gesandt.
(Dienstsiegel) Deutsche Demokratische Republik – Strafvollzugseinrichtung Bautzen II
Unterschrift

Am 11. September 1984, sehr früh am Morgen, wurde ich geweckt. Es war schon fast zu spät, um den Zug nach Berlin, den sie mir ausgesucht hatten, zu erreichen. Meine gesamten persönlichen Sachen erhielt ich zurück. Die Jeans, das schwarze Hemd, die braune Lederjacke. Die Bekleidung, die ich bei der Verhaftung drei Jahre zuvor getragen hatte.

Auch mein Geld aus der Rücklage bekam ich. Fast 2.200 DDR-Mark hatten sich angesammelt. Wenigstens brauchte ich mir in der ersten Zeit keine Sorgen um meine Finanzen machen. Ich ärgerte mich, dass sie meinen 20 DM-Schein in sogenannte „Forum-Schecks" eingetauscht hatten – diese Schweine! Immerhin, meinen West-Glückspfennig im Portemonnaie hatten sie mir gelassen. Außerdem erhielt ich einen Hausschlüssel zu unserer Wohnung in der Leipziger Straße in Berlin. Wenigstens hätte ich erst mal ein Dach über dem Kopf. Aber in welchem Zustand würde ich die Wohnung vorfinden? Nach drei Jahren. Und nach wie vielen Haussuchungen?

Um 6.05 Uhr öffnete sich das Gefängnistor und ich stand auf der Straße mitten in einem Villenviertel in Bautzen.

Zwischenzeit

Da stand ich nun und hatte gar keine Zeit, mich umzusehen. Der Wärter hatte mir kurz beschrieben, wie ich zum Bahnhof gelange. Aus dem Tor raus, links bis zur nächsten Ecke, wieder links und immer geradeaus. Nach etwa 15 Minuten erreichte ich den Bahnhof, gerade noch rechtzeitig. Eine Fahrkarte hatte ich immerhin schon im Knast bekommen. Die Fahrt nach Ostberlin kam mir ewig vor. Meine Gedanken schwirrten herum. Wie soll es bloß weitergehen? Wie wird die Wohnung aussehen? Was wird der Anwalt mitzuteilen haben?

Umsteigen in Dresden. Am frühen Nachmittag kam ich in Berlin an. Leider hatte ich keinen Briefkasten-Schlüssel. War nicht so schlimm, ich wollte sowieso zwei Tage später zu meinem Onkel nach Erfurt fahren, der hatte noch ein kompletten Schlüsselbund. Die Wohnung sah übel aus. Unsere Verwandten waren zwar hin und wieder da gewesen, um nach dem Rechten zu schauen, trotzdem lag der Staub fingerdick. Die Tapeten waren vergilbt, im Wohnzimmer war sogar ein Riss in der Wand, durch den man nach draußen sehen konnte. Der Wind pfiff durch. In diesem Hochhaus hatte man schon immer den Wind heulen gehört. Jetzt, wo ich dort allein war, erschien es mir viel lauter und gruseliger. Die Welt draußen war so feindselig wie vor der Haft. Auch unsere Wohnung mit unserer West-Einrichtung bot für mich keinen Schutz mehr. Die Stasi hatte alle unsere Sachen durchwühlt, alles angefasst, jedes Stück, eine ekelhafte Vorstellung. Ich fand die Sachen, die ich suchte, kaum. Die Wohnung war viermal durchsucht worden, damals hat die Stasi wohl alle Sachen in der ganzen Wohnung auf den Boden verstreut. Mein Onkel hatte alles irgendwie wieder in die Schränke gestopft, aber kaum etwas war an seinem angestammten Platz. Einige elektronische Geräte wie

Radio und Fernseher hatte mein Onkel mit nach Erfurt genommen. Immerhin hatte er mir meinen kleinen tragbaren Schwarz-Weiß-Fernseher dagelassen, der tatsächlich noch einigermaßen funktionierte. So konnte ich nach drei Jahren endlich wieder mal die „Tagesschau" sehen.

Es gab viel zu erledigen. Zuerst musste ich den verhassten blauen DDR-Ausweis vom Polizeirevier abholen. In der Friedrichstraße, direkt gegenüber dem neu gebauten Friedrichstadtpalast. Für den zweiten wichtigen Termin musste ich zum Rat des Stadtbezirks Berlin-Mitte, wo mich eine Mitarbeiterin empfing, die meine Wiedereingliederung mit mir besprechen wollte.

„Ich habe Ihre berufliche Eingliederung vorbereitet. Für Sie ist eine Stelle bei der BVB vorgesehen. Dort können Sie Ihre unterbrochene Ausbildung zum Kfz-Mechaniker zu Ende bringen."

BVB hieß Berliner Verkehrsbetriebe, ich sollte also an diesen Tatra-Bussen arbeiten, keine schöne Vorstellung. Ich sagte Ihr, dass ich aber nur ein Ziel hätte: Nach Hause in den Westen. Die Antwort empfand ich als kleine versteckte Drohung.

„Wenn Sie sich nicht innerhalb von zwei Wochen bei dem Betrieb unter der angegebenen Adresse melden, werden Sie Schwierigkeiten bekommen."

Ich wusste noch nicht genau, was ich machen sollte, sagte erst einmal nichts weiter und ging. Natürlich sollte ich spätestens zwei Wochen später nochmal hinkommen.

Die Behördentermine waren erledigt, nun brauchte ich Lebensmittel. Die Kaufhalle befand sich nicht weit von unserem Haus entfernt. Als ich dort reinging, konnte ich das erste Mal so richtig spüren, was der Knast mit mir gemacht hat: So viele Menschen, eng beieinander. Ich bekam Beklemmungen. Aber ich musste da durch, ich musste ja essen. An der Fleisch-Theke etwas zu verlangen stellte sich als ganz großes Problem heraus. Jahrelang wurde es mir regelrecht ausgetrieben, Bedürfnisse zu haben oder gar zu äußern und durchzusetzen. Selbst solche Kleinigkeiten kosteten mich eine Überwindung, die man sich kaum vorstellen kann. Aber ich habe es geschafft, ein erster Schritt ins normale Leben.

Die erste Nacht in dieser gespenstischen Wohnung habe ich kaum geschlafen. Meine Gedanken kreisten immer und immer wieder um meine ungewisse Situation. Am nächsten Morgen fuhr ich mit der S-Bahn nach Friedrichsfelde-Ost, ins Anwaltsbüro von Dr. Wolfgang Vogel. Ein zweistöckiger Bau, nicht besonders aufwändig. Ich klingelte, trat ein, die Sekretärin begrüßte mich und sagte:

„Guten Tag, Herr Raufeisen, wir haben Sie schon erwartet. Herr Dr. Vogel möchte Sie persönlich empfangen. Er ist aber leider zur Zeit nicht im Hause. Ich würde Sie bitten, in zwei Stunden noch einmal wiederzukommen."

Herr Vogel wollte mich persönlich sprechen. War das ein gutes Zeichen? Das musste ein gutes Zeichen sein! Nicht einer seiner Mitarbeiter – Starkulla oder Hartmann – sprachen mit mir. Nein, Herr Vogel wollte unbedingt persönlich mit mir sprechen! Bestimmt würde er mir etwas Bedeutsames mitzuteilen haben. Hoffentlich kann er mir sagen, dass es bald in den Westen geht.

Ich ging erst einmal wieder hinaus und musste nun irgendwie die Zeit totschlagen. Ein Café gab es in dieser öden Gegend nicht. So konnte ich nur spazieren gehen. Unwillkürlich lenkte ich meine Schritte in die große Plattenbausiedlung in der Nähe. Sie lag an der Straße der Befreiung. Dort hatte doch, zumindest vor drei Jahren noch, mein Kumpel Peter aus der Berufsschule gewohnt. Ich wollte nur mal sehen, ob der Name noch auf dem Klingelschild stand. Ich hatte nicht vor, zu klingeln. Ein Kontakt zu ihm könnte riskant sein. Besonders für ihn. Wer weiß, wer mir am Hacken hing. Ich musste davon ausgehen, dass die Stasi mich beobachten würde. Also lieber keinen Kontakt. Das Klingelschild war da. Ich ging weiter.

„Thomas?!"

Oh, nein, Scheiße!

„Bist Du es?"

Peters Vater mähte gerade vor dem Haus den Rasen. Ausgerechnet jetzt! Ich hatte ihn gar nicht gesehen. Genau das wollte ich eigentlich verhindern.

„Ja, hallo, ich bin es. Ich bin wieder da. Ich wohne wieder in der Leipziger Straße. Wenn Peter zu mir kommen will, kann er das gerne tun. Er soll sich das aber genau überlegen; es könnte gefährlich sein. Ich weiß nicht, ob das für ihn Probleme ergeben könnte."

„Ist gut, ich werde ihm das so sagen."

Zwei Stunden später stand ich wieder vor der Sekretärin im Anwaltsbüro Vogel.

„Herr Dr. Vogel ist jetzt da. Er erwartet Sie. Folgen Sie mir bitte!"

Vogel saß hinter einem voluminösen Schreibtisch. Sehr luxuriös war sein Büro. Er sammelte Uhren. Die Wände waren übersät mit den verschiedensten, sehr teuer aussehenden Wanduhren.

„Guten Tag Herr Raufeisen. Ich habe Sie erwartet. Wir werden jetzt Ihre Lage besprechen."

Was wird er mir zu sagen haben? Doch hoffentlich etwas Positives?

„Zunächst einmal teile ich Ihnen mit, dass mein Mandat mit Ihrer Haftentlassung beendet ist. Ich kann nichts mehr für Sie tun. Eine positive Nachricht bezüglich ihrer Absicht, in den Westen zu kommen, kann ich Ihnen leider auch nicht geben. Ich sehe keine Lösung. Meine persönliche Meinung ist, dass man Sie bei dem Kaliber dieses Falles niemals in den Westen ausreisen lassen wird. Sie werden sich also in der DDR einrichten müssen."

Das saß! Was für ein Reinfall! Um mir das zu sagen, wollte er mich persönlich in seinem Büro empfangen? Innerlich brach bei mir eine Welt zusammen. Ich musste mich zusammenreißen, um ruhig zu bleiben.

„Ist das alles, was Sie mir zu sagen haben?"

„Ja, wie gesagt, mehr kann ich nicht für Sie tun. Für Ihre Eltern bin ich natürlich weiterhin tätig."

„Ja, dann kann ich mich wohl verabschieden."

„Es tut mir leid, dass ich Ihnen keine besseren Nachrichten geben kann. Auf Wiedersehen."

Völlig benommen verließ ich das Anwaltsbüro. Was sollte ich davon halten? Aber das passte doch gar nicht zusammen mit den Dingen, die mir mein Onkel geschrieben hatte. Wusste er eigentlich, dass ich im 11. Stockwerk wohnte? Ich riss mich zusammen und fuhr erst einmal wieder in unsere Wohnung.

Gegen Abend klingelte es an der Haustür. Peter. Er war sehr neugierig, was mit uns passiert war. Dass ein Treffen mit mir ein Risiko für ihn darstellen könnte, war ihm egal. Ich erzählte in groben Zügen, was in den letzten drei Jahren vorgefallen war. Er hatte sich schon so etwas Ähnliches gedacht.

„Ihr wart ganz plötzlich nicht mehr da. Für mich gab es zwei Möglichkeiten: Entweder Knast oder Verkehrsunfall. Ich habe hin und wieder mal nachgesehen, ob das Klingelschild noch an der Tür war. Es wurde nie weggenommen, so war eigentlich klar, dass es nur Knast sein konnte."

Vorher war ich hin- und hergerissen, ob ich Peter treffen sollte, nun war ich heilfroh, in dieser Zeit nicht ganz so allein zu sein. Peters Gegenwart hat mir in den folgenden Tagen sehr geholfen.

Übers Wochenende fuhr ich zu meinem Onkel Günter nach Erfurt. Bei ihm wollte ich ein paar Sachen abholen, die er aus der Wohnung mitgenommen hatte. Außerdem hatte er unseren Briefkasten-Schlüssel, den ich unbedingt brauchte. Es war sehr schön, Günter wiederzusehen, ohne Bewachung. Allerdings konnte er mir auch keine näheren Auskünfte zu meiner Ausreise machen. Mehr als das, was er schon im Brief nach Bautzen geschrieben hatte, wusste er nicht. Etwas verwirrt kehrte ich wieder zurück nach Berlin.

Im Briefkasten steckte einen Brief vom Rat des Stadtbezirks in Berlin-Mitte, datiert auf den 11. September 1984; er wurde also an meinem Entlassungstag abgeschickt.

„Werter Herr Raufeisen! In Ihrer persönlichen Angelegenheit werden Sie gebeten, sofort nach Erhalt im Berolinahaus, Alexanderplatz 1, Abteilung Innere Angelegenheiten, Zimmer 208, zu erscheinen.“

Das war dort, wo ich mich schon gleich am Tag meiner Haftentlassung melden musste, aber ein anderes Büro, ein Stockwerk tiefer.

Ging es jetzt los? Aber dann hätte doch Anwalt Vogel etwas gewusst? Was hatte das zu bedeuten? Ich hatte gleich so ein Gefühl. Sofort am Montagmorgen ging ich ins Berolinahaus. Tatsächlich: Die Sachbearbeiterin dort hatte eine Mitteilung für mich:

„Ihr großer Wunsch geht jetzt in Erfüllung. Ihre Ausreise ist genehmigt. Ich gebe Ihnen noch einen Laufzettel, den Sie in den nächsten Tagen abarbeiten müssen. Verschiedene Stellen, die hier aufgelistet sind, müssen bescheinigen, dass Sie keine Zahlungsverpflichtungen bei denen haben. Wenn Sie das erledigt haben, liefern Sie das Blatt wieder bei mir ab. Es dauert nur noch ein paar Wochen, bis es losgeht.“

Was für eine Freude, endlich! All das Elend würde bald ein Ende haben.

„Wie sieht es denn jetzt aus mit der Lehrstelle bei der BVB, die ich bald antreten sollte. Das hat sich doch wohl erübrigt.

Ich muss noch mal zu Ihrer Kollegin, um ihr das mitzuteilen."

„Das brauchen Sie nicht, ich habe das schon für Sie erledigt. Natürlich brauchen Sie nicht dort in den Betrieb. Haben Sie denn genügend Geld zur Verfügung für die verbleibenden Wochen?"

„Ja, durch meine Arbeit im Gefängnis habe ich noch ca. 2000.- Mark."

„Das wird in den verbleibenden Wochen dicke ausreichen. Also kein Problem. Bearbeiten Sie in Ruhe den Laufzettel und kommen Sie dann wieder."

Damit verabschiedete sie mich und ich verließ das Gebäude eine gefühlte Tonne leichter. Im Nachhinein fiel mir auf, wie freundlich diese Frau war. Ich hatte erwartet, als Ausreiser, als im Knast gesessener Staatsfeind, würde ich nur äußerst rüde und unfreundlich behandelt werden. Offensichtlich sahen mich nur Stasi-Leute als Feinde an; die normalen Leute, auch in den Banken, wo ich in den folgenden Tagen diverse Stempel und Unterschriften sammeln musste, waren immer sehr freundlich. Durch die Ausreisewelle der 80er Jahre war wohl schon ein kleiner Bewusstseinswandel eingetreten. Seltsam blieb trotzdem das Gespräch bei Anwalt Vogel. Offensichtlich hatte er nichts von dieser Entwicklung gewusst, obwohl die Entscheidung schon gefallen war, als ich bei ihm war.

Die nächsten zwei Wochen verbrachte ich damit, diesen Laufzettel abzuarbeiten. Mit Peter und auch seiner Schwester Grit traf ich mich öfter. Sie besuchten mich, wir gingen mal essen. Sie fragten mich auch, ob ich in die Disco mitkommen würde. Unter so vielen Menschen, in drangvoller Enge... Nein, das ging nicht. Soweit war ich noch lange nicht. Mein Geld musste ich aber irgendwie loswerden, da es nicht erlaubt war, etwas mitzunehmen. Es war ja im Westen ohnehin nichts wert. So kaufte ich mir im „Exquisit" ein paar überteuerte modernere Sachen. Nicht gerade der letzte Schrei, aber tragbar.

Nach zwei Wochen war der Laufzettel komplett; ich ging wieder zum Rat des Stadtbezirks. Die Sachbearbeiterin prüfte kurz. Alles war in Ordnung. Sie sagte, es würde noch eine gewisse Bearbeitungszeit dauern, dann käme wieder ein Brief. Zeit, meine Oma in Ahlbeck noch einmal zu besuchen. Ich konnte mir schon vorstellen, dass dies wahrscheinlich die letzte Gelegenheit sein würde, sie noch einmal zu sehen. Zu erwarten war ein langjähriges Einreiseverbot in die DDR.

„Sie können das gerne machen. Lassen Sie die Adresse Ihrer Oma da, wir schicken Ihnen dann ein Telegramm, wenn Sie zurückkommen sollen. Es wird wahrscheinlich noch gut eine Woche dauern." Was für ein Service! War das die gleiche DDR, die mir das Leben so schwer gemacht hatte?

Einen Tag später machte ich mich mit der Bahn auf den etwas mühseligen Weg nach Ahlbeck. Umsteigen in Züssow, einem kleinen Kaff irgendwo im Nichts, in eine Bimmelbahn nach Wolgast. Zu Fuß über die Peene zum Bahnhof auf der Insel Usedom. Rein in die Bimmelbahn mit der lauten, stinkenden Diesellok an der Spitze. Endlich erreichte ich die Endstation, Ahlbeck.

Meine Oma hatte sich natürlich in den letzten drei Jahren verändert. Mein Opa war gestorben; sie war komplett schwarz gekleidet, sah etwas verhärmt aus. Ich wollte sie ein wenig beruhigen, was die Gründe unserer Haft anging. In Ahlbeck gingen wohl die wildesten Gerüchte um, dass zum Beispiel „Hochstapelei" im Spiel sei, was auch immer darunter zu verstehen war. Ich konnte die Befürchtungen meiner Oma zerstreuen und ihr sagen, dass wir uns nicht zu schämen brauchten, dass wir ja nur nach Hannover zurück wollten. Wie lange meine Eltern noch zu sitzen hätten, sagte ich ihr lieber nicht. Dass sie das nicht einmal erfahren hatte! Sie fragte natürlich danach, aber ich erklärte ihr nur, dass ich keine Ahnung hätte, da unsere Verfahren getrennt worden waren. Sie war ein klein wenig beruhigt, machte sich aber nach wie vor große Sorgen um uns. Die folgenden Tage nutzte ich dazu, meiner Oma im Haus zu helfen, mit ihr Spaziergänge zu unternehmen. Sie schrieb für mich auch noch eine Erklärung, dass sie nicht auf meine Hilfe angewiesen sei. Das sollte ich nach Berlin mitbringen, damit auch diese letzte Hürde beseitigt war. Wie absurd: Die Sorge um meine Großeltern war doch der Grund gewesen, mit der wir offiziell vom Westen in den Osten übergesiedelt waren!

Tatsächlich, nach einer Woche erhielt ich in Ahlbeck das erwartete Telegramm: Ich sollte auf dem schnellsten Weg nach Berlin zurückkommen. Am nächsten Tag fuhr ich zurück. Es war ein sehr trauriger Abschied. Meine Oma habe ich an diesem Herbsttag das letzte Mal gesehen.

Zurück in Berlin. Im Briefkasten wieder ein Brief vom Rat des Stadtbezirkes.

„Werter Herr Raufeisen! In Ihrer persönlichen Angelegenheit werden Sie gebeten, sofort nach Erhalt im Berolinahaus, Alexanderplatz 1, Abteilung Innere Angelegenheiten, Zimmer 208, zu erscheinen.“ Konnten sie so freudige Nachrichten nicht etwas weniger prosaisch formulieren?

Ich hatte Ahlbeck etwas überstürzt verlassen; es war Samstag; die Behörde öffnete natürlich erst am Montag wieder. So „durfte“ ich am Sonntag, dem 7. Oktober, den 35. Jahrestag der DDR erleben. Die Straßen waren voll mit roten und DDR-Fahnen. Die Wohnhäuser waren ebenfalls übersät mit Fahnen. Überall aus den Fenstern und von den Balkonen hingen sie herunter. Besonders in der Leipziger Straße, wo viele linientreue Leute wohnten. An unserem Haus war nur eine einzige Stelle ohne diesen besonderen Schmuck. Unser Balkon.

Am Montag im Berolinahaus erhielt ich die notwendigen Bescheinigungen. Am nächsten Tag sollte ich beim Polizeipräsidium in der Keibelstraße meinen Personalausweis abgeben und meine Ausreisepapiere erhalten. Ausreise gleich am nächsten Tag, also am 9. Oktober 1984. Endlich würde ich in meine Heimat zurückkehren können! Ich brauchte eine Fahrkarte. Die Sachbearbeiterin sagte noch, ich dürfte nicht über West-Berlin fahren, nur ein sogenannter Interzonen-Zug kam infrage. Den konnte ich nur in Berlin-Schönefeld besteigen.

Auf der Post sandte ich sofort ein Telegramm an meinen Bruder, damit er mich vom Bahnhof abholen würde. Ich durfte kein Geld mitnehmen. Von einer Telefonzelle aus rief ich Peter an. Er wollte sofort nach der Arbeit bei mir vorbeikommen. Ich hatte vor, zum Abschied mit ihm und seiner Schwester noch einmal groß im Restaurant „Prag“, gleich unten bei uns im Haus, essen zu gehen.

Es wurde ein sehr schöner Abend mit Peter und seiner Schwester Grit, der natürlich von leichter Abschiedswehmut geprägt war. Wann würden wir uns wiedersehen? Würden wir uns überhaupt jemals wiedersehen? Was würde die Zukunft für uns alle bringen? Grit gab mir noch die Adresse ihres Verlobten, damit ich ihr über seine Adresse schreiben konnte. Er hatte West-Verwandte, da fiel es nicht weiter auf, wenn auch noch Post von mir kam. Ihr Vater war ja Musiker beim Stasi-Wachregiment „Feliks Dzierzynski“; er hätte Probleme bekommen können, wenn seine volljährigen Kinder Briefe von mir erhielten. Ich selbst würde in Hannover auch eine andere Adresse benutzen. Das sollte auch in den folgenden Jahren einigermaßen klappen.

Der nächste Morgen. Es gab nur diesen einen Zug an diesem Tag. Und die Zeit war sehr knapp. Bei der Polizei müsste es schon sehr schnell gehen, damit ich es noch mit der S-Bahn nach Schönefeld schaffen würde. Also mit zwei schweren Koffern ins Polizeipräsidium. Es war voll! Mist, ich schaffe es nicht. Was passiert dann? Was für Probleme bekomme ich, wenn ich erst einen Tag später fahren könnte? Behalten sie mich gleich da?

Nach einer Ewigkeit, wie es mir erschien, erhielt ich endlich die Papiere: Die lang erwartete Entlassung aus einer Staatsbürgerschaft, die ich eigentlich nie hätte erhalten dürfen. Meinen blauen Personalausweis zogen sie ein. Dafür bekam ich eine Identitätsbescheinigung, also eine Art Ersatzausweis mit einem besonderen Stempel. Das Visum war gültig zur einmaligen Ausreise nach der BRD über die Grenzübergangsstelle Marienborn bis zum 09.10.84, also noch am gleichen Tag! Für die DDR war ich in diesem Moment ein Staatenloser.

Eilig verließ ich die Polizei; ich musste ganz schnell zur S-Bahn! Aber draußen stand Peter. Er hatte sich mal eben krankgemeldet. Er wolle mal diese Papiere für die Ausreise sehen, sagte er knapp. Meine Rettung. Mit seinem Trabi konnten wir es schaffen. Er fuhr mich nach Schönefeld, holte alles aus seiner „Pappe" heraus, damit ich den Zug rechtzeitig erreichen konnte. Fünf Minuten vor Abfahrt des Zuges erreichten wir den Bahnsteig. Geschafft! Für lange Überlegungen war keine Zeit. Der Zug fuhr ein, und ich stieg ein. Ein letztes Winken, der Zug setzte sich in Bewegung.

Ich hatte vorher schon die Befürchtung, dass jeder gleich sehen würde, dass ich ein „Ausreiser" wäre, schon weil ich nicht im Rentenalter war. Meine Überraschung war groß: Der Zug war voll von Menschen aller Altersgruppen. War ich wohl doch nicht der einzige Jüngere, der mit diesen Zug in den Westen fuhr? In Magdeburg änderte sich das aber schlagartig. Alle Jüngeren verließen den Zug, nur noch Rentner blieben übrig. Sie wunderten sich, dass ich drin sitzen blieb und nicht ebenfalls ausstieg. An der Grenze bei Marienborn wieder diese Unformen. War alles in Ordnung oder würden sie mich aus mich aus irgendwelchen Gründen aus dem Zug herausziehen? Das Misstrauen stieg schon wieder in mir hoch. Um mich herum nur ältere Leute mit grünen oder blauen Pässen. Ich nur mit diesem dünnen Lappen. Als die anderen Fahrgäste meine

Papiere sahen, lächelten sie mir ermunternd zu: Sie hatten verstanden. Die Kontrolle erfolgte völlig problemlos. Keine Schwierigkeiten, kein Kommentar. Ein Aufatmen ging durch den Zug, als der Zug die Grenze passierte. Eine Riesenlast fiel von mir ab. Ich verspürte eine große Genugtuung: Ich hatte es doch noch geschafft! Nach all den Jahren. Endlich zurück. Fünfeinhalb Jahre lang war ich DDR-Bürger gewesen. Nun endlich weg aus diesem Staat, der uns so ins Unglück gestürzt hatte. Wie die Zukunft aussehen würde, war noch unklar, aber es würde sich schon finden. Es würde schwer werden, das war klar, Euphorie war erst einmal fehl am Platze. Aber der größte und schwerste Schritt in eine bessere Zukunft war getan. Das lautstarke Rattern der Räder hörte auf, der Zug fuhr schneller. Alles um mich herum wirkte heller, befreiter. Ein Wägelchen wurde am Abteil vorbeigeschoben, Getränke und Snacks. Die anderen, älteren, Fahrgäste sprachen mich an, steckten mir ein wenig Geld zu. Sie sagten, ich solle es ruhig annehmen, ich würde es brauchen können, wenn ich eine Bus-Fahrkarte kaufen muss. Es war mir fast peinlich, das anzunehmen, andererseits aber war ich auch ganz froh: Wer weiß, ob mein Bruder am Bahnsteig stehen würde.

Hannover in Sicht, endlich zurück in der Heimat! Mein Bruder wartete natürlich auf dem Bahnsteig. Wir fielen uns in die Arme.

„Endlich sehen wir uns wieder, nach all den Jahren."

F-Z 841/84 StvE/51/84

18. Sep. 1984

Hauptverwaltung A
Stellvertreter

Berlin, 10. 9. 1984
SWT/XIII 2085/84
85-br

ZKG
Gen. Oberst NIEBLING

Entlassung aus der Staatsbürgerschaft der DDR

Die Person

(1) Raufeisen, Thomas
geb. am: 16. 7. 1962 in Hannover
wh.: 1020 Berlin, Leipziger Str. 46
z. Z. Strafvollzugsanstalt Bautzen II

wurde 1982 zu einer mehrjährigen Haftstrafe verurteilt. Bei dieser Person handelt es sich um einen unverbesserlichen Feind der DDR, der gegenüber dem Strafvollzugsorgan zum Ausdruck brachte, daß er seine Entlassung aus der Staatsbürgerschaft der DDR beantragen wird.

Die Entlassung aus dem Strafvollzug erfolgt am 11. 9. 1984.

Seitens unserer Hauptverwaltung ist vorgesehen, daß der Raufeisen unmittelbar nach dem 35. Jahrestag der DDR aus der Staatsbürgerschaft der DDR entlassen wird und in die BRD ausreist.

Ich bitte mit der BV Berlin, KD Mitte, abzustimmen, daß der Antrag des Raufeisen, Thomas durch die zuständigen staatlichen Organe angenommen und so bearbeitet wird, daß die Entlassung aus der Staatsbürgerschaft der DDR im Zeitraum 8. - 12. 10. 1984 erfolgt. Der Genannte soll nicht mit der Aufnahme einer beruflichen Tätigkeit bis zu diesem Zeitpunkt beauflagt werden.

Ich bitte um Information über den jeweiligen Stand der Bearbeitung, den Termin der Ausreise aus der DDR sowie über das Verhalten des R. gegenüber den zuständigen staatlichen Organen.

Vogel
Generalmajor

zu: BRD

URKUNDE

Thomas Raufeisen

geboren am 16.07.1962 in Hannover

wohnhaft in Berlin-Mitte, Leipziger Str. 48

wird gemäß § 10 des Gesetzes vom 20. Februar 1967 über die Staatsbürgerschaft der Deutschen Demokratischen Republik (GBl. I S. 3) aus der Staatsbürgerschaft der Deutschen Demokratischen Republik entlassen. Die Entlassung erstreckt sich auf folgende kraft elterlichen Erziehungsrechts vertretene Kinder:

---

geboren am in

---

geboren am in

---

geboren am in

Die Entlassung aus der Staatsbürgerschaft der Deutschen Demokratischen Republik wird gemäß § 15 Abs. 3 des Staatsbürgerschaftsgesetzes mit der Aushändigung dieser Urkunde wirksam.

Berlin,

den 04.10.1984

Ausgehändigt am 09.10.84

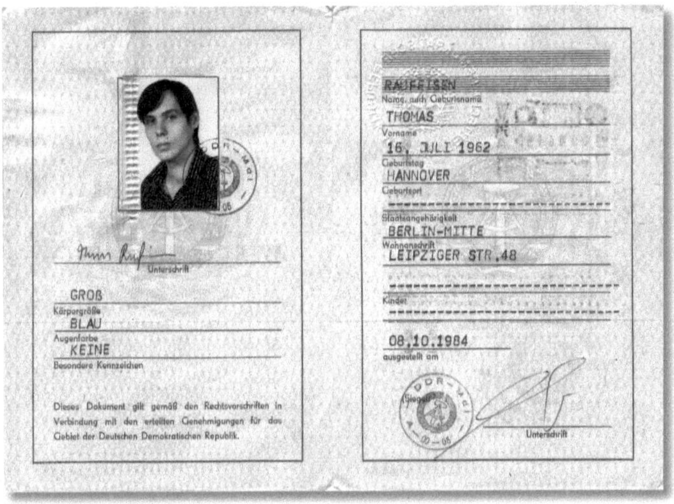
Unterschrift
GROß
Körpergröße
BLAU
Augenfarbe
KEINE
Besondere Kennzeichen
Dieses Dokument gilt gemäß den Rechtsvorschriften in Verbindung mit den erteilten Genehmigungen für das Gebiet der Deutschen Demokratischen Republik.
RAUFFEISEN
Name, auch Geburtsname
THOMAS
Vorname
16. JULI 1962
Geburtstag
HANNOVER
Geburtsort
Staatsangehörigkeit
BERLIN-MITTE
Wohnanschrift
LEIPZIGER STR.48
Kinder
08.10.1984
ausgestellt am
Siegel
Unterschrift

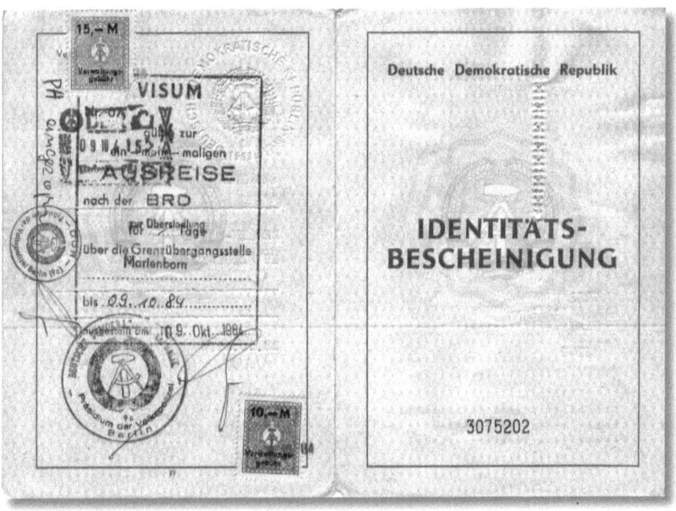
15,– M
Verwaltungsgebühr
VISUM
gültig zur
ein- mehr- maligen
AUSREISE
nach der BRD
zur Übersiedlung
über die Grenzübergangsstelle
Marienborn
bis 09.10.84
ausgestellt am 09. Okt. 1984
Präsidium der Volkspolizei Berlin
10,– M
Verwaltungsgebühr
Deutsche Demokratische Republik
IDENTITÄTS-
BESCHEINIGUNG
3075202

25.10.84
Tlw

Zentrale Koordinierungsgruppe
Abteilung 1

Berlin, 18. Oktober 1984
ko-tr 1/ 4219 /84

HV A/SWT
Abt. XIII
Leiter

Information zur realisierten Übersiedlung nach der BRD

Bezugnehmend auf das Schreiben vom 10. 9. 1984, Tgb.-Nr. 2085/84 wird mitgeteilt, daß die Person

R a u f e i s e n , Thomas
16. 7. 1962
wh: 1020 Berlin, Leipziger Str. 46

durch die ZKG in zentrale Maßnahmen zur Übersiedlung nach der BRD aufgenommen wurde.

Im Rahmen des Genehmigungsverfahrens zur Übersiedlung wurden zu R. keine negativen Hinweise bekannt.

Die Ausreise des R. erfolgte am 9. 10. 1984.

Durch die ZKG wurden bei der HA VI/Abt. Fahndung gemäß der Dienstanweisung 2/83 des Genossen Minister Reisesperrmaßnahmen für Ihre Diensteinheit eingeleitet.

Leiter der Abteilung

Fl.
Fleder
Oberstleutnant

Zurück im Leben

Mein Bruder wohnte inzwischen wieder in Ahlem, wo wir bis Januar 1979 gewohnt hatten, in einer WG mit zwei Mitbewohnern. Mein Bruder meinte, es gäbe noch eine kleine Überraschung für mich. Für den Nachmittag hätte sich Besuch angekündigt. Mein Bruder hatte neue Freunde gefunden. Vor fast einem halben Jahr hatte er Henry kennengelernt und sich mit ihm angefreundet. Ich kannte Henry aus dem Knast. Wir hatten uns oft über Hannover unterhalten. Er hatte Freunde da. Nach seiner Entlassung in den Westen wollte er sich dort niederlassen. Seine Frau Christine hatte im Frauengefängnis Hoheneck gesessen. Ihre Straftaten bestanden darin, zwei Ausreiseanträge gestellt und ihren Ausreisewunsch mit einer kleinen Demonstration vor dem Gebäude des Rates der Gemeinde unterstrichen zu haben. Wegen „Beeinträchtigung staatlicher und gesellschaftlicher Tätigkeit im schweren Fall" hatten sie zweieinhalb Jahre erhalten, wurden dann aber relativ schnell vom Westen freigekauft. Ein halbes Jahr vor mir hatten sie Hannover erreicht und meinen Bruder kontaktiert. Ich war froh, nicht nur meinen Bruder, sondern auch Henry da zu haben – wenigstens zwei Menschen, die einen Sinn für meine Lage hatten. Das war ungemein wichtig, denn mein

Selbstbewusstsein war am Boden, ich war empfindlich und reizbar – und das in einer Zeit, in der ich mein Leben neu organisieren musste. Fürs erste konnte ich bei meinem Bruder wohnen. Sie hatten in der WG ihr kleines Gemeinschaftszimmer für mich freigemacht und eine Liege hineingestellt. Es war zwar nur ein schmaler Schlauch im Dachgeschoß, aber ich war froh, erst einmal ein Dach über dem Kopf zu haben.

In der nächsten Zeit hatte ich eine Menge Dinge zu erledigen. Als erstes musste ich den „Eingliederungsprozess in die Bundesrepublik Deutschland" durchlaufen. Henry bot an, uns ins Notaufnahmelager nach Gießen zu fahren. Am nächsten Morgen fuhren wir schon los.

Zum Glück konnten Michael und Henry auch im Notaufnahmelager übernachten, sonst hätten sie im Auto schlafen müssen. Ein obligatorischer Termin war ein Gespräch mit dem Verfassungsschutz. Eigentlich eine reine Formsache. Jeder Ausgereiste musste ein kleines Formular ausfüllen mit einer Begründung, warum er aus der DDR raus wollte. Ein Satz reichte, z.B. „Ich war unzufrieden mit den politischen und wirtschaftlichen Verhältnissen". Ich schrieb aber, dass ich in meine Heimat, nach Hannover, zurückwollte. Ich musste ungewöhnlich lange warten, bis mich ein Mann vom Verfassungsschutz in einem Büro empfing. Ich betrat den Raum und erschrak. Irgendwie hatte ich das Gefühl, wieder bei der Stasi im Vernehmerzimmer zu sein. Das ganze Ambiente, auch der Typ hinter dem Schreibtisch, seine ganze Körpersprache, der stechende Blick: Waren sie auch schon hier? Er wollte gar nicht wissen, warum ich in den Westen wollte. Er wusste Bescheid über uns. Seine Fragen richteten sich auf andere Dinge. Er fragte nach Details der Spionagetätigkeit meines Vaters. Glaubte er allen Ernstes, ich könnte ihm Stasi-Interna berichten? Ich war völlig erschüttert. Das Stasi-Gefühl verdichtete sich. Die hatten auch so vieles von mir erfahren wollen, was ich nicht wusste. Wo war ich hier schon wieder herein geraten? Nicht eine Frage konnte ich dem unfreundlichen Typen vom Verfassungsschutz beantworten. Nach einer Weile wurde es mir zu bunt. Ich fragte ihn:

„Sagen Sie mal. Sind Sie eigentlich vom Fach? Sie müssten doch ganz genau wissen, dass mir diese Dinge, die sie hier von mir wissen wollen, völlig unbekannt sind. Mein Vater war der Geheimhaltung verpflichtet. Ich habe damit nichts zu tun. Ich habe genug von dieser ganzen Geschichte!"

Er beendete die Befragung dann auch sehr schnell. Völlig verstört verließ ich den Raum. Ahnte der überhaupt, was ich die letzten Monate und Jahre durchgemacht hatte? Es interessierte ihn wohl gar nicht. Zum Glück wurde ich von solchen Typen nie wieder behelligt, auch später nicht. Als alle Formalitäten erledigt waren, kehrten wir nach Hannover zurück.

Es fiel mir schwer, wieder im normalen Leben anzukommen. Immer wieder merkte ich, wie menschenscheu ich geworden war. Mir fehlten einfach eine ganze Reihe Jahre, die wichtig sind für die persönliche Entwicklung. Mit 16, mitten in der Pubertät, war ich aus meinem Leben gerissen worden – und nun, mit 22, wieder hineingeworfen. Ich hatte lange nicht den gleichen Stand an Lebenserfahrung wie andere in meinem Alter. Ich war 22 und hatte noch nicht mal eine Freundin gehabt! Alles musste ich erst mühselig nachholen. Aber keiner konnte nachvollziehen, warum ich so tickte. Eigentlich hätte ich viel erzählen müssen, um diese Geschichte loszuwerden, aufzuarbeiten. Aber wem sollte ich so eine Geschichte erzählen?! Mein Bruder wollte viele Jahre lang nichts davon hören; er fragte nie nach, wenn ich mal was erzählte. Er konnte es nicht, denn er war mit viel Glück davongekommen. Schlechtes Gewissen. Unbegründet, aber nachvollziehbar. Für alle anderen in meinem Umkreis war das alles noch viel weiter weg. Wenn ich mal mitging in eine Kneipe, erzählten alle über ihre

Erlebnisse im Studium, von Reisen, von Frauen. Nichts davon konnte ich bieten. Ich schob einen Riesenberg von traumatischen Erlebnissen vor mir her. Aber wenn ich mal anfing, davon zu erzählen, blickte ich nur in betroffene Gesichter, erlebte Sprachlosigkeit. In dem Moment dachte ich wieder: Oh nein, die darfst du gar nicht mit dieser Geschichte belasten! Ich habe dann lieber gar nichts mehr gesagt.

Ein großes Problem bei meiner Verarbeitung des Erlebten war die merkwürdige Sichtweise weiter Teile der westdeutschen Öffentlichkeit auf die DDR Mitte der achtziger Jahre. Immer wieder merkte ich, dass für viele die DDR eher positiv besetzt war: Sie wäre eher als der Westen auf dem Weg in eine bessere, gerechtere Gesellschaftsordnung. Ein bisschen grau noch, aber das würde schon noch werden. Wer etwas Schlechtes über die DDR sagte, wurde häufig in eine politisch sehr fragwürdige Ecke gestellt. Das Schwarz-Weiß-Denken, der Kalte Krieg, auch innerhalb Westdeutschlands, zeigte seine Wirkung – nur mit umgekehrtem Vorzeichen: Man lebte zwar gern im Westen mit all seinen Freiheiten und materiellen Segnungen, aber den sozialen Großversuch am lebenden Menschen im Osten fand man gut. Das war der links-alternative Zeitgeist der 80er. So konnte man die propagandistisch verbreiteten „Vorzüge“ der DDR, ihren „Antifaschismus“ und ihren „Friedenskampf“ bejubeln, ohne mit den Nachteilen leben zu müssen. Ich selbst und meine Geschichte passten überhaupt nicht in dieses Weltbild. Keiner wollte etwas davon hören. Auch nicht von der permanenten Militarisierung schon der Kinder in der DDR. Das machte das Ankommen im „normalen“ Leben für mich noch schwieriger.

Nach meiner Rückkehr in den Westen war klar, dass ich auf absehbare Zeit nicht in die DDR einreisen dürfte. Das hieß: Meine Eltern würde ich in den kommenden Jahren nicht sehen dürfen. Michael durfte es ohnehin nach wie vor nicht wagen, den Boden der DDR oder anderer Ostblockländer zu betreten. Ihm würde eine Verhaftung wegen seiner Kontakte zum Geheimdienst drohen. Wie würde unser Kontakt zu den Eltern aussehen? Solange ich in Haft war, habe ich keinerlei Post aus dem Westen, von meinem Bruder, erhalten, die kam nie an. Wenige Informationen fanden indirekt über unsere Verwandte den Weg nach Bautzen. Und jetzt? Genauso? Nein. Ich schrieb sofort Briefe an meine Eltern, die ich direkt nach Bautzen an das bekannte Postfach adressierte. Und sie erreichten sie! Wenigstens etwas. Wir konnten unsere Eltern nun etwas teilhaben lassen an unserer weiteren Entwicklung. Auch die Briefe von Michael wurden akzeptiert. Sogar Pakete durften wir direkt aus dem Westen senden. Westpakete direkt in den DDR-Knast! Auch wenn wir wenig Geld hatten: Für ein Paket, das auf 3 Kilogramm limitiert war, reichte es allemal. Und ich wusste ja am besten, was sie brauchten.

Wie würde es für mich weitergehen? Ich hatte kein Abitur. Die Ausbildung als Kfz-Mechaniker hatte ich durch die Verhaftung nicht beenden können. Ohne jeden Abschluss stand ich da. Was nun? Ich war ja inzwischen 22 Jahre alt. Immerhin besaß ich ja die mittlere Reife mit Berechtigung, die Oberstufe zu besuchen. Aber sonst nichts. Vielleicht konnte ich ja meine Ausbildung als Kfz-Mechaniker im Westen beenden? Oder wegen der Vorkenntnisse vorzeitig abschließen. Danach wollte ich das Fach-Abitur machen, um vielleicht doch noch zu studieren. Die Lehrstellensituation war allerdings Mitte der achtziger Jahre katastrophal. Ich schrieb zig Bewerbungen. Nichts klappte. Ich fragte mich: Liegt es an der schlechten Lage allgemein oder hatte meine Vorgeschichte damit zu tun? Viele freundlich gehaltene Absagen. Textbausteine. Bemerkenswert: Bei einer Absage fand ich in meinem zurückgesandten Lebenslauf einige Passagen dick unterstrichen. Genau die wenigen Zeilen, in denen stand, was ich in den Jahren zuvor so erlebt hatte. Ich hätte sofort persönlich dort hingehen sollen, um sie zur Rede zu stellen. Damals konnte ich so etwas aber nicht; ich war es ja nicht mehr gewöhnt, meine Interessen durchzusetzen. Monate vergingen, nichts ging. Es war zum Verzweifeln.

Ein halbes Jahr nach meiner Heimkehr, im Frühjahr 1985, bekam ich den Tipp, das Abitur auf dem zweiten Bildungsweg an einer Kollegschule zu machen, um dann noch zu studieren. So etwas hatte ich bis dahin schon wegen der Finanzierung meines Lebensunterhaltes noch gar nicht in Betracht gezogen. Ich bekam schnell heraus: Das war genau das Richtige für mich.

Ab Herbst 1985 besuchte ich also das Hannover-Kolleg, um das Abitur nachzuholen. Die Zeit dort hat mir sehr geholfen, in ein normales Leben zurückzufinden. Alle meine Mitschüler waren erwachsene Leute, die einen Bruch im Leben erlebt hatten, etwas Neues machten. Jeder hatte eine andere Vorgeschichte. Natürlich hatte keiner eine so spektakuläre wie ich, aber immerhin. Mein Leben begann sich zu normalisieren. Nach und nach konnte ich vieles nachholen, was bis dahin unmöglich gewesen war. Aber die verlorenen Jahre konnte das natürlich nicht wettmachen.

Inzwischen wohnte ich nicht mehr bei meinem Bruder. Er hatte mit seiner Freundin ein Kind bekommen und war mit einem befreundeten Elternpaar in eine Land-WG in den Nachbarort gezogen. Von da an lebte ich viele Jahre in verschiedenen Wohngemeinschaften. Ein weiterer Schritt in die Selbständigkeit.

Meine Befürchtung, nach meiner Rückkehr nach Hannover würde ich meine Oma in Ahlbeck nicht mehr wiedersehen, bewahrheitete sich. Im Verlaufe des Jahres 1986 ging es ihr immer schlechter; irgendwann konnte sie keine Briefe mehr schreiben. Sie lag wochenlang im Krankenhaus in Heringsdorf. Im Herbst durfte meine Mutter sie noch einmal dort besuchen. Sie wurde in einem Barkas dorthin transportiert, wie eine Schwerverbrecherin in Handschellen, und durfte eine Stunde lang am Krankenbett verbringen. Eine furchtbar schwere Erfahrung für meine Mutter. Meine Oma durfte es nicht mehr erleben, ihre Tochter wieder in Freiheit zu wissen. Im Dezember 1986 starb sie. Nun war nicht nur der Vater, sondern auch die Mutter meiner Mutter verstorben, während sie in Haft war.

Ich konnte von Hannover aus nichts anderes machen als schreiben und versuchen, Trost zuzusprechen. Während mein Leben langsam normale Formen annahm, änderte sich für meine Eltern nicht viel. Sie saßen fest, nichts rührte sich. Die Schreiben, die ich an das Ministerium für innerdeutsche Beziehungen verfasst hatte, wurden nur immer im gleichen Tonfall beantwortet, der keine Hoffnung auf ein baldiges glückliches Ende machte. „Ihr Fall ist uns in allen Einzelheiten bekannt. Wir können zur Zeit nichts tun. Wir müssen die Entlassung Ihrer Eltern abwarten.“ Immer nur warten, warten, warten.

Meine Mutter war nun Alleinerbin des Hauses in Ahlbeck. Es gab die Idee, mein Onkel Günter könnte sich als Lehrer dorthin versetzen lassen und das Haus übernehmen. Aber das klappte nicht. Gleichzeitig gab die Stasi meiner Mutter zu verstehen, dass sie keine Chance hätte, die DDR zu verlassen, solange sie dieses Haus besitze. Diese Möglichkeit bestünde nur nach einem Verkauf des Hauses. Meine Mutter saß in Bautzen und hatte keine Chance, die Situation einzuschätzen. Ein Leben in der DDR war unvorstellbar und so entschloss sie sich schweren Herzens, das Haus zu verkaufen. Es ging dann tatsächlich für einen Spottpreis weg. Ich mag gar nicht daran denken, was dieses Haus heute wert ist – in einem der bekanntesten deutschen Ostseebäder, drei Minuten zu Fuß zum Strand! Die DDR hat meine Mutter quasi enteignet. Eine Rückgabe wurde später abgelehnt, weil der neue Eigentümer es angeblich in gutem Glauben gekauft habe. Wer weiß? Nichts ist nachweisbar. Leider. Damit war für meine Mutter auch das letzte Stückchen Heimat in der DDR verloren.

Wie es meinen Eltern gesundheitlich ging, konnten wir allenfalls erahnen. Ein Gefängnis ist kein Sanatorium. Schon gar nicht ein berüchtigtes Stasi-Gefängnis. Meine Mutter litt schon lange unter Bluthochdruck, hatte während der Haft einige Herzanfälle, zum Glück keine Infarkte. Mein Vater litt seit 1986 unter Gallensteinen, was sehr schmerzhaft sein kann, aber auch schon damals leicht zu behandeln war. Wenn man es behandelt. In einem Brief im September 1987 teilte mein Vater uns per Brief mit, er würde in den nächsten Tagen in das Haftkrankenhaus nach Leipzig-Meusdorf gebracht werden, weil ein kleiner Eingriff notwendig geworden wäre. Tatsächlich waren seine Gallensteine ein Jahr lang nicht behandelt worden – bis Lebensgefahr bestand durch die Verstopfung der Gallenwege. Was für Schmerzen muss er gelitten haben? In dem Brief versuchte er, uns zu beruhigen, er spielte es herunter, aber ein Krankenhausaufenthalt bietet immer Grund zur Sorge. Anfang Oktober erreichte uns ein weiterer Brief von ihm, den er nach seiner Operation geschrieben hatte. Er strahlte sehr viel Zuversicht aus, machte Pläne für die Zukunft – im Westen natürlich. Alles schien gut verlaufen zu sein, uns fiel ein großer Stein vom Herzen.

Am 19. Oktober lag in meinem Briefkasten ein Brief meiner Mutter. Sehr komisch, ihren monatlichen Brief hatte ich schon erhalten, dieser war außer der Reihe gekommen. Ich hatte gleich ein ganz seltsames Gefühl. Zufällig war an diesem Tag mein Bruder bei mir zu Besuch. Er fragte: „Was ist los? Ist was Schlimmes passiert?“ Ich hatte den Brief schon im Aufzug geöffnet, der Schrecken stand mir ins Gesicht geschrieben.

„Das Schlimmste!“

Meine Mutter schrieb:

„Bautzen, den 14.10.87

Mein lieber, lieber Thomas!

Heute muss ich Dir etwas sehr schlimmes mitteilen; Euer Vater ist vor 2 Tagen verstorben. Man hat immer gedacht, schlimmer wie es seit Jahren für uns ist, kann es nicht werden, aber es kann noch immer Schlimmeres passieren. Es ist auch für Euch ganz furchtbar, aber weißt Du, wie verzweifelt ich bin? Was soll aus mir werden? Seit ich gestern die Nachricht erfuhr, bin ich mit Beruhigungsmitteln vollgestopft; anders würde ich diese Situation wohl auch gar nicht ertragen. Ich möchte Dir eigentlich ganz anders schreiben, aber ich soll es Euch ‚sachlich‘ mitteilen. Den letzten Brief von Papa erhielt ich auch gestern. Er wurde am 30.9. operiert. Die Operation war schwerer als angenommen, dauerte 4½ Std. Er hatte Gallensteine in der Galle und in den Gallenwegen. Trotzdem hatte er sich nach der Operation schon etwas erholt und dann bekam er plötzlich eine Embolie (Blutgerinnsel) und es war schnell vorbei. Der letzte Brief war auch furchtbar für mich. Er war wie immer so voller Hoffnung, er wollte mit mir einen Erholungsurlaub im Weserbergland machen. Jetzt bin ich allein, für immer. Dieses niemals ihn wiedersehen ist wirklich schlimmer als LL. ... Ich lebe nur noch in der Hoffnung, Euch wiederzusehen, obwohl ich auch manchmal Angst habe, Euch zur Last zu fallen. Ich grüße Dich ganz herzlich, mein lieber Thomas,

Deine Mama"

Meine Mutter war nun allein in der Gewalt dieser Verbrecher. Sie hielt die folgende Zeit nur mit Hilfe von stärksten Beruhigungsmitteln durch. Nach Vater und Mutter war nun auch noch ihr Mann gestorben. Ich musste ihr sofort antworten:

„Hannover, den 20.10.1987

Liebe Mama!

Gestern bekam ich Deinen Brief mit der schrecklichen Nachricht. ... Das ist so etwas Unglaubliches, dass ich es noch gar nicht richtig fassen kann. ... Papas Tod ist so unwirklich; gestern, als wir erst einmal an die frische Luft gingen, erschien mir plötzlich alles so fremd, als wenn ich das alles das erste Mal sehen würde; immer mit dem Gedanken, dass Papa das nie mehr wird sehen können. Dabei hatte ich so eine Mischung aus Trauer, Wut und auch Hass.

Heute kann ich wieder, obwohl ich immer noch total schockiert bin, einigermaßen klar denken und meine allergrößte Sorge bist nun Du. Ich kann Dir total nachfühlen, wie es Dir jetzt geht. ... Seit gestern tauchen, wenn ich mal wieder in Gedanken versinke, die Bilder von Bautzen auf, wie es *jetzt* dort sein wird, also nicht meine eigenen Erlebnisse. Ich möchte Dir damit sagen, dass ich in Gedanken Dir ganz nahe bin. Hier sind viele Menschen, die an Dich denken und hoffen, dass Du diesen schwersten aller Schläge einigermaßen verkraftest und bis zum Ende der Zeit in der DDR aushältst. Ich bin eigentlich davon überzeugt, dass wir uns in nicht allzu ferner Zeit wiedersehen, gerade nachdem Papa gestorben ist. Was hätte das alles noch für einen Sinn? Wer soll denn noch bestraft werden? Alles andere wäre unlogisch, obwohl man bei Politik wohl lieber nicht von Logik sprechen sollte. Ich kann Dich nur immer inständig bitten: Halte durch, wir brauchen Dich noch! Genauso wie Du uns brauchst! Dein Zuhause ist hier bei uns in Hannover und komm bitte bitte nicht auf den absurden Gedanken, dass Du uns hier zur Last fallen könntest! Du hast uns so viel in unserem Leben gegeben und wirst uns noch soviel geben, Du darfst Dich einfach nicht aufgeben.

...

Es grüßt Dich ganz herzlich
Dein Thomas“

Als besonderes Problem erwies sich die Beerdigung meines Vaters. Er sollte nach Meinung der DDR-Behörden in Berlin oder in Gera, wo seine Schwester wohnte, bestattet werden. Meine Mutter verweigerte die Zustimmung, die DDR war für uns alle keine Heimat. Für sie kam nur Hannover in Frage, wo wir Söhne waren und wo sie selbst hinwollte. Nach langem Hin und Her wurde tatsächlich nach einem halben Jahr die Erlaubnis zur Überführung in den Westen erteilt. Allerdings würde eine Überführung nur in einer Urne möglich sein, hieß es. Meine Mutter stimmte also zu. Ost-West-Überführungen nur in einer Urne? In Hannover beim Friedhofsamt wollten sie außer einiger Angaben zur Person nur noch wissen, ob mein Vater in einem Sarg oder einer Urne kommen würde. Es gab also doch die Wahl? Was sollte hier vertuscht werden? Asche kann man nicht obduzieren! So erhielt mein Vater ein Urnengrab auf dem Friedhof Hannover-Seelhorst.

Selbst nach dem Tod ihres Mannes, der doch der „Haupttäter“ in unserem Verfahren gewesen war, wurde meine Mutter nicht vorzeitig entlassen. Ich schrieb Briefe an die ostdeutschen Behörden, auch an Anwalt Vogel in Ostberlin. Nichts, keiner half uns. Das verstand nun wirklich keiner mehr. Nicht einmal die Wärterinnen in Bautzen II, wie mir meine Mutter später erzählte. Noch elf Monate bis zum letzten Tag ihrer sieben Jahre verbrachte sie dort. Am 9. September 1988 öffnete sich auch für sie das Gefängnistor. Sie wurde von ihrer Schwägerin und einem Neffen abgeholt und nach Berlin in unsere immer noch bestehende Wohnung gebracht. Meine Tante blieb noch eine Woche bei ihr. Auch meine Mutter ließen sie – wie mich vier Jahre zuvor – im Ungewissen über ihre Zukunft. Sie sollte am Fahrkartenschalter der Berliner S-Bahn-Station Alexanderplatz arbeiten. Sie würde ganz viel mit Menschen zu tun haben, müsste Auskünfte erteilen, Fahrkarten verkaufen und so weiter. Keiner von diesen Bürokraten verschwendete einen Gedanken daran, wie es einem Menschen nach sieben Jahren Haft gehen mag. Meiner traumatisierten Mutter war diese Arbeit unmöglich. Zum Glück akzeptierten sie ihre Ablehnung. Genug Geld besaß sie erst einmal durch die Rücklage aus der Haft und die Erbschaft von ihren Eltern.

Bezüglich ihrer Ausreise jedoch bewegte sich nichts. Immer wieder forderte sie ihre Rückkehr nach Hannover. Sie schickte uns ständig Pakete mit Hausrat, den sie behalten wollte.

Ein gutes halbes Jahr nach ihrer Entlassung erreicht mich dann eine Postkarte meiner Mutter, darauf eine Dampflok und der Schriftzug „Ich komme“.

„19.4.89

Mein lieber Thomas, ich komme zu Euch! Nach so vielen Jahren darf ich Euch endlich wiedersehen. Am 28.4. werde ich vormittags hier abfahren. Endlich ist es so weit. Ich schicke noch Telegramm.

Viele liebe Grüße

Deine Mama“

In der ihr verbliebenen Woche hätte sie nun ihren Laufzettel abarbeiten und unsere Wohnung in der Leipziger Straße in Berlin auflösen müssen. Das hätte sie nie geschafft. Freunde, die sie in der Haft kennengelernt hatte, sprangen ein. Sie erklärten sich schriftlich bereit, für meine Mutter die Wohnung in den folgenden Wochen aufzulösen. Damit war das letzte Hindernis weggeräumt. Es konnte losgehen.

Nach siebeneinhalb bzw. viereinhalb Jahren trafen mein Bruder und ich unsere Mutter dann am 28. April 1989 wieder. Das erste, was mir auffiel, war ihr fürchterlicher Berliner Dialekt. Der schliff sich aber innerhalb kurzer Zeit ab. Mein Bruder besaß zu der Zeit eine eigene kleine Zwei-Zimmer-Wohnung, in der meine Mutter fürs erste unterkam.

Sie hatte es sehr viel schwerer als ich, wieder mit dem Leben klarzukommen. Sie war schon 59, hatte sieben Jahre im Gefängnis verbracht und während dieser Zeit bis auf ihre Söhne alle Angehörigen verloren. Trotzdem musste es weitergehen. Am liebsten wäre sie nach der langen Trennung mit Michael und mir auf Dauer zusammengezogen. Wir konnten ihr aber recht schnell klarmachen, dass das weder für sie noch für uns eine gute Lösung gewesen wäre. Wir lebten schon lange unser eigenes Leben. Sie musste lernen, selbständig zu werden. Immerhin hatte sie einen Vorteil: Ich wusste recht genau, wie es ihr gerade ging, weil ich es genauso erlebt hatte und ihre Gedanken und Gefühle gut nachvollziehen konnte. Es war ein langer Prozess, aber sie schaffte es. Nach einiger Zeit bezog sie eine eigene kleine Wohnung, nach und nach erweiterte sie ihren Freundeskreis, konnte die Vergangenheit Stück für Stück loslassen.

Ein halbes Jahr nach der Rückkehr meiner Mutter fiel die Mauer. Am 9. November kam ich nachts um 3 von einer Studentenparty. Als ich nach Hause kam, schaltete ich noch einmal den Fernseher an. Was ich sah, konnte ich kaum glauben:

Auf allen Kanälen liefen die gleichen Bilder aus Berlin. Das war das Ende des Regimes, sofort war mir das klar. Endlich, was für eine Genugtuung! Die, die uns in dieses Unglück gestürzt hatten, wurden von der Geschichte weggefegt. Aber war es wirklich so? In die Freude mischte sich auch ein bisschen Sorge. Wir waren schon lange wieder frei, weit weg von den Stasi-Leuten. Jetzt war alles offen. *Kommen die zu uns? Hoffentlich nicht!* Die Freude aber überwog. Nun endlich könnten uns unsere Verwandten und Freunde im Osten besuchen kommen. Sofort dachte ich an Peter, meinen Freund in Ost-Berlin. Hin und wieder, aber leider immer seltener, hatte ich über Deckadressen Briefe mit ihm und seiner Schwester Grit ausgetauscht. Nun konnte ich ihnen doch direkt schreiben! Was konnte ihnen denn jetzt noch passieren? Nichts!

Damals lebte ich in der City von Hannover in einer riesigen Altbauwohnung in einer 5er-Wohngemeinschaft. 180 m², 8 Zimmer. Unseren WG-Partys waren legendär. 150 Gäste waren normal. Für den 9. Dezember 1989 die nächste Party geplant. Eine gute Gelegenheit, Freunde einzuladen. Peter aus Ost-Berlin! Hannover lag gerade so in Reichweite seines Trabi-Tanks. Damit er uns finden konnte, legte ich der Einladung noch eine Karte von Hannover bei, in der ich den Weg von der Autobahn bis zu uns markierte. So konnte eigentlich nichts schiefgehen. Aber würde er auch kommen?

Er kam.

Ich saß mit ein paar Freunden gerade in meinem Zimmer, hatte in dem Moment gar nicht mehr an Peter gedacht. Plötzlich stand dort jemand in der Zimmertür. Grüner Armeerucksack und Schlafsack, fast wie ein Spätaussiedler. „Peter? Bist Du es?“ „Ja, ich glaube, ich bin hier richtig.“

Wir hatten uns viel zu erzählen …

Was bleibt?

Was bleibt nun in der Rückschau auf diese Erlebnisse? Zunächst einmal hat mir die DDR eine ganze Reihe wichtiger Jugendjahre gestohlen. In meiner Entwicklung erfolgte so alles sehr viel später. Schulisch, beruflich, sozial, familiär. Zwischen dem 16. und 22. Lebensjahr hatte ich ja kein normales Leben mehr gelebt. Mühselig musste ich Erfahrungen, die Jugendliche und junge Erwachsene in diesem Alter machen, nachholen, wobei mein Umfeld dafür kaum Verständnis aufbrachte. Wie erklärt man zum Beispiel mit 22 einer jungen Frau, dass dies das erste Mal sei ...? Auch meine Fähigkeit, Vertrauen zu anderen Menschen zu fassen, war erheblich gestört.

Unsere Familie wurde, beginnend mit unserer abenteuerlichen Fahrt in den Osten am 22. Januar 1979, Stück für Stück zerstört. Es begann mit dem schwersten Schlag, der Offenbarung meines Vaters, dass wir für seine Spionagetätigkeit mit lebenslänglich DDR würden büßen müssten. Die Familie hatte den ersten Knacks weg. Als mein Bruder als einziger nach elf Monaten nach Hannover zurückkehren durfte, waren wir auch räumlich nicht mehr zusammen, sollten es nie wieder sein. Als meine Eltern und ich in Haft kamen, war die Zerstörung der Familie endgültig. Von nun an musste ich alleine klarkommen. Der Tod meines Vaters, die späte Entlassung meiner Mutter taten ihr Übriges.

Ursprünglich hätte ich mein Abitur 1981 abgelegt. So wurde es 1988. Mindestens sieben verlorene Jahre. Jahre, die man nicht mehr aufholen kann. Trotz allem habe ich dann an der Universität Hannover studiert. Nicht Architektur, wie ich es geplant hatte, sondern Vermessungswesen. Das zweite Staatsexamen machte ich erst im Jahr 2000. In den öffentlichen Dienst wurde ich aber nicht übernommen. Natürlich nagt in solchen Momenten immer der Gedanke an mir: Was wäre, wenn ich sieben Jahre früher dagewesen wäre, jünger wäre, selbstbewusster, mit dem Rückhalt einer funktionierenden Familie? Niemand kann mir darauf eine Antwort geben.

Einige Fragen bleiben offen. Mit meinem Vater hatte ich mich nie richtig aussprechen können. Was hatte ihn bloß geritten, uns da so reinzureißen? Wie kommt man dazu, sich als Spion zu verpflichten, für so ein Regime, mit einem derartigen Risiko für die ganze Familie? Es war auf jeden Fall ein unverzeihlicher Vertrauensbruch, uns nicht über seine Spionagetätigkeit aufzuklären, spätestens am 22. Januar 1979. Er wäre dann eben alleine nach Ostberlin gefahren. Aber er hatte eben auch Angst um seine Familie. Er war der alleinige Ernährer. Im Westen drohte Haft, natürlich die Entlassung. Demgegenüber versprach die Stasi das Blaue vom Himmel. Mein Vater merkte dann auch ziemlich schnell, für wen er da spioniert hatte. Die DDR, die er vorfand, hatte nichts mehr mit seinen Idealen zu tun. Im Gegenteil. Warum kam er nur so spät darauf? Wollte er es nicht wahrhaben? Vielleicht, weil dann sein ganzes bisheriges Leben, die ganze Konspiration, die Beschränkungen keinen Sinn ergeben hätten? Für die Versuche, alles gerade zu biegen, war es längst zu spät; er hatte schon jegliche Kontrolle verloren. So nahm die Katastrophe ihren Lauf.

Und es gibt noch mehr Fragen: Wir suchten Hilfe von der Bundesrepublik, erhielten aber keine. Warum? Aus der bundesdeutschen Botschaft in Budapest wurden wir mehr oder wenige rüde hinauskomplimentiert. Dieses Verhalten sehe ich heute sehr kritisch. Dass sie kein großes Interesse hatten, meinem Vater zu helfen, ist nachvollziehbar. Aber was hatten meine Mutter und ich damit zu tun? Auch später während und nach der Haftzeit hatte ich nie den Eindruck, irgendjemand aus dem Westen hätte sich für mich oder meine Mutter eingesetzt. Eher wurde uns Misstrauen entgegengebracht. Im Schwarz-Weiß-Schema des Kalten Krieges blieben wir da letztlich in einer Grauzone hängen. Manche haben es sich da zu leicht gemacht.

Natürlich ist meine Geschichte, unsere Familiengeschichte nur eine Fußnote in der Geschichte des geteilten Deutschlands, aber jeder hat ja nur sein Leben, seine Geschichte. Mir jedenfalls sind totalitäre Strukturen jeder Art zuwider, denn meine Familie hat bitter erfahren müssen, wie unwichtig ein Einzelschicksal wird, wenn es um staatliche Interessen geht.

Heute lebe ich in Berlin, habe eine Frau und zwei Kinder. Mein Geld verdiene ich damit, dass ich Besuchergruppen durch das Stasi-Untersuchungsgefängnis Hohenschönhausen führe – durch das Gefängnis, in dem ich über ein Jahr verhört worden war. Außerdem halte ich in Bildungseinrichtungen Vorträge und Lesungen, führe Zeitzeugengespräche. Dafür fahre ich mittlerweile durch ganz Deutschland und auch ins Ausland.